\ START UP /

行政法 判例50!

HANREI

[第2版]

大橋真由美
北島周作
野口貴公美

有斐閣

Preface

第 2 版はしがき

　本書の初版を刊行したのは平成 29 年秋のことであり，それから約 7 年の歳月が経過した。その間に，行政法理論のあり方に大きな影響を及ぼす重要な裁判例がいくつも下されることになった。そうしたなかで，本書の内容のアップデートを行う必要性を感じ，編集部に改訂を提案したところ，厳しい出版事情の中にも関わらず，快く了承いただけた。

　第 2 版執筆にあたっても，初版同様，共著者 3 名で月 1 回ペースで会合を開き，長時間の議論を重ね，丁寧な検討を行った。その結果，収録判例の差替えをいくつも実施することになり，また，初版から引き続き収録することとした判例についても，内容を精査して大幅な書き換えを行った。

　第 2 版の目標は，初版同様，「行政法をはじめて学ぶ人が，一人で読んで，無理なく行政法の基本的な判例を読み解くことができること」である。この点，講義や演習で本書初版を用いた学生からの意見を踏まえ，より分かりやすいものとするとともに，行政法理論の現在の到達点についてもできるだけ盛り込むよう心がけた。

　第 2 版刊行に当たっては，有斐閣の渡邉和哲さんに引き続き多大なご尽力を賜った。心より御礼申し上げたい。

令和 6 年 10 月

大橋真由美
北島周作
野口貴公美

Preface

初版はしがき

　本書は，基本として学ぶべき判例について，読者が一つ一つの判例の事案と判旨の意味を読み解くことができることをめざした「START UP」シリーズの行政法編である。

　行政法分野の判例については，都市計画法や農地法など一般的な学生にはあまりなじみのない法律が多数登場し，かつ，行政法総論で登場する抽象的な理論上の概念と具体的な法律の内容との関係が分かりにくいといった事情があり，他の法分野の判例以上に読み解くのが難しいといった声が聞かれる。

　本書は，そうした声に応えるべく，大学の講義の補助教材として教員の説明を聞きながら使うことを考えつつも（「他の判例も読んでみよう」という項目を入れているのは講義での使用の便宜のためである），「行政法をはじめて学ぶ人が，一人で読んで，無理なく行政法の基本的な判例を読み解くことができること」を目標として執筆された。そのため，要点を絞ってできるだけ分かりやすく説明するよう心がけるとともに，大学の授業を受けた後や定期試験前に復習するとき，あるいは資格試験のために勉強する人が，教員の説明によらず，一人で読む場面を想定した様々な工夫を施している。例えば，それさえ読めば，だいたいの事案の概要が分かる「登場人物」という欄を設け，関係法令の引用をできるだけ丁寧に行い，また，判例の事案に対して興味を持ってもらうため，それぞれの判例に特徴的な事件名を付け，大学の授業での教員の雑談にあたるようなものも書くことにした。これらは，他の法分野の「START UP」シリーズにはないオリジナルの工夫である。こうした工夫がどれほど成功しているか分からないが，少しでも目標が達成できていることを祈るとともに，今後，フィードバックを得て，さらに改善していきたいと考えている。

　本書では，先ほど示した目標を達成するため，収録する判例を50本に絞り込んだ上，それぞれの判例の内容についても，必ず理解してもらいたい基本的内容を重点的に説明している。他方で，そうした基本的内容の理解に必ずしも関係しない部分や細かな部分については，思い切って説明を省略ないし簡略化せざるを得なかった。本書で基本を理解した上で，『行政判例百選I・II』をはじめとする，より多くの判例を収録し，発展的内容を扱う教材用判例集にステップアップして，行政法分野の判例への理解をより深めてくださることを期待している。

　本書の執筆作業は，平成26年の夏頃はじまり，その後3年間にわたって，定期的に会合を開き，共著者3名がそれぞれの原稿を持ち寄って各回長時間にわたって検討を行った。有斐閣書籍編集部の渡邉和哲さん，中野亜樹さんは，毎回検討にお付き合いくださり，数々の有益な意見をくださった。先ほどの様々な工夫はこうした検討の中から生まれたものである。心から御礼を申し上げる。

平成29年9月

　　　　　　　　　　　　　　　大橋真由美　北島周作　野口貴公美

著者紹介

国立市・大学通りにかかる歩道橋にて（2017年8月撮影）

野口貴公美	北島周作	大橋真由美
一橋大学教授	東京大学教授	上智大学教授

 私の好きな（思い入れのある）行政法判例・読者へ一言

大学院ゼミで最初に評釈をしたのが「大阪空港事件判決」（[判例25]）。自分にとって，「行政と訴訟」を考える行動開始（スタートアップ）のきっかけになった，思い出に残る判決です。
行政法には数多くの判例が登場します。この本は，読者の皆さんに，行政法判例への興味を持ってもらえるよう，3人で工夫をしながら書きました。楽しみながら，しかし真剣に，読んでみてください。

思い入れのある行政法判例といえば，国家賠償分野の徳島小学校遊動円棒事件（大審院大正5年6月1日判決〔民録22輯1088頁〕[判例45]〔解説〕参照）が思い浮かびます。調べたところ，私の卒業した小学校に関する事件であることが分かり，途端に興味が出てきました。行政法の判例は一般に馴染みのないものが多いですが，興味の持てそうな事案を調べることから始めるのがいいと思います。

行政法判例の中で私にとって思い入れのあるものを一つ挙げるとしたら，小田急訴訟（[判例14]ほか判，[判例31]）になるでしょうか。この事件では，原告適格や行政裁量といった行政法の中心的論点が争点になったということがありますし，何より，小田急線は以前からよく知っている路線だということがあります。
読者の方が，本書を通じて，行政法判例ならではの面白さを感じ取ってもらえたらうれしいです。

 執筆担当

判例 02, 12〜18, 22, 30〜36, 41

判例 03, 04, 10, 19〜21, 23〜29, 42〜44, 47

Ⅰ・Ⅱ扉，判例 01, 05〜09, 11, 37〜40, 45, 46, 48〜50

目次

はしがき i
著者紹介 iii
本書の使い方 viii
凡例 x

Chapter I ― 総論　1

法律による行政の原理

01 法律による行政の原理：浦安ヨット事件（最判平成3・3・8） 2

行政上の法律関係

02 行政上の法律関係①――民法の適用：富山税務署長土地公売処分事件（最判昭和31・4・24） 6
03 行政上の法律関係②――安全配慮義務・時効：自衛隊八戸駐屯地事件（最判昭和50・2・25） 9
04 行政上の法律関係③――行政法規違反の法律行為の効力：食肉無許可販売事件（最判昭和35・3・18） 12

法の一般原則

05 法の一般原則①――信義則と租税法律主義：八幡税務署青色申告事件（最判昭和62・10・30） 14
06 法の一般原則②――行政権の濫用：余目町トルコハワイ事件（最判昭和53・5・26） 17

行政行為

07 行政行為①――公定力と国家賠償請求訴訟：冷凍倉庫事件（最判平成22・6・3） 19
08 行政行為②――行政行為の不可争力と違法性の承継：新宿たぬきの森事件（最判平成21・12・17） 23
09 行政行為③――行政行為の瑕疵：譲渡所得誤認課税事件（最判昭和48・4・26） 26
10 行政行為④――違法な行政行為の転換：エコシティ宇都宮事件（最判令和3・3・2） 29
11 行政行為⑤――取消しと撤回：被災者生活再建支援金事件（最判令和3・6・4） 33

行政裁量

12 行政裁量①──政治的判断：マクリーン事件（最大判昭和53・10・4） ... 37
13 行政裁量②──専門的・技術的判断：伊方原発訴訟（最判平成4・10・29） ... 41
14 行政裁量③──判断過程審査：呉市公立学校施設使用不許可事件（最判平成18・2・7） ... 45

行政立法

15 行政立法①──法規命令：ケンコーコム・ウェルネット事件（最判平成25・1・11） ... 49
16 行政立法②──行政規則：墓埋法通達事件（最判昭和43・12・24） ... 53

行政計画

17 行政計画：林試の森事件（最判平成18・9・4） ... 56

行政契約

18 行政契約：福間町公害防止協定事件（最判平成21・7・10） ... 59

行政指導

19 行政指導：品川区マンション事件（最判昭和60・7・16） ... 62

行政調査

20 行政調査：荒川民商事件（最決昭和48・7・10） ... 65

行政上の義務履行確保

21 行政上の義務履行確保①──行政代執行：茨木市庁舎行政代執行事件（大阪高決昭40・10・5） ... 68
22 行政上の義務履行確保②──司法的執行の可否：宝塚市パチンコ店規制条例事件（最判平成14・7・9） ... 70

行政手続

23 行政手続①──行政手続の意義：個人タクシー事件（最判昭和46・10・28） ... 73
24 行政手続②──理由の提示：札幌一級建築士免許取消事件（最判平成23・6・7） ... 76

Chapter II — 救済法　　　　　　　　　　　　　　　　　81

行政訴訟と民事訴訟

25 行政訴訟と民事訴訟：大阪空港訴訟（最大判昭和56・12・16） ……… 82

行政訴訟と行政不服審査の関係

26 行政訴訟と行政不服審査の関係：米子鉄道郵便局事件（最判昭和62・4・21） ……… 85

取消訴訟の訴訟要件（処分性）

27 処分性①——行政指導：病院開設中止勧告事件（最判平成17・7・15） ……… 88
28 処分性②——行政計画：浜松市土地区画整理事業事件（最大判平成20・9・10） ……… 91
29 処分性③——条例の制定行為：横浜市保育所廃止条例事件（最判平成21・11・26） ……… 95

取消訴訟の訴訟要件（原告適格）

30 原告適格①——「法律上の利益を有する者」の意義：もんじゅ訴訟①（最判平成4・9・22） ……… 98
31 原告適格②——周辺住民：小田急線訴訟（大法廷判決）（最大判平成17・12・7） ……… 102
32 原告適格③——競業者・既存業者：小浜市一般廃棄物処理業既存業者事件（最判平成26・1・28） ……… 106

取消訴訟の訴訟要件（狭義の訴えの利益）

33 狭義の訴えの利益①——工事の完了と訴えの利益
：仙台市台原建築確認取消訴訟（最判昭和59・10・26） ……… 110
34 狭義の訴えの利益②——営業停止期間の満了と訴えの利益
：風営法処分基準事件（最判平成27・3・3） ……… 113

取消訴訟の審理

35 取消訴訟の審理①——主張制限：新潟空港訴訟（最判平成元・2・17） ……… 116
36 取消訴訟の審理②——理由の追加・差替え
：逗子市池子弾薬庫跡地情報公開請求事件（最判平成11・11・19） ……… 119

その他の抗告訴訟

37 その他の抗告訴訟①──無効等確認訴訟：もんじゅ訴訟②（最判平成4・9・22） ... 122

38 その他の抗告訴訟②──非申請型義務付け訴訟：飯塚市産廃処分場訴訟（福岡高判平成23・2・7） ... 125

39 その他の抗告訴訟③──差止訴訟：教職員国旗国歌訴訟（最判平成24・2・9） ... 128

仮の救済

40 仮の救済：弁護士懲戒処分執行停止事件（最決平成19・12・18） ... 132

当事者訴訟

41 当事者訴訟：在外国民選挙権訴訟（最大判平成17・9・14） ... 135

国家賠償法1条

42 国家賠償法1条①──公権力の行使：横浜市立中山中学校プール事故事件（最判昭和62・2・6） ... 138

43 国家賠償法1条②──違法性：奈良税務署長事件（最判平成5・3・11） ... 140

44 国家賠償法1条③──不作為の違法：宅建業法事件（最判平成元・11・24） ... 143

国家賠償法2条

45 国家賠償法2条①──道路：高知落石事件（最判昭和45・8・20） ... 146

46 国家賠償法2条②──河川：大東水害訴訟（最判昭和59・1・26） ... 149

47 国家賠償法2条③──その他：茂木町立中川中学校テニス審判台事故事件（最判平成5・3・30） ... 152

国家賠償法3条

48 国家賠償法3条：県費負担教諭体罰事件（最判平成21・10・23） ... 155

損失補償

49 損失補償：奈良県ため池条例事件（最大判昭和38・6・26） ... 158

国家補償の谷間

50 国家補償の谷間：小樽予防接種禍事件（最判平成3・4・19） ... 160

判例索引 ... 162

本書の使い方

① タイトル
この項目で学ぶことを示しています。

② 事件名
当該判例の内容に関わる事件名を記載しています。よく使われる事件名がある場合にはそれに準じていますが、事件の内容がわかりやすくなるような本書オリジナルの事件名をつけたものもあります。

③ 判例
この項目で取り上げる判例です。この場合、最高裁判所で昭和35年3月18日に出された判決のことです。詳しくは、「凡例」(p.x)を参照してください。

④ 出典
判決文・決定文の全文が、ここに掲げた書誌に掲載されています。学習が進んできたら、ぜひ原文にあたって、より理解を深めてください。「民集」などの略語については、「凡例」(p.x)を参照してください。

事案
この事件のおおまかな内容です。

どんな事案に対してどんな判断が示されたかを順番に確認することが大事！ まずは事案を丁寧に読んでみよう！

読み解きポイント
以下の判決文・決定文を読むときにどのようなところに着目すればよいか、意識するとよいポイントを説明しています。

判決文・決定文
裁判所が示した判断をまとめた部分です。全文は実際にはもっと長いものですが、ここでの学習に必要な部分を抜き書きしています。判決文・決定文の中でも、特に大事な部分に下線を引いています。

判決文・決定文は、この事件について裁判所がどう判断したか、という部分。言い回しや言葉づかいが難しいところもあるけれど、がんばって読んでみよう！

左右のスペースで、この事案の登場人物の紹介、発展的な内容や、知っていると役立つことを付け加えています。参考にしながら読んでみてください。

解説

用語や考え方、背景、関連事項など、この判例を理解するために必要なことを説明しています。

解説を読むと、この判例の意義や内容をより深く理解できるよ！

ほかの判例も読んでみよう

この項目で学んだ内容への理解をさらに深めるために、ぜひ目を通しておくべき判例を取り上げています。ほかの箇所で言及する際には「**ほか判**」としています。

この判決・決定が示したこと

ここまでに読んだ判決文・決定文が「結局何を言いたかったのか」「どんな判断をしたのか」を簡単にまとめています。〔読み解きポイント〕にも対応しています。

凡例

 判例について

略語

[裁判所]

大判（決）	大審院判決（決定）
最大判（決）	最高裁判所大法廷判決（決定）
最判（決）	最高裁判所判決（決定）
高判（決）	高等裁判所判決（決定）
地判（決）	地方裁判所判決（決定）

[判例集]

民録	大審院民事判決録
民集	最高裁判所民事判例集
刑集	最高裁判所刑事判例集
集民	最高裁判所裁判集民事
高民集	高等裁判所民事判例集
行集	行政事件裁判例集
訟月	訟務月報
判時	判例時報
判タ	判例タイムズ

表記の例

最高裁平成20年9月10日大法廷判決（62巻8号2029頁）
または
最大判平成20・9・10民集62巻8号2029頁

「最高裁判所」の大法廷で，平成20年9月10日に言い渡された「判決」であること，そしてこの判決が「民集」（最高裁判所民事判例集）という判例集の62巻8号2029頁に掲載されていることを示しています。

 法令名について

　本文中に引用された法律の名称や条文は，原則としてすべて事件当時のものです（その後の法改正との関係で注意が必要だと思われるものには，その旨の注記が加えられています）。

 判決文・条文などの引用について

「　」で引用してある場合は，原則として原典どおりの表記としていますが，字体などの変更を行ったものや，濁点・句読点，ふりがな，下線，傍点などを補ったものがあります。引用の「　」内の〔　〕表記（小書き）は，著者による注であることを表します。

 その他

有斐閣『行政判例百選I・II〔第8版〕』（2022年刊行）に掲載されている判例は，「百選I-1」のように巻の番号と項目番号のみを示しました。

Chapter I

総論

Chapter I で扱うのは，行政法学における各種論点のうち，一般に「行政法総論」と呼ばれる領域に関わる判例である。具体的には，①行政法の基礎理論に関わる各種判例と，②行政作用法に関わる各種判例，ということになる。

ここで，①にいう行政法の基礎理論とは，一体何だろうか。行政法が検討対象とするのは，多種多様な行政活動である。各種の学校が展開する教育活動に関わる教育行政，自分で生活費を十分稼ぐことができなくなった際に必要となる年金などに関わる社会保障行政，より住みやすいまちづくりなどに関わる都市計画行政……。一見，共通項のない，種々雑多な存在にみえるこれらの底辺に，分野横断的に適用される共通の考え方が横たわってはいないだろうか。このような問題関心から出てくるのが，行政法の基礎理論であり，そのような理論としてはたとえば，「法律による行政の原理」（詳細は［判例 **01**］を参照）がある。

では次に，②でいうところの行政作用法とは何だろうか。行政に関わる各種法律は膨大な数存在しているが，これらを3つに分ける分類法が存在し，その3つのうちの1つが，行政の諸活動における国民と行政との間の法律関係について規定する行政作用法である。本書は，基本的に，行政作用法に関わる代表的事例を，「行政行為」「行政立法」「行政計画」というように，行為形式ごとに取り上げている。なお，「行政裁量」は行為形式の名称ではないが，「行政行為」の学習と深く結びついているので，「行政行為」の後に入れた。「行政上の義務履行確保」も行為形式の名称ではない。

また，本書は，伝統的に行政法総論で取り上げられてきた行政手続に関する事例もここで取り扱っている。

Contents

- 法律による行政の原理（**1**）
- 行政上の法律関係（**2, 3, 4**）
- 法の一般原則（**5, 6**）
- 行政行為（**7, 8, 9, 10, 11**）
- 行政裁量（**12, 13, 14**）
- 行政立法（**15, 16**）
- 行政計画（**17**）
- 行政契約（**18**）
- 行政指導（**19**）
- 行政調査（**20**）
- 行政上の義務履行確保（**21, 22**）
- 行政手続（**23, 24**）

01 法律による行政の原理

浦安ヨット事件

最高裁平成3年3月8日判決（民集45巻3号164頁） ▶百選Ⅰ-98

登場人物

浦安町（現浦安市）：境川に違法に設置された本件鉄杭の所在地を管轄する市町村。事件当時、町は漁港法（当時）に基づく漁港管理規程を制定しておらず、本件鉄杭を撤去する法律上の権限を有していなかった。

A：鉄杭を違法に設置したヨットクラブの代表者。

B：千葉県知事。河川法に基づく境川の管理権限を有しているほか、漁港法に基づいて、農林水産大臣の委任を受けて本件鉄杭の除却命令を発する権限も有していた。

C：県建設事務所長。県知事の有する権限を現実に執行する役割を担っていた。

D：本件鉄杭の撤去工事を請け負った事業者。

X：浦安町民。本件住民訴訟を提起。

Y：浦安町長。本件住民訴訟（平成14年地方自治法改正前のもの。詳しくは、＊1および＊2を参照）の被告。

＊1 ｜ 住民訴訟

自治体の住民が、自らの居住する自治体の公金の支出方法に違法があると考えるときに、その違法性を争って提起することのできる訴訟。地方自治法242条の2に定めがある。自治体の住民であれば、当該案件の利害関係者に限られず、誰でも提起することができるため、「客観訴訟」の一種である。

事案をみてみよう

本件は、ヨット係留用の杭が川に違法に設置され、危険が切迫するなかで、杭を撤去する明文の権限を有しない町が杭を強制撤去したことについて住民訴訟というかたちで争われた事案である。

千葉県の境川（河川法上の1級河川）では、昭和55年6月4日の時点で、ヨットクラブの代表者（A）により、河心および右岸側に、必要な許可なくして、ヨットの係留施設として、鉄道レール（「本件鉄杭」）が約15mの間隔で約100本、全長750mにわたり打ち込まれていた。その結果、船舶の航行可能な水路は水深の浅い左岸側のみになり、照明設備もないため、特に夜間および干潮時には船舶が航行するにあたり非常に危険な状況になっていた（本件鉄杭にはまだヨットは係留されていなかった）。

さて、事件当時、地元の浦安町（現浦安市）は、本件鉄杭を強制撤去するための法的権限を有していなかった。すなわち、河川法に基づく境川の管理権は千葉県知事（B）に属し、本件鉄杭の撤去命令を発する権限はBが有していた（現実の執行は出先機関の県建設事務所長（C）が実施）。また、本件鉄杭のある水域は第二種漁港にあたるため、本件鉄杭の除却命令を発する漁港法（平成14年改正前のもの）上の権限もBが有していた。一方、漁港法等に基づいて漁港管理者に指定されていた浦安町は、漁港管理規程を制定した上で、これに従って当該漁港の維持・管理にあたるものとされていたが（漁港法26条）、事件当時、漁港管理規程を制定していなかった。

昭和55年6月4日に地元の漁協から浦安町に対して撤去要請がなされたため、浦安町はCに対して撤去要請を行い、CはAに対して撤去要請を行ったところ、6月5日中に撤去する旨の回答があった。しかし、5日中に撤去される様子がなく、浦安町が改めてCに対して撤去要求をしたところ、8日以前の撤去は不可能ということであった。Aは7日と8日に本件鉄杭にクラブ会員のヨットを移動させる予定としていたので、浦安町は、ヨットが移動され本件鉄杭に係留される前に鉄杭を撤去するために、Dと本件鉄杭撤去工事の請負契約を締結し、6日に町職員とD従業員により本件鉄杭は撤去された。浦安町は当該撤去作業を実施するために、公金から、①Dへの工事請負代金（「本件支出①」）および②町職員に対する時間外勤務手当（「本件支出②」）を支出した。

浦安町民（X）は、本件鉄杭撤去作業は法律上の根拠を欠く違法な行為であるから、そのために支出された本件支出①および②も違法であるとして、浦安町民（Y）に対して損害賠償を請求する住民訴訟を提起した。

> **読み解きポイント**
>
> - 本件鉄杭の撤去行為は，私人の財産権を侵害するタイプの行政活動であるといえるが，浦安町がこのような活動を法令上の権限なしに行ったことはどう評価されるべきか。
> - 本件鉄杭が打ち込まれた境川は，船舶事故を引き起こしうる非常に危険な状況にあった。浦安町が，そのような危険な状況を回避するために本件鉄杭を撤去し，撤去費用として公金を支出したことは，住民訴訟との関係でどのように評価することができるだろうか。

判決文を読んでみよう

「(a)当時，浦安町においては〔本件鉄杭の撤去権限の根拠となりうる〕漁港管理規程が制定されていなかったのであるから，Y が浦安漁港の管理者たる同町の町長として本件鉄杭撤去を強行したことは，漁港法の規定に違反しており，これにつき行政代執行法に基づく代執行としての適法性を肯定する余地はない。」[3]

「浦安町は，浦安漁港の区域内の水域における障害を除去してその利用を確保し，さらに地方公共の秩序を維持し，住民及び滞在者の安全を保持する（地方自治法2条3項1号参照）という任務を負っているところ，同町の町長として右事務を処理すべき責任を有する Y は，右のような状況下において，船舶航行の安全を図り，住民の危難を防止するため，その存置の許されないことが明白であって，撤去の強行によってもその財産的価値がほとんど損なわれないものと解される本件鉄杭をその責任において強行的に撤去したものであり，本件鉄杭撤去が強行されなかったとすれば，B による除却が同月9日以降になされたとしても，それまでの間に本件鉄杭による航行船舶の事故及びそれによる住民の危難が生じないとは必ずしも保障し難い状況にあったこと，その事故及び危難が生じた場合の不都合，損失を考慮すれば，むしろ Y の本件鉄杭撤去の強行はやむを得ない適切な措置であったと評価すべきである」。

「そうすると，(b)Y が浦安町の町長として本件鉄杭撤去を強行したことは，漁港法及び行政代執行法上適法と認めることのできないものであるが，右の緊急の事態に対処するためにとられたやむを得ない措置であり，民法720条[4]の法意に照らしても，浦安町としては，Y が右撤去に直接要した費用を同町の経費として支出したことを容認すべきものであって，本件請負契約に基づく公金支出については，その違法性を肯認することはできず，Y が浦安市に対し損害賠償責任を負うものとすることはできないといわなければならない。」

> **この判決が示したこと**
>
> ① 法定の権限を欠いて強行された町の強制撤去行為は行政代執行法に基づく代執行としては違法であるとされた（下線(a)）。
> ② 住民訴訟で争われた，町の強制撤去行為に際してなされた公金の支出の違法

---

*2 | 本件で提起された訴訟は，住民訴訟の4類型のうち「4号請求」（地方自治法242条の2第1項4号）に該当するが，この4号請求については，平成14年の地方自治法改正で大幅な制度改正が行われた。本件はこの地方自治法改正以前の事案であるため，被告は町長個人となっている（現行の仕組みでは，職員個人ではなく，地方公共団体の機関が被告になる）。
ちなみに，この4号請求については，平成29年にも大きな制度改正が行われている。

*3 | 行政代執行

法令により直接に命ぜられ，または法令に基づき行政庁に命ぜられた行為であって他人が代わってすることができるものについて義務者がこれを履行しない場合に，行政庁が義務者に代わって自ら実施し，その費用を義務者に負担させる制度。
行政代執行については，〔判例21〕〔解説〕も参照。

*4 | 民法720条

民法720条は，正当防衛および緊急避難の要件と効果につき規定している。具体的には，同条1項は，「他人の不法行為に対し，自己又は第三者の権利又は法律上保護される利益を防衛するため，やむを得ず加害行為をした者は，損害賠償の責任を負わない。ただし，被害者から不法行為をした者に対する損害賠償の請求を妨げない」としている。

> 性については，危険が切迫していた当時の状況を踏まえ，民法720条の法意に照らして否定された（下線(b)）。

解説

Ⅰ．「法律による行政の原理」と「法律の留保」

行政法学における最重要原理の1つが「法律による行政の原理」である。

法律による行政の原理とは，行政は法律の定めるところにより，法律に従って行われなければならないとする原理であるが，この法律による行政の原理をめぐる具体的論点の1つに法律の留保という問題がある。これは，法律による行政の原理に基づいて行政の活動が法律の根拠によらなければならないとされた場合も，あらゆる行政活動について法律の根拠が必要となるのかどうか，そうではないとすると，法律の根拠が必要な行政活動の範囲はどのようなものかという問題である。

法律による行政の原理に基づいて法律の根拠が必要となる行政活動の範囲のあり方についてはいくつもの見解が存在しており，伝統的な通説は，国民の自由と財産を侵害する行政作用については法律の根拠が必要であるとしている（侵害留保説）。侵害留保説に基づくと，国民に利益を付与する授益的行為には，法律の根拠が必要ないことになる。

一方，現代においては，さまざまな領域での行政介入の需要が高まり，市民はますます行政に依存するようになっている。そうしたなかで，侵害行為についてのみ法律の根拠が必要とされるのでは不十分であるとされるようになり，学説では，全部留保説・権力留保説・重要事項留保説など，さまざまな見解が示されるようになっている。*5

*5 「法律の留保」をめぐる各学説
法律の根拠が必要となる行政活動の範囲のあり方に関する各学説。全部留保説は，あらゆる行政活動につき法律の根拠が必要になるとする。権力留保説は，権力的な行政活動には，法律の根拠が必要であるとする。重要事項留保説は，行政活動のうち，重要事項（本質的事項）については法律の根拠が必要であるとする。

Ⅱ．本件における浦安町の撤去行為と「法律による行政の原理」との関係

法律の留保につきいずれの見解を採用したとしても，国民の権利利益を侵害する行政作用については法律の根拠が必要になる。したがって，本事案で問題となった本件鉄杭の撤去行為はAの権利利益を直接的に侵害する行為であるので，このようなことを行政が実施する際には，必ず法律による根拠が必要となる。

しかし，実際には，浦安町が適法に撤去行為を実施するために必要な漁港法に基づく漁港管理規程は制定されておらず，浦安町には撤去を行う権限が存在していなかった。本件では，法律による行政の原理との関係で求められる法律の根拠が浦安町には存在していなかったのである（下線(a)）。

そうした中で，最高裁は，住民訴訟における公金の違法性に関わる判断において，浦安町の行った撤去行為は適法な代執行行為であるということはできないけれども，差し迫った危険を回避するためのやむを得ない行動であったため，民法720条（緊急避難）の法意も参照しつつ，損害賠償責任は成立しないとした（下線(b)）。

最高裁の判断を，法律の根拠なく他者の財物を撤去することを肯定したものと理解すると，侵害留保原則の例外が認められたということになるが，最高裁は，公金支出に係る損害賠償請求の可否のレベルで民法720条の法意を用いたにすぎず，緊急避

難を理由に侵害留保原則の例外を認めたわけではないと解する見解が一般的である。

ほかの判例も読んでみよう

◎東京高判平成15年5月21日高民集56巻2号4頁（O-157貝割れ大根事件）[*6]

　情報の公表というのは，通常，法律上の不利益を関係者に対して課すものとしては位置付けられていないため，（少なくとも侵害留保説の立場では）法律上の根拠は不要とされるのが原則である。この点に関し，厚生大臣による情報の公開が，国家賠償請求との関係で，違法と評価され得る場合があることを示したのが，本件である。

　「本件各報告の公表は，現行法上，これを許容し，又は命ずる規定が見あたらないものの，関係者に対し，行政上の制裁等，法律上の不利益を課すことを予定したものでなく，これをするについて，明示の法的根拠を必要としない。本件各報告の公表を受けてされた報道の後，貝割れ大根の売上が激減し，これにより控訴人らが不利益を受けたことも，前記……のとおりであるが，それらの不利益は，本件各報告の公表の法的効果ということはできず，これに法的根拠を要することの裏付けとなるものではない。」「しかしながら，本件各報告の公表は，なんらの制限を受けないものでもなく，目的，方法，生じた結果の諸点から，是認できるものであることを要し，これにより生じた不利益につき，注意義務に違反するところがあれば，国家賠償法1条1項に基づく責任が生じることは，避けられない。」

◎最決昭和55年9月22日刑集34巻5号272頁（百選I-104）

　明文の法律の根拠なく実務上広く実施されている自動車の一斉検問について，その許容性が争われたことがある。以下の判決では，警察法2条1項により「交通の取締」が警察の責務であることに触れた上で，公道で自動車を運転する当然の負担として合理的に必要な限度で交通取締りに協力すべきこと等指摘し，一定の条件のもとで許容されると判断している。

　「警察法2条1項[*7]が『交通の取締』を警察の責務として定めていることに照らすと，交通の安全及び交通秩序の維持などに必要な警察の諸活動は，強制力を伴わない任意手段による限り，一般的に許容されるべきものであるが，それが国民の権利，自由の干渉にわたるおそれのある事項にかかわる場合には，任意手段によるからといつて無制限に許されるべきものでないことも同条2項及び警察官職務執行法1条などの趣旨にかんがみ明らかである。しかしながら，自動車の運転者は，公道において自動車を利用することを許されていることに伴う当然の負担として，合理的に必要な限度で行われる交通の取締に協力すべきものであること，その他現時における交通違反，交通事故の状況などをも考慮すると，警察官が，交通取締の一環として交通違反の多発する地域等の適当な場所において，交通違反の予防，検挙のための自動車検問を実施し，同所を通過する自動車に対して走行の外観上の不審な点の有無にかかわりなく短時分の停止を求めて，運転者などに対し必要な事項についての質問などをすることは，それが相手方の任意の協力を求める形で行われ，自動車の利用者の自由を不当に制約することにならない方法，態様で行われる限り，適法なものと解すべきである。」

[*6] O-157貝割れ大根事件
平成8年に大阪府堺市で発生した，大腸菌O-157に起因する学童らの集団食中毒につき，当時の厚生大臣（後に第94代内閣総理大臣となる菅直人）が，貝割れ大根が原因食材とは断定できないが，その可能性も否定できないとの中間報告および原因食材である可能性が最も高いとの最終報告を公表したことにより，貝割れ大根の売上げが激減したとして，貝割れ大根の業界団体等が厚生大臣に対して国家賠償を求めるなどした事案。

[*7] 警察法2条1項
「警察は，個人の生命，身体及び財産の保護に任じ，犯罪の予防，鎮圧及び捜査，被疑者の逮捕，交通の取締その他公共の安全と秩序の維持に当ることをもつてその責務とする。」

02 行政上の法律関係①
——民法の適用

富山税務署長土地公売処分事件

最高裁昭和31年4月24日判決（民集10巻4号417頁）

登場人物

X：第一審原告（被上告人）。なお、地裁判決によると、本件土地の売買金額は金7万8000円（当時）であったとされている。

魚津税務署長：Xから所有不動産として財産申告を受け、財産税を徴収。A会社に対して滞納処分をする。

Y：第一審被告（上告人）、富山税務署長。昭和25年、滞納国税等の徴収のための滞納処分を魚津税務署長から引き継ぎ、本件土地に差押登記をし、本件土地の公売処分をする。

A会社：北陸鋳造株式会社（昭和21年12月に株式会社北陸製作所から商号変更）。

B：本件土地の競落人。昭和26年に本件土地について所有権移転登記。

*1｜民法177条

「不動産に関する物権の得喪及び変更は、不動産登記法……その他の登記に関する法律の定めるところに従いその登記をしなければ、第三者に対抗することができない。」

🔍 事案をみてみよう

　本件は、「行政処分に係る法律関係（国税滞納処分による差押えの関係）に、民法177条*1の適用があるか」が争点となった事案である。最高裁は、国税滞納処分による差押えの関係においても民法177条の適用があるとの判断を示している（その上で、国が登記の欠缺を主張するについて「正当の利益を有する第三者」*2にはあたらないというためには、相応の特段の事情がなければならないとして、Xの請求を認容した原判決〔名古屋高金沢支判昭和28・12・25行集4巻12号3127頁〕を破棄し、原審に差し戻している）。

　昭和21年2月、Xは、A会社より土地（本件土地）を買い受け、土地の代金を支払っていた。Aは、本件土地について、同年2月、魚津税務署長に対して本件土地を自己所有財産の一部とする財産申告をし、財産税の納入をしていたが、所有権移転登記手続はしていなかった。その後A会社は、昭和24年度の国税滞納を理由として滞納処分を受けるにいたった。昭和25年、滞納国税等の徴収のための滞納処分を魚津税務署長から引き継いだ富山税務署長（Y）は、同年8月、登記簿上A会社名義となっていた本件土地について差押登記をした。Xはこの後直ちに魚津税務署長に対して登記の取消しを懇請するとともに本件土地の所有権移転登記手続をし、Yに対し差押えの取消しを求めたが、Yは差押え当時の登記簿上の権利者はA会社であり、Xの売買登記は差押登記の後であるから、民法177条によりXはYに対抗できないとの理由を述べXの主張を聞き入れることなく、昭和26年10月、Yは、Bを土地の競落人とする公売処分をし、同年同月、Bを権利者とする本件土地の所有権移転登記がなされた。

　Xは、本件土地を自己所有不動産として財産申告等を行いこれに基づき財産税が徴収されていたという事情から、本件において国が登記の欠缺を主張することは背信的である等と主張し、Yに対して本件公売処分の無効確認を求め、Bに対しては本件土地の所有権移転登記の抹消登記手続を求め、出訴した。

✓ 読み解きポイント

　訴訟における争点は、「行政処分に係る法律関係（国税滞納処分による差押えの関係）に、民法177条の適用があるか」である。最高裁はこの点につき、どのような判断を示しているだろうか。

📖 判決文を読んでみよう

「国税滞納処分においては、国は、その有する租税債権につき、自ら執行機関として、強制執行の方法により、その満足を得ようとするものであって、(a)滞納者の財産を差し押えた国の地位は、あたかも、民事訴訟法上の強制執行における差押債権者の地位に類するものであり、租税債権がたまたま公法上のものであることは、この関係において、国が一般私法上の債権者より不利益の取扱を受ける理由となるものではない。それ故、(b)滞納処分による差押の関係においても、民法177条の適用があるものと解するのが相当である。」

> **⇩ この判決が示したこと ⇩**
>
> 国税滞納処分による差押えの関係においても、民法177条の適用がある（下線(b)）。

☝ 解説

I．行政上の法律関係における私法の適用について

　行政上の法律関係に私法が適用されるのかについて、かつての代表的学説によれば、行政上の法律関係には公法関係と私法関係があるとされ、公法関係はさらに、権力関係（本来的公法関係——命令・強制権限の行使による関係）と管理関係（伝来的公法関係——公物使用関係など、権力関係ではないが公益と関わりの深い関係）とに二分されていた。この区分においては、行政法関係における私法の適用について、①権力関係には私法は原則として適用されない、②管理関係には公法の特則がなければ私法が適用される、③公法関係以外の私法関係（物品の売買契約、官公庁舎の建築請負契約等）には私法が適用される、と整理されていた（「三分説」といわれる）。

　公法と私法の区別を前提としてある法律関係が公法関係である場合には私法は適用されないと一律に判断する考え方は、今日の学説においては批判されている。この領域に関わる裁判例においても、裁判所は、公法と私法の二元論を所与の前提とするのではなく、それぞれの法的仕組みの趣旨や内容に応じて適用される法律を選択する考え方に立っていると解されている。

II．本判決の判示——国税滞納処分に関わり滞納者の財産を差し押さえた国の地位について

　本判決は、国税滞納処分に関わり滞納者の財産を差し押さえた国の地位は、民事訴訟法上の強制執行における差押債権者の地位に類似するものであると述べた上で（下線(a)）、滞納処分による差押えの関係においても民法177条の適用があることを認めている（下線(b)）。

　なお、本判決において述べられている、租税滞納処分と民事訴訟法上の強制執行との類似性は、本件地裁判決（富山地判昭和28・5・30民集14巻4号680頁）において示されていた判断である。

＊2｜「正当の利益を有する第三者」

本件におけるXの主張は、①民法177条は本来対等の関係にある当事者間における私法上の取引関係についての規定であり国税滞納処分という権力関係への適用はない、②仮に適用があるとしても、本件についてYは公売物件がAの所有財産ではないことを熟知していたのであるから（背信的であり）登記の欠缺を主張するにつき正当な利益を有する「第三者」には該当しない、というものであった。

＊3｜この領域に関わる裁判例

公務員の勤務関係（最判昭和49・7・19民集28巻5号897頁、百選 I-6）、国に対する損害賠償請求権の消滅時効の計算（最判昭和50・2・25民集29巻2号143頁［判例03］、百選 I-22）、公営住宅の利用関係（最判昭和59・12・13民集38巻12号1411頁、百選 I-7）、等。

＊4｜地裁判決

本件地裁判決は、「滞納処分は租税債権という公法上の債権に基いて、納税義務者の財産を差押え、之を公売処分に付し、その代金を以て弁済に充当し、以てその強制的満足を得る点において、一般私法上の債務名義による強制執行の場合と近似するもの」と述べている。

Ⅲ．「正当の利益を有する第三者」と特段の事情──差戻し後の最高裁判決について

　本判決は，滞納処分に関する法律関係に民法177条の適用があることを前提とした上で，本件について，Yが，民法177条の第三者として登記の欠陥を主張するについて正当な利益を有するか否かについて，「本件において，国が登記の欠缺を主張するにつき正当の利益を有する第三者に当らないというためには……所轄税務署長がとくにXの意に反して積極的に本件土地をXの所有と認定し，あるいは，爾後もなお引き続いて右土地がXの所有であることを前提として徴税を実施する等，Xにおいて本件土地が所轄税務署長からXの所有として取り扱わるべきことをさらに強く期待することがもっともと思われるような特段の事情がなければならないものと解するのが相当」，と判示して，本件を高裁に差し戻している。

　この差戻審の最高裁判決が，**ほか判**に紹介する昭和35年最判（破棄自判，請求認容）である。

🔍 ほかの判例も読んでみよう

◎**最判昭和35年3月31日民集14巻4号663頁（百選Ⅰ-9）**[*6]

　「そこで考えてみるに，原審は前控訴審判決の確定した右事実に付け加えて前掲……の各事実を確定しているのであつて，これらの事実，殊にXの提出した前示財産税の申告書には特に『登記面は前示訴外会社代表者名義にはなつているが，実質はXの所有であること』の趣意を記していたこと，魚津税務署長はXが本件土地の所有権を取得したものであることを一応承認していたこと，そして爾来前示差押登記のなされた昭和25年8月1日に至る約5年の間Xは何人からも本件土地の所有に関し異議を差しはさまれたことのないこと，Xは……本件土地の所有権を取得したものの登記面は依然所有者名義になつていたのでその公租公課の徴税令書が登記名義人に送達されぬよう特に配慮し，右徴税令書もその代納人が受取り，かつ同人において国税地方税（一部）を納入していたこと，そして右差押登記がなされたのを知るやXは富山税務署又は魚津税務署に対し陳情または正規の手続によつて，本件公売処分の取消方を求めたところ，Yはこれに対しその決定を前示のように遷引していたこと本件公売処分がなさるるに至った関係については前掲……に示したような事情が伏在していたこと等の事実に着目して考察するときは前上告審判決にいうXにおいて，本件土地が所轄税務署長からXの所有として取り扱わるべきことを強く期待することが，もつともと思われる事情があったものと認めるを相当と考える。」「さすれば，YはXの本件土地の所有権取得に対し登記の欠缺を主張するについて正当の利益を有する第三者に該当しないものと認むべき」である。

[*5] **昭和28年最判**
地裁判決においては，農地買収処分に関して民法177条の適用を否定した昭和28年最高裁判決（最大判昭和28・2・18民集7巻2号157頁，本書初版［判例02］）と本件との考え方の相違についての言及がある。同判決は，農地買収処分には民法177条は適用されないとしているが，判決では自作農創設特別措置法の趣旨や各種の規定からは，農地買収は単に登記簿の記載に依拠して行うべきものではなく，真実の農地の所有者から買収すべきものと解することができると述べられており，この点が判断のポイントとなったと解されている。

[*6] **昭和35年最判**
上記のとおり，本件は高裁に差し戻しされており，差戻し後の高裁判決（名古屋高判昭和32・6・28民集14巻4号708頁〔控訴棄却〕）のあと，最高裁により，国は，登記の欠陥を主張するにつき正当の利益を有する第三者にあたらないとの判断が示されている。

03 行政上の法律関係②
――安全配慮義務・時効

自衛隊八戸駐屯地事件

最高裁昭和50年2月25日判決（民集29巻2号143頁）　▶百選Ⅰ-22

🔍 事案をみてみよう

本判決は，国が勤務関係にある公務員に対して安全配慮義務を負うこと，またその安全配慮義務違反に基づく損害賠償請求権の消滅時効期間は，会計法30条の5年ではなく，民法167条1項の10年であるとしたものである。

自衛隊八戸駐屯地に勤務する自衛官Aは，車両整備工場で車両の整備にあたっていたところ，バックしてきた別の自衛官Bが運転する大型車両に頭部をひかれ，即死した。Aの両親であるXらは，国家公務員災害補償法所定の補償金を国から支給された。補償金は，通常の交通事故の場合と比べて少額（約80万円）であったがXらは，国に対しては損害賠償請求をすることができないものと思い，損害賠償請求をしなかった。しかし，その後，Xらは，国に対して損害賠償請求をすることができることを知ったため，国に対する損害賠償請求訴訟を提起した。

訴訟の提起が遅れたため，時効の成立も争点となった。すなわち，国は，不法行為に基づく損害賠償請求権に適用される民法724条*1の3年を主張し，第一審はこれを認めた。控訴審で，Xらは，国が公務員に対して負う安全配慮義務を怠ったとして債務不履行を理由とする損害賠償請求を追加し，その場合の時効は，債権に適用される民法167条1項*2の10年であると主張した。また，最高裁では，国に対する金銭債権について5年の消滅時効を定める会計法30条*3との関係も問題となった。

✓ 読み解きポイント

- 国は公務員に対して安全配慮義務を負うか。
- 安全配慮義務違反による損害賠償請求権の時効期間は会計法30条の5年か民法167条1項の10年か。

📖 判決文を読んでみよう

「(a)国は，公務員に対し，国が公務遂行のために設置すべき場所，施設もしくは器具等の設置管理又は公務員が国もしくは上司の指示のもとに遂行する公務の管理にあたつて，公務員の生命及び健康等を危険から保護するよう配慮すべき義務（以下「安全配慮義務」という。）を負つているものと解すべきである。もとより，右の安全配慮義務の具体的内容は，公務員の職種，地位及び安全配慮義務が問題となる当該具体的状況等によつて異なるべきものであ」るが，「国が，不法行為規範のもとにおいて

登場人物

A：自衛官。車両整備工場で車両の整備をしていたところ，Bの運転する車両にひかれ，死亡した。

B：自衛官。車両整備工場で車両を運転中，Aをひいて死亡させた。

Xら：車両整備工場内の交通事故によって死亡したAの両親。Aの死亡について国に対して損害賠償請求訴訟を提起する。当初，国に対して損害賠償請求をすることができないと思い，訴訟の提起が遅れた。

国：Xらに損害賠償請求訴訟を提起される。

---

*1｜**民法724条（平成29年改正前）**

「不法行為による損害賠償の請求権は，被害者又はその法定代理人が損害及び加害者を知った時から3年間行使しないときは，時効によって消滅する。」

*2｜**民法167条1項（平成29年改正前）**

「債権は，10年間行使しないときは，消滅する。」

*3｜**会計法30条（平成29年改正前）**

「金銭の給付を目的とする国の権利で，時効に関し他の法律に規定がないものは，5年間これを行わないときは，時効により消滅する。国に対する権利で，金銭の給付を目的とするものについても，また同様とする。」

私人に対しその生命，健康等を保護すべき義務を負っているほかは，いかなる場合においても公務員に対し安全配慮義務を負うものではないと解することはできない。けだし，右のような(b)安全配慮義務は，ある法律関係に基づいて特別な社会的接触の関係に入つた当事者間において，当該法律関係の付随義務として当事者の一方又は双方が相手方に対して信義則上負う義務として一般的に認められるべきものであつて，国と公務員との間においても別異に解すべき論拠はな」い。

「(c)会計法30条が金銭の給付を目的とする国の権利及び国に対する権利につき5年の消滅時効期間を定めたのは，国の権利義務を早期に決済する必要があるなど主として行政上の便宜を考慮したことに基づくものであるから，同条の5年の消滅時効期間の定めは，右のような行政上の便宜を考慮する必要がある金銭債権であつて他に時効期間につき特別の規定のないものについて適用されるものと解すべきである。そして，(d)国が，公務員に対する安全配慮義務を懈怠し違法に公務員の生命，健康等を侵害して損害を受けた公務員に対し損害賠償の義務を負う事態は，その発生が偶発的であつて多発するものとはいえないから，右義務につき前記のような行政上の便宜を考慮する必要はなく，また，国が義務者であつても，被害者に損害を賠償すべき関係は，公平の理念に基づき被害者に生じた損害の公正な填補を目的とする点において，私人相互間における損害賠償の関係とその目的性質を異にするものではないから，国に対する右損害賠償請求権の消滅時効期間は，会計法30条所定の5年と解すべきではなく，民法167条1項により10年と解すべきである。」

> ⇩ **この判決が示したこと** ⇩
>
> ① 国は公務員に対して，その生命および健康等を危険から保護するよう配慮すべき義務（＝「安全配慮義務」）を負う（下線(a)）。
> ② 「安全配慮義務」は，特別な社会的接触の関係に入った当事者間に一般に認められる信義則上負う義務であり，国と公務員との関係でも認められる（下線(b)）。
> ③ 会計法の定める時効期間は，国の権利義務を早期に決済するなど，行政上の便宜を考慮する必要があり，他に特別の規定のない金銭債権について適用される（下線(c)）。
> ④ 「安全配慮義務」違反に基づく損害賠償請求権は，行政上の便宜を考慮する必要はなく，また国が公務員に損害賠償すべき関係は私人相互間の損害賠償の関係と目的性質を異にしないので，時効期間は，会計法30条の5年ではなく，民法167条1項の10年となる（下線(d)）。

 解説

I．安全配慮義務

本件の第1の論点は，国が勤務関係にある公務員に対して「安全配慮義務」を負うかである。〔事案をみてみよう〕で説明したように，本件では，不法行為に基づく損害賠償請求権は3年の消滅時効により消滅しているとみられたため，時効期間が10年の債務不履行に基づく損害賠償請求とすべく，国が公務員であるAに対して

何らかの債務を履行していないと主張する必要があった。そこで主張されたのが，「安全配慮義務」である。

「安全配慮義務」は，民間企業において，使用者が被用者に対して負う義務として，理論構成はさまざまであったが学説において主張され，下級審の判決においても認めたものがあった。しかし，最高裁では認めた例はなかった。本判決は，そのような中で，ある法律関係に基づいて特別な社会的接触の関係*4に入った当事者間において，当該法律関係の付随義務として信義則上負う義務として，これを認め，かつ，国と公務員の間の勤務関係においても認められるとしたものである*5（下線(a)(b)）。

Ⅱ．時効期間

第2の論点は，安全配慮義務違反に基づく損害賠償請求権の消滅時効期間である。会計法30条の適用があれば，時効期間は5年となるので，その射程が問題となる。この点，伝統的な学説においては，公法と私法の区別を前提に，債権を公法上のものと私法上のものとに分けて，会計法30条は公法上の債権に適用があるといった考え方がとられていた。しかしながら，本判決は，こうした考え方をとっていない。本判決は，会計法の規定の趣旨目的に立ち返り，その適用の有無を趣旨目的に照らして決めるという考え方をとっている*6。すなわち，会計法30条が，通常の債権（10年）よりも短期の消滅時効期間（5年）を定めているのは，国の権利義務を早期に決済する必要があるなど主として行政上の便宜を考慮したためであるとした上で（下線(c)），本件においては，そうした行政上の便宜を考慮する必要はないから，会計法30条の適用はないとしたのである（下線(d)）。なお，民法の時効期間については，民法改正に伴い変更されている*7。

🔍 ほかの判例も読んでみよう

地方公共団体の債権・債務については，地方自治法に，先に示した会計法の規定に相当する規定があり（236条1項），5年の消滅時効期間を定めている。最高裁は，次の最高裁判決において，公立病院の診療債権の消滅時効期間に関して，この規定の適用を否定し，民法の規定により3年となるとしている。そこでは，最高裁は「本質上私法関係」という言葉を使っており，本件判決と異なり，公法と私法の区別を手掛かりとしているようにも見える。しかし，その重点は「私立病院において行われる診療と本質的な差異はな」いという点にあり，地方自治法の規定を適用する特別の事情はなく，また民法の適用を排除する事情もないと判断したと見るべきで，本判決の示した趣旨目的に基づくという考え方が放棄されたわけではないと思われる。公法と私法の関係に関しては［判例02］も参照されたい。

◎最判平成17年11月21日民集59巻9号2611頁（百選Ⅰ-27）

「公立病院において行われる診療は，私立病院において行われる診療と本質的な差異はなく，その診療に関する法律関係は本質上私法関係というべきであるから，公立病院の診療に関する債権の消滅時効期間は，地方自治法236条1項所定の5年ではなく，民法170条1号により3年と解すべきである。」

---

*4 | 特別な社会的接触の関係

最判平成28・4・21民集70巻4号1029頁は，未決勾留による拘禁関係について，次のように判示し，安全配慮義務を発生させる特別な社会的接触の関係であることを否定している。
「未決勾留は，刑訴法の規定に基づき，逃亡又は罪証隠滅の防止を目的として，被疑者又は被告人の居住を刑事施設内に限定するものであって，このような未決勾留による拘禁関係は，勾留の裁判に基づき被勾留者の意思にかかわらず形成され，法令等の規定に従って規律されるものである。そうすると……特別な社会的接触の関係とはいえない。」

*5 | 国と公務員の間の勤務関係において認められた

本判決は国と公務員の勤務関係について安全配慮義務を認めたものであったが，最高裁は，本判決の後，通常の民間企業の雇用関係においても認めている（最判昭和59・4・10民集38巻6号557頁）。

*6 | 趣旨目的に照らして決めるという考え方

このような方式について民法177条の適用に関する［判例02］〔解説〕Ⅰも参照されたい。

*7 | 民法改正に伴う変更

平成29年民法改正により，人の生命身体に対する不法行為，債務不履行の時効期間が変更されており，本件のようなケースではともに会計法と同じ5年となると考えられる。

04 行政上の法律関係③
——行政法規違反の法律行為の効力　食肉無許可販売事件

最高裁昭和35年3月18日判決（民集14巻4号483頁）

登場人物
X：Yに対して食肉を売り渡したが、代金を一部しか支払ってもらえなかったため、支払を求める訴訟を提起した。

Y：Xから購入した食肉の代金を一部しか支払わなかったため、支払を求める訴訟を提起された。自分は食肉販売の営業許可を受けていない無許可営業者であるので、売買契約は無効であるなどと主張している。

*1｜29万円程度
なお、事件のあった昭和30年当時の大卒公務員の初任給は、8700円ほどであった。29万円はその約33か月分にあたる。

*2｜自分個人は
もともとはYが代表取締役を務める会社が許可を得て食肉販売業を営んでおり、Xと取引をしていた。しかし、代金の支払を怠りがちであったため、取引を打ち切られていた。そうした状況のもと、Yは、自分の自動車を担保に供するなどして、個人として取引の再開を申し出、Xもそれを承諾して取引を行ったという事情がある。

*3｜民法90条（平成29年改正前）
「公の秩序又は善良の風俗に反する事項を目的とする法律行為は、無効とする。」

事案をみてみよう

本件は、行政法規に違反して行われた法律行為（本件では契約）が、民法上の効力を有するか、つまり契約が有効であり、その履行を求めることができるのかが争われた事案である。

XはYに対して食肉を売り渡したが、Yは代金の一部を支払ったのみであったため、Xは代金の残額（29万円程度*1）と遅延損害金の支払を求める民事訴訟を提起した。それに対してYは、自分個人*2は食肉販売の営業に必要な食品衛生法の許可を受けておらず、食肉の買受けは無許可で行われたものであるから、民法90条*3に違反し、売買契約は無効であるなどと主張した。

✓ 読み解きポイント
行政法規（＝食品衛生法）に違反する法律行為（＝売買契約）は有効か。

判決文を読んでみよう

「本件売買契約が食品衛生法による取締の対象に含まれるかどうかはともかくとして(a)同法は単なる取締法規にすぎないものと解するのが相当であるから、Yが食肉販売業の許可を受けていないとしても、右法律により本件取引の効力が否定される理由はない。それ故右許可の有無は本件取引の私法上の効力に消長を及ぼすものではない」。

⇩ この判決が示したこと ⇩
食品衛生法は単なる取締法規にすぎないから、無許可での食肉の販売がそれに違反するとしても、売買契約の効力に影響を与えるものではない（下線(a)）。

解説

行政法規に違反する行為に対しては、多くの場合、その統制のため、是正命令や行政罰のような行政法上の手法が用意されている。本件に関していえば、食品衛生法上の許可を受ける義務を果たさず、無許可営業をした場合、刑罰が科されることになっている*4。本件では、そうした手法による統制とは別に、行政法規に違反した行為につ

いて民法上の効力も否定されるのかが問題となった。

　この問題について，判例・学説では，問題の行政法規による規制について，その規制に違反してなされた法律行為を直ちに無効とする趣旨である場合には，その趣旨に従って直ちに当該法律行為を無効とする一方，そうした趣旨を持たず，単に事実として行為の規制をするものにすぎないものである場合には，直ちに無効とするものではないと考えられてきた。一般に，前者のような趣旨の行政法規は「強行法規」，後者のような趣旨の行政法規は「取締法規」と呼ばれる。本判決は，食品衛生法の規制を，法律行為を直ちに無効とする趣旨を持たず，単に事実として行為を規制する取締法規とみて，その違反は民法上の効力に影響しないとみたものである（下線ⓐ。なお強行法規の例としては，**ほか判**・煮乾いわし事件を参照）。

　もっとも，ある法規の違反が直ちに法律行為の無効をもたらさないとされる場合であっても，それは違反するすべて行為を無効とするものではないことを意味するにとどまり，民法90条に照らして公序良俗に違反するとして無効と判断される場合がある（例として，**ほか判**・毒アラレ事件を参照）。

🔍 ほかの判例も読んでみよう

◎最判昭和30年9月30日民集9巻10号1498頁（煮乾いわし事件）

　「〔臨時物資需給調整〕法に基く加工水産物配給規則……は……同規則2条によって指定された煮乾いわし等の物資については法定の除外事由その他特段の事情の存しない限り同規則3条以下所定の集荷機関，荷受機関，登録小売店舗等の機構を通ずる取引のみの効力を認め右以外の無資格者による取引の効力を認めない趣意であつて，右法令は此の意味に於ける強行法規であると解される」。

◎最判昭和39年1月23日民集18巻1号37頁（毒アラレ事件）

　「有毒性物質である硼砂の混入したアラレを販売すれば，食品衛生法……に抵触し，処罰を免れない……が，その理由だけで，右アラレの販売は民法90条に反し無効のものとなるものではない。しかしながら，……食品衛生法の禁止しているものであることを知りながら，敢えてこれを製造の上，……売り渡し，その取引を継続したという場合には，……その結果公衆衛生を害するに至るであろうことはみやすき道理であるから，そのような取引は民法90条に抵触し無効のものと解するを相当とする。」

*4｜**刑罰が科される**
現在の食品衛生法では，82条1項により2年以下の懲役または200万円以下の罰金に処すると定められている。

*5｜**硼砂**
「ホウシャ」と読む。ドラッグストアなどで簡単に入手できる。洗濯のりなどと混ぜ合わせると，おもちゃの「スライム」として親しまれている粘弾性をもつ物質を作ることができる。

05 法の一般原則①
——信義則と租税法律主義

八幡(やはた)税務署青色申告事件

最高裁昭和62年10月30日判決（判時1262号91頁） ▶百選Ⅰ-20

登場人物

X：Aに代わり，Aの営む酒類販売業を昭和29年から事実上中心となって運営してきた。昭和29年から昭和45年まではA名義で青色申告書による確定申告をしていたが，昭和46年からは，Xの名義で，青色申告書による確定申告を行う際に必要とされているYによる承認なしに青色申告を行っており，Yも，数年にわたり，X名義の青色申告書を受理し，申告額に係る税金を収納していた。

Y：所轄の税務署長。

A：Xの実兄であり養父。アルコール中毒症を患う。

🔍 事案をみてみよう

　本件は，税務署が法定の要件を欠く青色申告書[*1]を複数年受理し続けていたなどの事情のもとで，法定の要件を欠いてなされた申告を白色申告とみなして更正処分を行うことが信義則上許されるか否かが争われた事案である。

　Xは，昭和29年分から昭和45年分までの事業所得についてはA名義で青色申告をし，昭和46年分については，税務署長による青色申告の承認を受けることなくX名義で青色申告書による確定申告をしたところ，所轄の税務署長（Y）は，Xにつき青色申告の承認があるか否かという点につき確認を行わずにX名義の青色申告書を受理した。さらに，Yは，昭和47年分から昭和50年分までの所得税について，Xに対して青色申告用紙を送付し，Xの青色申告書による確定申告を受理するとともにその申告に係る税額を収納した。昭和51年3月，XはYより青色申告の承認申請がなかったことを指摘されたため直ちに青色申告承認申請を行い，承認を得ることとなったが，Yは，Xの昭和48年および49年分の所得税につき白色申告とみなして更正処分等を行った。そこで，Xは，更正処分等は信義則に反し違法であるとして，更正処分等の取消訴訟を提起した。

✓ 読み解きポイント

- 青色申告の承認なしになされた青色申告書による確定申告につきYが更正処分等を行うことは，法律による行政の原理（租税法律主義）に照らせば，当然の帰結であった。
- 一方で，Yは，青色申告の承認を欠くXによる青色申告書を受理し，さらに毎年その時期になるとXに対して青色申告用紙を送付しており，Xからすると，Xが青色申告をすることができることをYも認めているように見受けられた。上記のような行為をしていたにもかかわらず，YがXに対して更正処分等を行ったことは，信義則に照らして違法と評価することはできるのであろうか。

📖 判決文を読んでみよう

　「(a)租税法規に適合する課税処分について，法の一般原理である信義則の法理の適用により，右課税処分を違法なものとして取り消すことができる場合があるとしても，法律による行政の原理なかんずく租税法律主義の原則が貫かれるべき租税法律関

係においては，右法理の適用については慎重でなければならず，租税法規の適用における納税者間の平等，公平という要請を犠牲にしてもなお当該課税処分に係る課税を免れしめて納税者の信頼を保護しなければ正義に反するといえるような特別の事情が存する場合に，初めて右法理の適用の是非を考えるべきものである。そして，右特別の事情が存するかどうかの判断に当たつては，少なくとも，税務官庁が納税者に対し信頼の対象となる公的見解を表示したことにより，納税者がその表示を信頼しその信頼に基づいて行動したところ，のちに右表示に反する課税処分が行われ，そのために納税者が経済的不利益を受けることになつたものであるかどうか，また，納税者が税務官庁の右表示を信頼しその信頼に基づいて行動したことについて納税者の責めに帰すべき事由がないかどうかという点の考慮は不可欠のものである……。」

「本件更正処分がYのXに対して与えた公的見解の表示に反する処分であるということはできないものというべく，本件更正処分について信義則の法理の適用を考える余地はないものといわなければならない。」

⇩ この判決が示したこと ⇩

租税法律関係について，信義則の適用により適法な処分が違法とされる余地は一般論としてはありうるが，租税法律主義との関係で，実際には，その適用には慎重さが必要になる。信義則が適用されうるのは，納税者間の平等・公平という要請を犠牲にしてもなお当該課税処分に係る課税を免れしめて納税者の信頼を保護しなければ正義に反するといえるような特別の事情が存する場合に限定される（下線(a)）。

☝ 解説

民法1条2項は，「権利の行使及び義務の履行は，信義に従い誠実に行わなければならない」と定めている。これが「信義則」と呼ばれる原則であるが，信頼関係の存在と維持は法律関係の基本であることから，信義則は法の一般原理として，明文規定が置かれていない公法の分野においても適用されうると解されている。

もっとも，公法分野における法律関係については「法律による行政の原理」による縛りが存在し，行政活動は法律に適合して行われることが要求されている。特に，租税関係の処分については，憲法84条が「あらたに租税を課し，又は現行の租税を変更するには，法律又は法律の定める条件によることを必要とする」と定め，より厳格に法律に適合することが求められている（租税法律主義）。

公法分野において信義則を適用することはすなわち，適法な処分を当該個人との間では信義則の適用により違法と扱うなど，法律による行政の原理の例外を認めることに該当する場合があるため，そのような場合における信義則適用の是非については慎重な検討が必要とされると考えられている。なお，法律による行政の原理との抵触が問題とならない場合は，信義則の適用がより緩やかに認められ得る（**ほか判**・宜野座村事件参照）。

本判決は，租税法規に基づく課税処分に対する信義則の適用の是非について，一般

＊1｜青色申告書

わが国の所得税については申告納税方式がとられており，国民の側から自らの納めるべき税額を申告することとされている。その税額の申告（確定申告）の際に，一定の様式に基づいて帳簿を記載し，その記帳から正しい所得や所得税および法人税を計算して申告することを青色申告という。青色の申告書を用いるため，このような名称となっている（一般的な確定申告書は白色であるため，白色申告と呼ばれる）。青色申告を行うと，租税特別措置等諸々の特典を受けることができる。青色申告制度を利用するにあたっては，法律上税務署長による事前の承認が必要であるとされている。
ちなみに，申告された税額に間違いがあるとされた場合，税務署は税額を修正する「更正処分」を行う。

＊2｜租税法律主義

租税の賦課徴収は議会の制定した法律によらねばならないという原則。日本国憲法84条を参照。

論としては肯定しつつも，具体的に信義則が適用され得るための要件としては厳しい内容を設定しており，租税法律関係について信義則を適用することによって原告の救済が図られるのは相当に限定された事例のみであることを示している。

　本判決が挙げた要件の具体的内容は，①税務官庁が納税者に対し信頼の対象となる「公的見解の表示」*3 を行い，②納税者がその表示を信頼して行動したところ，③その表示に反する課税処分がされて経済的不利益を受けたこと，また④その表示を信頼し行動したことについて納税者の帰責事由がないこと，である。上記①〜④の諸要件は，*4 判決文に「少なくとも」とある以上，これだけで完結した要件とはいえない。その一方で，法律による行政の原理との抵触関係の下で信義則（信頼保護の原則）の適用の是非を考えるのであれば，上記①〜④の諸要件は，租税法以外の事案においても考慮されるべきものとして位置付けることができそうである。

🔍 ほかの判例も読んでみよう

◎最判昭和56年1月27日民集35巻1号35頁（宜野座村事件，百選I-21）

　宜野座村事件は，沖縄県宜野座村の工場誘致策のもとで，特定の企業が当地に工場を建設するための具体的な準備作業を行っていたが，反対派村長の当選により当該政策への協力を村から拒否されることになり，工場建設ができなくなってしまったため，同企業が宜野座村に対して損害賠償を求めて訴えを提起した事案である。この事件では，地方公共団体（宜野座村）による政策を信じて行動した者が，後の政策変更により損害を被った場合に，当該者の信頼は保護されるかどうかが問題となった。しかし，地方公共団体が選挙を通じて政策変更すること自体は違法・適法の問題を生じさせないので，「違法な処分を一般原則の適用によって（当該者についてだけ）適法と扱うことの是非」という問題，つまり，法律による行政の原理との抵触問題は生じなかった。

　地方公共団体は自ら行った施策の決定に原則として拘束されないが，その「決定が，単に一定内容の継続的な施策を定めるにとどまらず，特定の者に対して右施策に適合する特定内容の活動をすることを促す個別的，具体的な勧告ないし勧誘を伴うものであり，かつ，その活動が相当長期にわたる当該施策の継続を前提としてはじめてこれに投入する資金又は労力に相応する効果を生じうる性質のものである場合には，……たとえ右勧告ないし勧誘に基づいてその者と当該地方公共団体との間に右施策の維持を内容とする契約が締結されたものとは認められない場合であっても，右のように密接な交渉を持つに至つた当事者間の関係を規律すべき信義衡平の原則に照らし，その施策の変更にあたつてはかかる信頼に対して法的保護が与えられなければならないものというべきである。すなわち，右施策が変更されることにより，前記の勧告等に動機づけられて前記のような活動に入った者がその信頼に反して所期の活動を妨げられ，社会観念上看過することのできない程度の積極的損害を被る場合に，地方公共団体において右損害を補償するなどの代償的措置を講ずることなく施策を変更することは，それがやむをえない客観的事情によるのでない限り，当事者間に形成された信頼関係を不当に破壊するものとして違法性を帯び，地方公共団体の不法行為責任を生ぜしめる」。

---

*3 「公的見解の表示」

このような「公的見解」の代表例として，「通達」がある。なお，「通達」と「信義則」の関係が問題とされた著名事案としては，在ブラジル被爆者訴訟最高裁判決（最判平成19・2・6民集61巻1号122頁，百選I-23）がある。

*4 本件における「公的見解の表示」

最高裁は，本件の具体的な事実関係を当てはめた結果，そもそも信頼の対象となるべき「公的見解の表示」がなかったとしている。さらに，本件の差戻控訴審（福岡高判昭和63・5・31税務訴訟資料164号927頁）では，Xが元税務職員で，青色申告承認が必要であったことは十分知っていたことなどを踏まえ，私人の帰責事由がないという条件の部分の充足に疑問が示されている。

06 法の一般原則②
——行政権の濫用

余目町トルコハワイ事件

最高裁昭和53年5月26日判決（民集32巻3号689頁） ▶百選 I -25

事案をみてみよう

本件は，ある企業が個室付浴場の営業を計画したものの，周辺住民が反対したため，県知事が当該個室付浴場の営業を阻止することを目的に児童福祉法上の認可権限を行使したことが行政庁による権限の濫用に該当するのか否かが争われた事案である。

Xは，山形県余目町で個室付浴場の営業を行うことを計画し，昭和43年3月頃に同地に土地を取得し，建築確認を得た。ところが，周辺住民による反対運動が起きたため，山形県（Y）や余目町は本件営業を阻止する方針を決定した。具体的には，当時の風俗営業等取締法（「風営法」）4条の4第1項が児童福祉法に定める児童福祉施設の周辺200mの範囲内で個室付浴場の営業を禁止していることに着目し，開業予定地から約134mの町有地を児童遊園（児童福祉法に定める児童福祉施設）として認可することが考案された。

この方針に従い，昭和43年6月4日，余目町はY知事に対して児童遊園施設の設置認可の申請を行い，Y知事は6月10日に異例の速さでこれを認可した（「本件設置認可処分」）。一方，7月31日にY知事より公衆浴場経営許可が出されたため，個室付浴場は8月から営業を開始した。この時点で児童遊園は既設状態であったため，Y県公安委員会はXに対し，風営法違反を理由として60日間の営業停止処分を行い，さらに，Xは風営法違反を理由として刑事訴追もされた。Xは，本件設置認可処分はXの個室付浴場の営業を阻止・妨害するためになされたものであるから違法であり，したがって本件営業停止処分もその前提を欠いて違法無効であること等を主張し，本件設置認可の取消しを求めて出訴した（訴訟係属中に営業停止期間が経過したため，国家賠償訴訟に訴えが変更された）。

第一審はXの請求を棄却したが，原審は本件設置認可処分の違法性を認めてXの請求を認容したため，Yが上告。

✓ 読み解きポイント

本件においては，児童遊園の設置認可申請のプロセスそれ自体は，法律の認可要件を満たして適法であった。そうした中で，設置認可の主目的がXの個室付浴場の営業の阻止にあったとして，行政権の濫用（権利濫用の禁止）を援用して本件処分の違法性を認めることができるだろうか。

登場人物

X：山形県余目町にて個室付浴場（＊1参照）の営業をしようとした会社。個室付浴場の店名が「トルコハワイ」だった。

Y：山形県。知事が有する児童福祉法に基づく児童福祉施設の設置認可権限を用いて個室付浴場建設予定地の近くに児童遊園を設置し，個室付浴場の営業阻止を画策。

余目町：山形県内の庄内平野の中心に位置し，農業が主産業である。平成17年に近隣の立川町と合併し，庄内町となった。山形県とともに当該個室付浴場営業阻止方針を採用。

＊1｜個室付浴場

事件当時は「トルコ風呂」と呼ばれていた。浴場業の施設として個室を設け，個室において異性の客に接触する役務を提供する業態のことで，風営法の適用対象となる。

＊2｜（狭義の）訴えの利益

〔判例33〕〔解説〕を参照。

📖 判決文を読んでみよう

「原審の認定した右事実関係のもとにおいては，本件児童遊園設置認可処分は行政権の著しい濫用によるものとして違法であり，かつ，右認可処分とこれを前提としてされた本件営業停止処分によってXが被った損害との間には相当因果関係があると解するのが相当であるから，Xの本訴損害賠償請求はこれを認容すべきである。」

> ⬇ この判決が示したこと ⬇
>
> 行政処分が行われた際に，法律の定める目的以外の目的が存在した場合には，行政権の濫用として当該処分の違法要因となりうる。

☝ 解説

Ⅰ．「権利濫用の禁止」と行政上の法律関係

民法1条3項が，いわゆる「権利濫用の禁止」について規定している。権利濫用の禁止は，先の［判例05］で扱った信義則同様，法の一般原理に該当するものとされ，行政上の法律関係についても適用されると解されている。

本件においては，行政庁が処分の根拠法規の定める目的以外の目的をもって処分を行ったこと，すなわち，山形県知事が風俗店の営業を阻止するために児童福祉法上の児童福祉施設設置権限を行使したことは行政権の濫用に該当し，したがって，権利濫用の禁止の法理に抵触して違法となるのではないかという点が問題となった。

Ⅱ．本件に対する「権利濫用の禁止」法理の適用の是非

この点につき，最高裁は，［判決文を読んでみよう］において紹介したとおり，「行政権の著しい濫用」を根拠に国家賠償法上の違法を導き出し，法の一般原理たる権利濫用の禁止が行政上の法律関係にも適用されることを確認しているものの，本件についてどのような点から行政権の濫用が認められるのかについて詳しい説明は行っていない。本件原審判決（仙台高判昭和49・7・8判時756号62頁）や本件の調査官解説[*3]（石井健吾・最判解民事篇昭和53年度214頁以下）は，行政権の濫用が本件について認められた事情として，①児童福祉施設を早急に設置する具体的必要性が存在しなかったこと，②個室付浴場の営業を阻止する場合には，条例の制定を通じて営業禁止区間を指定することが法の予定している手法であり，児童福祉施設の設置によって営業を規制する手法は法が予定していない手法であること，③Xが法的規制の有無を確認した上ですでに相当の資本を投下して出店準備を進めてきたこと，といった事情の存在を指摘している。

なお，本件における風営法違反行為について，Xは刑事訴追もされており，これに関する最高裁判決（最判昭和53・6・16刑集32巻4号605頁，百選Ⅰ-66。［判例07］ほか判）においては行政行為の公定力の限界が示された（刑事訴訟において，犯罪構成要件の前提となる処分の効力が直接判断された）。公定力に関しては［判例07］も参照されたい。

---

*3 | 調査官解説
調査官解説とは，調査官（最高裁判所調査官）の書く判例解説であり，判決を理解する上で欠かすことのできない資料的価値を有しているとされている。調査官解説は，『法曹時報』誌（法曹会）に「最高裁判所解説」として掲載される。また，同内容の解説は『最高裁判所判例解説』（法曹会）にも収録される。

07 行政行為①
——公定力と国家賠償請求訴訟

冷凍倉庫事件

最高裁平成22年6月3日判決（民集64巻4号1010頁） ▶百選Ⅱ-227

事案をみてみよう

　本件は、違法な課税処分について国家賠償請求をする際に、あらかじめ当該課税処分の取消しを得ておく必要があるのか否かが争われた事案である。

　Xが所有していた倉庫（「本件倉庫」）は、昭和62年度以来、一般用倉庫として固定資産税および都市計画税（「固定資産税等」）を賦課されてきたが、名古屋市長（その権限の委任を受けた港区長）は、平成18年5月26日付で、本件倉庫は冷凍倉庫に該当するとして、過去5年分の固定資産税等の減額更正を行った。そこで、Xは、それ以前の賦課決定につき、本件倉庫の評価を誤った違法があるとして、名古屋市（Y）に対し、国家賠償法1条1項に基づく損害賠償等を求めた。

　なお、地方税法によれば、固定資産税の納税者は、固定資産課税台帳の登録価格に不服があるときは、一定期間内に固定資産評価審査委員会に審査の申出をすることができ（432条1項本文）、さらに、同委員会の決定に不服があるときは、取消訴訟を提起することができる（434条1項）。そして、同委員会に審査申出できる事項に不服があるときは、同委員会への審査申出とその決定の取消訴訟によってのみ争うことができることとされている（同条2項）。

> **読み解きポイント**
>
> 　違法な課税処分について国家賠償請求をする際に、あらかじめ当該課税処分の取消しを得ておく必要があるだろうか。

判決文を読んでみよう

　「国家賠償法1条1項〔のもとでは〕……地方公共団体の公権力の行使に当たる公務員が、個別の国民に対して負担する職務上の法的義務に違背して当該国民に損害を加えたときは、当該地方公共団体がこれを賠償する責任を負う。……地方税法は、固定資産評価審査委員会に審査を申し出ることができる事項について不服がある固定資産税等の納税者は、同委員会に対する審査の申出及びその決定に対する取消しの訴えによってのみ争うことができる旨を規定するが、同規定は、固定資産課税台帳に登録された価格自体の修正を求める手続に関するものであって（435条1項参照）、当該価格の決定が公務員の職務上の法的義務に違背してされた場合における国家賠償責任を否定する根拠となるものではない。

登場人物
X：倉庫業等を営む法人。
名古屋市港区長：名古屋市長からの権限の委任を受けて、Xに対して固定資産税等を賦課してきた。
Y：名古屋市。

*1 | 固定資産税・都市計画税
固定資産税と都市計画税は、固定資産課税台帳に登録された価格（固定資産税評価額）を課税標準とする市町村税である（地方税法349条1項および702条）。

*2 | 税額のちがい
このような措置が取られたのは、冷凍倉庫の方が一般倉庫よりも税金が安いためである（冷凍倉庫の方が劣化しやすいということがあるようである）。なお、減額更正が過去5年分に限定されたのは、地方税法17条の5および18条の3を考慮したものと解されている。

＊3｜固定資産税に関わる不服申立ての仕組み

地方税法は、①固定資産課税台帳に登録された価格（固定資産税評価額）に対する不服については「審査の申出」（432条1項）、②税額等の固定資産税評価額以外の点に関する不服については「行政不服審査法に基づく審査請求」（19条）、と固定資産税に係る不服申立てのルートを2つに分けている。固定資産税評価額に関する不服については、納税者の保護のために、中立的な第三者機関（固定資産評価審査委員会）が審査することとされているのである。

＊4｜行政行為

学問上の概念であり、一般的には、行政庁が、法律に基づき、公権力の行使として、直接・具体的に国民の権利義務を規律する行為をいうと解されている。

＊5｜（行政）処分

法令上の概念であり、判例では、行政事件訴訟法にいう「処分」については、「公権力の主体たる国または公共団体が行う行為のうち、その行為によって、直接国民の権利義務を形成しまたはその範囲を確定することが法律上認められているもの」（最判昭和39・10・29民集18巻8号1809頁、百選II-143、〔大田区ごみ焼却場事件〕）としている（地方自治法242条の2第1項では「行政処分」の語を用いている）。なお、（行政）処分概念については、〔判例27〕〔解説〕も参照のこと。

原審は、国家賠償法に基づいて固定資産税等の過納金相当額に係る損害賠償請求を許容することは課税処分の公定力を実質的に否定することになり妥当ではないともいうが、(a)行政処分が違法であることを理由として国家賠償請求をするについては、あらかじめ当該行政処分について取消し又は無効確認の判決を得なければならないものではない……。このことは、当該行政処分が金銭を納付させることを直接の目的としており、その違法を理由とする国家賠償請求を認容したとすれば、結果的に当該行政処分を取り消した場合と同様の経済的効果が得られるという場合であっても異ならないというべきである。

そして、他に、違法な固定資産の価格の決定等によって損害を受けた納税者が国家賠償請求を行うことを否定する根拠となる規定等は見いだし難い。

したがって、たとい固定資産の価格の決定及びこれに基づく固定資産税等の賦課決定に無効事由が認められない場合であっても、(b)公務員が納税者に対する職務上の法的義務に違背して当該固定資産の価格ないし固定資産税等の税額を過大に決定したときは、これによって損害を被った当該納税者は、地方税法432条1項本文に基づく審査の申出及び同法434条1項に基づく取消訴訟等の手続を経るまでもなく、国家賠償請求を行い得るものと解すべきである。」

> ⇩ **この判決が示したこと** ⇩
>
> 行政処分が違法であることを理由として国家賠償請求をする場合、あらかじめ当該行政処分について取消しまたは無効確認の判決を得ておく必要はない。この理は、当該行政処分が金銭を納付させることを直接の目的としており、その違法を理由とする国家賠償請求を認容したとすれば、結果的に当該行政処分を取り消した場合と同様の経済的効果が得られるという場合についても同様に妥当する（下線(a)(b)参照）。

 解説

I. 行政行為の公定力

1 ▶▶「行政行為」と「（行政）処分」

「行政行為」＊4と「（行政）処分」＊5は、内容的にはほぼ重複する概念といってよいが、行政行為はあくまでも理論的な観点から定義されるのに対し、（行政）処分は法令上の概念であるため、行政行為概念を前提としつつも、法律の解釈上、行政行為と異なる場合もある点に注意が必要である。＊6

2 ▶▶ 行政行為の公定力

行政行為の公定力とは、たとえ行政行為が違法であっても、その瑕疵が無効原因となるものではない場合、権限ある機関による取消しがなされない限り有効なものとして通用する効力のことをいう（なお、ここでいう「権限ある機関による取消し」の態様としては、私人が行政上の不服申立てを行ったり取消訴訟を提起してその主張が認められる場合〔争訟取消し〕と、行政庁自らの職権に基づく取消し〔職権取消し〕の場合がある）。

戦前は、公定力は行政行為に内在する本来的な効力（行政行為であれば、その性質上当

然に付与される効力）であるとされ，このような効力がなぜ行政処分に認められるのかという点については，国家は正しい行為を行うものであるため，その国家が行う行政行為には適法性の推定が働くから，という権威主義的な説明がなされていた。

しかし，国家が行う行為だからといって正しいという理論的根拠はない。そこで，今日では，公定力については次のように説明するのが一般的である。すなわち，行政事件訴訟法に取消訴訟が定められており，立法者が取消訴訟という訴訟類型を特に設けている以上，取消訴訟で行政行為が取り消されるまでは国民は当該行政行為を有効に取り扱わなければいけないということを意味するにすぎない（公定力は行政行為の本来的効力ではなく，実定法上，取消訴訟の排他的管轄が認められることによって付与される「仮の効力」にすぎない），と。

近年では，行政行為に公定力が認められることの説明を，（公定力という言葉を用いずに）もっぱら取消訴訟の排他的管轄を用いて行う見解も有力である。

Ⅱ. 公定力の限界

取消訴訟の排他的管轄が及ばないため，公定力が働かない場面がある。このようなケースとして，①行政行為に無効の瑕疵がある場合（［判例09］参照），②国家賠償訴訟において行政行為の違法が争点となる場合（本件参照），③刑事訴訟において行政行為の違法が争点となる場合（本件**ほか**判参照），④先行行為と後行行為の間で違法性の承継が認められる場合（［判例08］参照），を挙げることができる。

Ⅲ. 国家賠償と公定力

1 ▸▸ 問題の所在

国家賠償請求訴訟において，公務員の行った行政行為の違法性を主張するにあたり，あらかじめ取消訴訟等で当該行為の取消しを得ておく必要があるのかという問題がある。この点，通説・判例は，国家賠償請求が認容されても，賠償金の支払が命じられるだけで，行政行為の効力が否定されるわけではないから，あらかじめ行政行為の取消しを得る必要はないと解している（最判昭和36・4・21民集15巻4号850頁参照）。

一方，本件で問題となった課税処分のように，金銭納付義務を課す行政行為について，取消訴訟の出訴期間が経過するなどしてその効力が争い得なくなった後においても国家賠償を認めると，これを請求し得る間は，取消訴訟を提起するのと実質的に同じになってしまう。それでは取消訴訟の出訴期間を設けた意味がなくなってしまうとして，金銭納付義務を課す行政行為については，例外的に，国家賠償請求訴訟にも公定力が及ぶと解すべきである，とする有力説が存在してきた。この点について明確にしたのが，本件における最高裁の判断である。

2 ▸▸ 本件最高裁判決の判示

最高裁は，まず，固定資産税に係る地方税法432条や434条といった規定は，固定資産課税台帳に登録された価格自体の修正を求める手続を定めるものであって，国家賠償請求を否定する根拠にはならないとする。そして，<u>行政処分の違法を理由として国家賠償請求をするにあたり，当該処分の取消しをあらかじめ得ておく必要はな</u>

---

*6 | 行政行為に該当しない処分の例

判例上，行政行為には該当しないものの，取消訴訟の対象となる処分であることは認められた例として，［判例27］で問題となった，医療法に基づく病院開設中止勧告がある。詳しくは［判例27］を参照されたいが，病院開設中止勧告は，医療法においては，あくまで行政指導として位置付けられている（したがって，「行政行為」には該当しない）。もっとも，最高裁は，法体系全体における位置付けや原告救済の必要性を勘案して，取消訴訟の対象性（処分性）を認める判断を行った。

*7 | 取消訴訟の排他的管轄

行政行為に瑕疵があり違法であるとして争う場合，行政事件訴訟法は，原則として，もっぱら取消訴訟のルートで争うべきとしていること。

く，このことは，当該処分が金銭納付義務を課す場合でも変わらない，と判示した。

　本件最高裁判決の射程について，判旨は，「当該行政処分が金銭を納付させることを直接の目的としており」と述べているので，金銭を納付させる処分の場合のみを念頭に置いているようにも読めなくもないが，本判決の論理に照らせば，金銭の給付に関わる処分の場合[*8]にも及ぶと一般的には解せるだろう。

　なお，本件は，固定資産評価審査委員会への審査の申出がなされていなかった事案である。したがって，不服申立前置がとられているケースで不服申立（本件の場合は審査の申出）がされなかった場合も，取消訴訟の排他的管轄は及ばないと最高裁は判断したといえよう。

🔍 ほかの判決も読んでみよう

　命令（行政行為）に対する違反を理由に刑事責任を問われて起訴された者が，刑事訴訟において，当該命令の違法無効を主張して無罪を主張することができるかという論点もある。

　この点に関し，最高裁は，［判例 06］でも紹介した〔余目町トルコハワイ事件〕において，個室付浴場の営業を阻止することを主たる動機とする，県知事による児童遊園の設置認可処分は行政権の濫用に相当する違法性があるとして，当該設置認可処分が有効であることを前提とする風営法違反により起訴された被告に対し，無罪を言い渡した（最判昭和53・6・16刑集32巻4号605頁，百選Ⅰ-66）。ここでは，取消訴訟を経由していないにもかかわらず，最高裁は，刑事訴訟の中で当該設置認可処分の無効を判断し，処分の無効を前提に被告を無罪としている。

---

*8｜金銭の給付に関わる場合とは

たとえば，最判平成26・10・23判 時2245号10頁は，生活保護廃止決定の取消訴訟を提起せずに生活保護廃止決定に起因する逸失利益の国家賠償請求がなされた事案であるが，生活保護廃止決定が無効であると認定したわけではないにもかかわらず，同決定を取り消さずに国家賠償請求ができることを前提としているように読むことができる。

08 行政行為②
──行政行為の不可争力と違法性の承継　新宿たぬきの森事件

最高裁平成21年12月17日判決（民集63巻10号2631頁）　　▶百選 I -81

🔍 事案をみてみよう

本件は，東京都新宿区下落合に所在する土地[*1]に予定されたマンション建設に反対するマンション建設予定地の周辺住民（Xら）が，当該マンションに対して行われた安全認定[*2]および建築確認[*3]の取消しを求めて出訴した事案である。

東京都新宿区においてマンションの建設を計画した訴外Aは，新宿区（Y）の区長から東京都建築安全条例（「本件条例」）4条3項に基づく安全認定を受けた上で，同区建築主事[*4]から建築確認を受けた。なお，本件条例4条1項は，延べ面積が1000平方メートルを超える建築物の敷地にかかる接道義務を定めているが，同条3項に基づく安全認定を受けると，同条1項に基づく接道義務規定は適用されないこととされていた。

Xらは，審査請求を経由した上で，Yを被告として安全認定，建築確認等の取消しを求めて出訴した。安全認定については第一審および原審ともに出訴期間の徒過を理由としてXらの請求を退けた。一方，建築確認については，Xらは安全認定の違法を主張して建築確認の取消しを求めていたが，第一審はXらの請求を退けたのに対し，原審は，Xらの主張を認容したため，Yが上告した。

✓ 読み解きポイント

本件において問題となった安全認定と建築確認はそれぞれ別個の独立した行政処分（行政行為）である。Xらは，建築確認の取消訴訟において，建築確認の前提処分である安全認定の違法を主張することができるだろうか。

📖 判決文を読んでみよう

「(1) 本件条例4条1項は，大規模な建築物の敷地が道路に接する部分の長さを一定以上確保することにより，避難又は通行の安全を確保することを目的とするものであり，これに適合しない建築物の計画について建築主は建築確認を受けることができない。同条3項に基づく安全認定は，同条1項所定の接道要件を満たしていない建築物の計画について，同項を適用しないこととし，建築主に対し，建築確認申請手続において同項所定の接道義務の違反がないものとして扱われるという地位を与えるものである。

平成11年……改正前の本件条例4条3項の下では，同条1項所定の接道要件を満

登場人物

Xら：本件マンション建設予定地の周辺住民。
Y：新宿区。
A：本件マンションの建設を計画したマンション業者。

*1 「たぬきの森」

当該土地は，地域住民から「たぬきの森」と呼ばれて親しまれてきた約2000平方メートルの土地である。当該土地には，樹齢200年の大木やタヌキなどの野生動物の生息等が確認されていた関係から，地域住民は，当該土地を公園化しようと区に働きかけ，運動を展開していた。

*2 安全認定

東京都建築安全条例4条3項に基づいて知事が行う行政処分。知事が当該建築物の周囲の空地の状況その他土地および周囲の状況により安全上支障がないと認め，安全認定を行うと，当該建築物には建築確認を受ける際に満たす必要のある接道基準が適用されない。

*3 建築確認

建築主事（後述*4参照）が，建築基準法に基づき，建築物などの建築等に関する計画が建築基準法令や建築基準関係規定に適合しているかどうかを確認する行政処分。

*4｜建築主事

建築基準法4条に基づく建築確認等を行うために地方公共団体に設置される公務員のこと。

たしていなくても安全上支障がないかどうかの判断は，建築確認をする際に建築主事が行うものとされていたが，この改正により，建築確認とは別に知事が安全認定を行うこととされた。これは，……建築基準法が改正され，建築確認及び検査の業務を民間機関である指定確認検査機関も行うことができるようになったこと……に伴う措置であり，上記のとおり判断機関が分離されたのは，接道要件充足の有無は客観的に判断することが可能な事柄であり，建築主事又は指定確認検査機関が判断するのに適しているが，安全上の支障の有無は，専門的な知見に基づく裁量により判断すべき事柄であり，知事が一元的に判断するのが適切であるとの見地によるものと解される。

以上のとおり，(a)建築確認における接道要件充足の有無の判断と，安全認定における安全上の支障の有無の判断は，異なる機関がそれぞれの権限に基づき行うこととされているが，もともとは一体的に行われていたものであり，避難又は通行の安全の確保という同一の目的を達成するために行われるものである。そして，前記のとおり，(b)安全認定は，建築主に対し建築確認申請手続における一定の地位を与えるものであり，建築確認と結合して初めてその効果を発揮するのである。

(2) 他方，(c)安全認定があっても，これを申請者以外の者に通知することは予定されておらず，建築確認があるまでは工事が行われることもないから，周辺住民等これを争おうとする者がその存在を速やかに知ることができるとは限らない（これに対し，建築確認については，工事の施工者は，〔建築基準〕法89条1項に従い建築確認があった旨の表示を工事現場にしなければならない。）。そうすると，安全認定について，その適否を争うための手続的保障がこれを争おうとする者に十分に与えられているというのは困難である。(d)仮に周辺住民等が安全認定の存在を知ったとしても，その者において，安全認定によって直ちに不利益を受けることはなく，建築確認があった段階で初めて不利益が現実化すると考えて，その段階までは争訟の提起という手段は執らないという判断をすることがあながち不合理であるともいえない。

(3) (e)以上の事情を考慮すると，安全認定が行われた上で建築確認がされている場合，安全認定が取り消されていなくても，建築確認の取消訴訟において，安全認定が違法であるために……接道義務の違反があると主張することは許されると解するのが相当である。」

*5｜行政行為の公定力と不可争力

行政行為の公定力とは，たとえ行政行為が違法であっても，その瑕疵が無効原因たるものではない場合，権限ある機関による取消しがなされない限り有効なものとして通用する効力のことをいう。また，行政行為の不可争力とは，一定期間（行政上の不服申立ての申立期間および取消訴訟の出訴期間）を経過すると，私人の側から行政行為の効力を争うことができなくなる効力をいう。公定力については，〔判例07〕〔解説〕も参照。

*6｜行政行為と行政処分の関係

〔判例07〕〔解説〕I1を参照。

> ⇩ この判決が示したこと ⇩
>
> 安全認定および建築確認の両方が行政処分であることを前提として，下線(a)〜(d)の事情を考慮した上で，後行行為である建築確認の違法事由として先行行為である安全認定の違法を主張することを認めた（行政行為間における「違法性の承継」を肯定した。下線(e)）。

 解説

I．行政行為の公定力・不可争力と違法性の承継

行政上の法律関係においては，1回の行政行為（行政処分）で事案が終了せず，関

連する行政行為が段階的に複数なされることがある。このようなとき，先行行為の出訴期間経過後に後行行為の違法性を争う場合に，後行行為の前提とされた先行行為の違法性を主張することができるか否か，という問題がある。たとえば，土地収用の場合は，収用事業の公益性を認定する事業認定（行政行為）がなされた後，地権者が任意買収に応じなければ，具体的に土地所有権の移転等をもたらす収用裁決（行政行為）が予定されている。こうした場合に，後行行為である収用裁決の取消訴訟の中で先行行為である事業認定の違法性を主張することができるか否か，ということを考えるのが「行政行為の違法性の承継の有無」という論点である。

もし後行行為の違法性を争う中で先行行為の違法性を主張することができるとすると，先行行為の違法性が後行行為に承継されることになり，先行行為については出訴期間が経過しているので私人からは違法を争うことができないはずなのに，行政行為の公定力，さらには不可争力の例外が認められてしまうことになる。したがって，違法性の承継は原則的には認められず，先行行為の違法は先行行為についての取消訴訟の中で，後行行為の違法は後行行為についての取消訴訟の中で争われるべきとされる。もっとも，先行行為の違法を争うことが困難であったり，これを争う必要があるか不明確な場合もあり，そのような場合には，違法性の承継を例外的に認めるべきかどうかという点が問題となる。この点について正面から判断した近年の注目事案が，本件である。

II. 本件における違法性の承継の有無

本件において最高裁は先行行為である安全認定の違法は後行行為である建築確認に承継されると判断した。最高裁が違法性の承継を肯定した要素としては，①建築確認と安全認定は，もともとは一体的に行われていたものであり，同一の目的を達成するために行われるものであること（下線(a)），②安全認定は，建築確認と結合して初めてその効果を発揮すること（下線(b)），③周辺住民等安全認定を争おうとする者がその存在を速やかに知ることができるとは限らず，安全認定の適否を争うための手続的保障がこれを争おうとする者に十分与えられているというのは困難であること（下線(c)），④安全認定の段階で周辺住民等が直ちに不利益を受けることはなく，周辺住民等が建築確認の段階まで争訟の提起という手段はとらないと判断することは不合理ではないこと（下線(d)），といった点がある。

本件最高裁判決については，先行行為と後行行為の目的の同一性および両者が相結合して初めて効果を発揮することに加え（上記①，②），原告の手続的保障の実効性（上記③）についても検討していることから，これらの点を総合考慮して違法性の承継を肯定したものとして評価することができる。違法性の承継の有無に関する判断の今後のあり方に大きな影響を与えるものと解されている。

09 行政行為③
——行政行為の瑕疵

譲渡所得誤認課税事件

最高裁昭和48年4月26日判決（民集27巻3号629頁） ▶百選Ⅰ-80

登場人物

Xら：Aの内縁の妻の妹夫婦。Aによって勝手に本件建物の自己名義への所有権移転登記が行われ、また、その後さらに勝手にBらへの移転登記が行われた。

A：本件土地建物の所有者。債権者による差押えを避けるために、Xらの知らない間に勝手にXら名義に所有権移転登記を行い、その後、Xらの知らない間に本件土地建物をさらにBらに売却し、XらからBらへ所有権移転登記を行った。

Bら：Aより本件土地建物を買い取った。

Y：本件土地建物の所轄税務署長。主として登記簿の記載に依拠し、Xらに譲渡所得があると誤認して所得税の課税処分を実施。

*1｜不服申立前置主義

行政上の不服申立てを経た後でなければ取消訴訟を提起することができないとされること。

🔍 事案をみてみよう

　本件は、知らぬ間に他人によって勝手に自己名義に土地等の所有権移転登記がなされ、それがさらに勝手に第三者に移転登記された場合において、当該土地等につき譲渡所得があったとしてなされた自己に対する課税処分の無効が争われた事案である。

　Aは、自己の土地建物（「本件土地建物」）を、Aの内縁の妻の妹夫婦（Xら）に無断でXら名義に所有権移転登記等を行った。その後、Aは、債務返済のため、Xら名義の売買契約書・登記申請書・委任状等を偽造し、本件土地建物をBらに売却し、XらからBらへの移転登記等を行った。

　神奈川税務署長（Y）は、主として登記簿の記載に依拠し、Xらに譲渡所得があると誤認して所得税の課税処分（「本件課税処分」）を行った。課税処分については不服申立前置主義が採られていたが、不服申立期間内には不服申立てがなされなかった。その後、Xらは本件課税処分の無効確認を求めて出訴した。

　第一審および原審ともに、本件課税処分の瑕疵は重大であるが明白ではないとして、本件処分の無効を否定したため、Xらが上告。

✓ 読み解きポイント

　税務署長Yが行ったXらに対する課税処分に対する不服申立期間は経過していたため、Xらは課税処分の取消訴訟を提起することはできず、そのため、課税処分の無効確認訴訟を提起することになった。本件課税処分については、重大かつ明白な瑕疵が認められるだろうか。瑕疵の明白性が認められない場合には、本件課税処分は無効ではないということになるのだろうか。

📖 判決文を読んでみよう

　「課税処分につき当然無効の場合を認めるとしても、このような処分については、……出訴期間の制限を受けることなく、何時までででも争うことができることとなるわけであるから、更正についての期間の制限等を考慮すれば、かかる例外の場合を肯定するについて慎重でなければならないことは当然であるが、(a)一般に、課税処分が課税庁と被課税者との間にのみ存するもので、処分の存在を信頼する第三者の保護を考慮する必要のないこと等を勘案すれば、当該処分における内容上の過誤が課税要件の根幹についてのそれであつて、徴税行政の安定とその円滑な運営の要請を斟酌しても

なお，不服申立期間の徒過による不可争的効果の発生を理由として被課税者に右処分による不利益を甘受させることが，著しく不当と認められるような例外的な事情のある場合には，前記の過誤による瑕疵は，当該処分を当然無効ならしめるものと解するのが相当である。」

「本件課税処分は，譲渡所得の全くないところにこれがあるものとしてなされた点において，課税要件の根幹についての重大な過誤をおかした瑕疵を帯有するものといわなければならない。」

「ＸらはＡに名義を冒用されたのみで，本件課税処分の基礎資料となつた登記簿の記載の現出等につき，いかなる原因を与えたものでもない」。

「要するに，Ｘらとしては，いわば全く不知の間に第三者がほしいままにした登記操作によつて，突如として譲渡所得による課税処分を受けたことになるわけであり，かかるＸらに前記の瑕疵ある課税処分の不可争的効果による不利益を甘受させることは，たとえば，Ｘらが上記のような各登記の経由過程について完全に無関係とはいえず，事後において明示または黙示的にこれを容認していたとか，または右の表見的権利関係に基づいてなんらかの特別の利益を享受していた等の，特段の事情がないかぎり，Ｘらに対して著しく酷であるといわなければならない。」

「しかも，本件のごときは比較的稀な事例に属し，かつ，事情の判明次第，真実の譲渡所得の帰属者に対して課税する余地もありうる……ことからすれば，かかる場合に当該処分の表見上の効力を覆滅することによつて徴税行政上格別の支障・障害をもたらすともいい難い」。

> **↓ この判決が示したこと ↓**
>
> 行政処分（行政行為）の存在を信頼する第三者保護の必要性が低い等の事情が存在した事案において，行政処分の瑕疵の重大性についてのみ判断し，明白性については特段言及せずに無効を認定した（下線ⓐ）。

 解説

Ⅰ. 行政行為の瑕疵──取消原因たる瑕疵と無効原因たる瑕疵

　行政行為は，公定力*2によって，仮に違法の瑕疵があっても当然に無効とはならない。争訟提起期間内に行政上の不服申立てや取消訴訟を提起して，権限ある国家機関にその取消しを求めることができる一方で，行政上の不服申立てや取消訴訟の提起をしないままで争訟提起期間を経過してしまうと，それ以後，国民の側からは行政行為の違法を争うことはできないというのが原則なのである。

　ところが，公定力は，行政上の法関係の早期確定という公的目的のために認められているものであるため，どのような場合にもこの原則を貫くと，処分の違法を争おうとする国民にとってあまりにも酷な場合が生じる。そこで，行政法学は，従来から，行政行為の瑕疵を取消原因たる瑕疵と無効原因たる瑕疵に分け，無効原因たる瑕疵のある行政行為については，例外的に公定力が認められないとしてきた。

*2｜行政行為の公定力

〔判例07〕〔解説〕を参照。

Ⅱ．処分の無効に関する「重大明白説」と「明白性補充要件説」

　行政行為に無効の瑕疵がある場合には，争訟提起期間経過後であっても裁判で争うことができるし，そもそも，取消訴訟の排他的管轄が妥当しないため，取消訴訟によらなくても相手方は行政行為の無効を主張することができることになる（取消訴訟の出訴期間制限について例外が認められることになる）。したがって，取消訴訟の出訴期間経過後に処分を争おうとする者にとっては，問題となった行政行為の瑕疵が取消原因たる瑕疵なのか，それとも無効原因たる瑕疵なのかという点は非常に重要なポイントになる。

　取消原因たる瑕疵と無効原因たる瑕疵を区別する基準に関する従来の通説は，重大明白説[*3]である。しかし，最近では，瑕疵が著しく重大である一方，一見して明白とまではいえない場合に，基本的には重大明白説に拠りつつも，具体的な利益状況を考慮し，場合によっては明白性の要件は不要とする立場も有力になってきている（明白性補充要件説）。

Ⅲ．本判決の先例的位置付け

　本判決は，問題となった課税処分の瑕疵の明白性には触れないまま，瑕疵の重大性のみで無効を認定した（下線(a)）。もっとも，本件については，課税処分に関わる事案であって，第三者の信頼を保護する必要がないという個別的状況が存在していることに加え，明白性要件が不要と明確に述べているわけでもない。本判決を，行政行為の無効一般について重大明白説を破棄し，明白性補充要件説を採るべきことをいったものとして位置付けるのは適切ではないであろう。

🔍 ほかの判例も読んでみよう

◎最判平成 16 年 7 月 13 日判時 1874 号 58 頁

　本件最高裁判決（譲渡所得誤認課税事件最判）を前提として，行政行為の無効の認定を実施した事案である（結論としては無効を認めなかった）。

　「課税庁においてC研究所が法人でない社団の要件を具備すると認定したことには，それなりの合理的な理由が認められるのであって，仮にその認定に誤りがあるとしても，誤認であることが本件各更正の成立の当初から外形上，客観的に明白であるということはできない。」

　「また，仮に本件各更正に課税要件の根幹についての過誤があるとしても，……Bは，税務対策等の観点から講事業[*4]の社団化を図り，自ら，C研究所の定款の作成にかかわり，発起人会，会員総会及び理事会を開催し，C研究所の名において事業活動を展開するとともに，C研究所に所得が帰属するとして法人税，法人事業税，法人県民税及び法人市民税の申告をし，申告に係るこれらの税を納付して，高額の所得税の負担を免れたというのである。そうすると，徴税行政の安定とその円滑な運営の要請をしんしゃくしても，なお，不服申立期間の徒過による不可争的効果の発生を理由としてBに本件各更正による不利益を甘受させることが著しく不当と認められるような例外的な事情がある場合……に該当するということもできない。」

[*3] 重大明白説
この説によれば，①当該瑕疵が重要な法規違反であること，そして②当該瑕疵の存在が明白であること，の2つの要件を満たすものが無効原因たる瑕疵だということになる。

[*4] 講事業
Bが営んでいた無限連鎖講（いわゆるネズミ講）の事業のこと。

10 行政行為④
——違法な行政行為の転換

エコシティ宇都宮事件

最高裁令和3年3月2日判決（民集75巻3号317頁）　　　　　▶百選Ⅰ-83

事案をみてみよう

　農林水産大臣から権限の委任を受けた関東農政局長は，栃木県に対し，2億6113万8000円の補助金の交付を決定した（「本件交付決定」）。本件交付決定には，補助金等に係る予算の執行の適正化に関する法律（「法」。なお，一般に「補助金適正化法」と呼ばれる）7条3項により，交付事業者たる栃木県が「間接交付事業者に対し事業により取得し，又は効用の増加した財産の処分についての承認をしようとするときは，あらかじめ農政局長の承認を受けなければならない」との条件が附されていた（「本件交付決定条件」）。その後，栃木県知事は，間接交付事業者である宇都宮市に対して本件交付決定と同額の補助金の交付を決定し，宇都宮市長は，間接交付事業者である株式会社エコシティ宇都宮（「エコシティ」）に対して本件交付決定と同額の補助金の交付を決定した。栃木県は，国から本件交付決定に係る補助金が交付された都度，宇都宮市に対して補助金を交付し，宇都宮市はその都度，エコシティに補助金を交付した。

　エコシティは，この補助金を主たる財源として，生ゴミを堆肥化する施設（「本件施設」）を設置し，操業を開始したが，事業はうまくいかず，数年で操業停止に追い込まれた。エコシティは，金融機関から事業資金の融資を受けるにあたって，本件施設を担保に供することにし，根抵当権を設定していた（なお，担保に供するにあたっては，エコシティは宇都宮市に，宇都宮市は栃木県に，栃木県は国に対してその承認を申請し，それぞれ承認を受けていた）ので，担保不動産競売の申立てがされ，開始決定がなされた。これにより本件施設は売却されることになったため，エコシティは宇都宮市長に対し，宇都宮市は栃木県知事に対し，栃木県は関東農政局長に対して，それぞれ財産処分に係る承認の申請を行った。栃木県が行った申請（「本件申請」）には，法22条に基づくものである旨の記載があり，本件施設の処分区分として「目的外使用（補助事業を中止する場合）」との記載があった。関東農政局長は，本件施設の処分価格に係る国庫補助金相当額を納付することを条件（「本件附款」）として，本件申請を承認した（「本件承認」）。その後，国は，栃木県に対してその国庫補助金相当額として1億9659万956円を納付するよう求め，栃木県はこれを納付した（「本件返納」）。栃木県は，この返納分について，さらに宇都宮市に返納を求めたが拒否され，返納を求める訴訟も提起したが，認められず，返納を受けることはできないことになった。そこで，栃木県は，自らが国に返納した分を取り戻すべく，本件承認は法令上の根拠を欠き，本件附款も法的効力が認められないから，国は本件返納により法律上の原因なく1億9659万956円を利得したとして，国に対して不当利得の返還を求めて訴訟を提起した。

登場人物

関東農政局長および国：関東農政局長は国の機関。栃木県に対して本件交付決定条件を付して補助金の交付決定をし，補助金を交付した。エコシティとは，栃木県，宇都宮市をはさんだ関係。本件施設が売却される際には栃木県に対して法22条に基づいて財産処分の承認（「本件承認」）を行い，そこで附された附款の条件により栃木県から2億円弱の返納を受けたが，栃木県は宇都宮市から返納を受けられなかったため，栃木県から不当利得返還請求訴訟を提起された。

栃木県知事および栃木県：栃木県知事は栃木県の機関。国からの補助金をもとに宇都宮市に対して補助金を交付した。エコシティとは宇都宮市をはさんだ関係。本件施設が売却される際には，国の関東農政局長から財産処分の承認（「本件承認」）を受けた。その後，本件承認に附された本件附款の条件により2億円弱を国に返納した。この返納分について，さらに宇都宮市に返納を求めたが拒否され，返納を求める訴訟も提起したが，認められなかったので，国に対して自らが返納した分の返還を求める不当利得返還請求訴訟を提起した。

> ✓ **読み解きポイント**
>
> 　法22条に基づくものとしてなされた財産処分の承認という行政行為を，法7条3項による条件という別の根拠に基づいてなされた行政行為として適法であるとすること（いわゆる「違法な行政行為の転換」）ができるのか。

📖 判決文を読んでみよう

　「本件承認は，処分区分を『目的外使用（補助事業を中止する場合）』とする本件申請に対してされたものであって，本件施設の目的外使用を対象としてされたものと解される。したがって，本件承認は，法7条3項による本件交付決定条件を根拠としてされたものとすることができるのであれば，法的根拠を欠くものということはできない。」

　「法22条は，……財産の処分を制限しているところ，これは，補助事業等により取得された財産が処分され，補助事業者等により補助金等の交付の目的に沿って使用されなくなる事態となっては，当該目的が達成し得なくなるために設けられたものと解され，当該承認は，これを得ることなく上記の事態に至ることを防止することを目的とするものである。そして，法7条3項による本件交付決定条件も，間接補助事業等により取得された財産が補助金の交付の目的に反して処分されることを制限するためのものと解され，交付事業者である被上告人〔栃木県〕が当該財産の処分に係る承認をするに際して関東農政局長がする承認は，これを得ることなく当該目的が達成し得なくなる事態に至ることを防止することを目的とするものである。このように，(a)法22条に基づく承認と法7条3項による本件交付決定条件に基づく承認は，その目的を共通にするものということができる。

　また，法22条に基づく各省各庁の長の承認を得た上での補助事業者等による財産の処分であれば，法17条1項により補助金等の交付の決定が取り消されることはないのと同様に，法7条3項による本件交付決定条件に基づく関東農政局長の承認を得た上での間接交付事業者による財産の処分についても，これにより本件交付決定が取り消されることはない。そして，法22条に基づく承認に際しては，補助事業者等において補助金等の全部又は一部に相当する金額を納付する旨の条件を附すことができると解されるのと同様に，法7条3項による本件交付決定条件に基づく承認に際しても，仮に当該承認を得ていなければ本件交付決定の全部が取り消され得ることなどからすると，被上告人において交付された補助金の範囲内の金額を納付する旨の条件を附すことができると解される。そうすると，(b)法22条に基づいてされた本件承認を法7条3項による本件交付決定条件に基づいてされたものとすることは，被上告人にとって不利益になるものでもない。

　さらに，被上告人及び関東農政局長において，(c)仮に法22条に基づいて本件承認をすることができないという認識であった場合に，これと目的を共通にする法7条3項による本件交付決定条件に基づく承認の申請及び承認をしなかったであろうことを

---

*1｜間接交付事業者
補助金適正化法では，国の補助金の交付対象事業を行う者を補助事業者，国の補助金を直接または間接にその財源の全部または一部とし，かつ，その補助金の交付の目的に従って交付される間接補助金の交付対象事業を行う者を間接補助事業者としている。本件では，国から直接補助金の交付を受けた栃木県が補助事業者，宇都宮市，エコシティが間接補助事業者となる（なお，判決では間接「交付」事業者という言葉が使われている）。

*2｜附款
学説上，「行政行為の効果を制限するために意思表示の主たる内容に付加される従たる意思表示」とされるもの。本件では，本件承認に附された「本件施設の処分価格に係る国庫補助金相当額を納付する」という「条件」が，従たる意思表示として，主たる意思表示である本件承認の法的効果を制限している（つまり，この条件を果たさないと本件承認の効果が発生しないようになっている）。

うかがわせる事情は見当たらない。」

「以上に検討したところによれば，(d)本件承認は，法7条3項による本件交付決定条件に基づいてされたものとして適法であるということができる。」

> **↓ この判決が示したこと ↓**
>
> ① 法22条に基づく承認と法7条3項による本件交付決定条件に基づく承認は，その目的を共通にするものである（下線(a)）。
> ② 法22条に基づいてされた本件承認を法7条3項による本件交付決定条件に基づいてされたものとすることは，栃木県にとって不利益になるものでもない（下線(b)）。
> ③ 仮に法22条に基づいて本件承認をすることができないという認識であった場合に，法7条3項による本件交付決定条件に基づく承認の申請および承認をしなかったであろうことをうかがわせる事情はない（下線(c)）。
> ④ ①②③の場合，法22条に基づいてなされた本件承認は，法7条3項による本件交付決定条件に基づいてされたものとして適法である（下線(d)）。

解説

Ⅰ．違法な行政行為の転換

　違法な行政行為の転換とは，実際に行われたAという行政行為が違法な場合に，別のBという行政行為として見ることによって，行われた行政行為を適法なものに「転換」する技術である。別の行政行為として適法であるなら，客観的には行政活動の法律適合性の要請に反しないと見られること，また，訴訟においてAからBへの「転換」を認めず，Aとして取消しがなされた場合でも，行政庁が改めてBをすると，行政行為の相手方としては，Bとして受忍するか，改めてBとしての適法性をBの取消訴訟の場で争うことになることから，「転換」を認めることには一定の意義がある。他方で，もともと行政庁は，Aのつもりで行っていたことからすると，Aとしては法律に適合しないので法律適合性の判断を誤っているといえ，Bとしては適法とできることを理由にそうした過誤が見逃されると，行政庁は法律適合性の判断に対して注意を払わなくなる可能性がある。また，Bという行政行為とされることで，Aという行政行為であったら生じない何らかの不利益が生じる可能性がある。そういった事情から，判例，学説においては，「転換」が認められるためには一定の条件（Ⅱを参照）を満たすことが必要であると考えられてきた。

Ⅱ．本判決の内容

　本件においては，関東農政局長が行った法22条に基づく財産処分の承認（行政行為A）について，法7条3項による本件交付決定条件に基づく承認（行政行為B）への転換が認められるかが問題となった。すなわち，法22条は，「補助事業者等」，つまり，国から直接補助金を交付された栃木県の財産処分のみを対象としており，国の補助金をもとに栃木県が補助した事業者である宇都宮市，そして，さらに宇都宮市が補助し

*3｜BとしてのBの適法性をBの取消訴訟の場で争う

仮に「転換」を認める場合は，その訴訟でBとしての適法性も審査されることになるが，「転換」を認めないとそれがなされていないので，Bの取消訴訟を提起して，そこで改めてBとしての適法性を争うことになる。

*4｜補助金適正化法22条

「補助事業者等は，補助事業等により取得し，又は効用の増加した政令で定める財産を，各省各庁の長の承認を受けないで，補助金等の交付の目的に反して使用し，譲渡し，交換し，貸し付け，又は担保に供してはならない。ただし，政令で定める場合は，この限りでない。」

*5｜補助金適正化法7条第3項

「前2項の規定は，これらの規定に定める条件のほか，各省各庁の長が法令及び予算で定める補助金等の交付の目的を達成するため必要な条件を附することを妨げるものではない。」

031

たエコシティのような「間接補助事業者」の行為は対象とならない。そのため，本件承認が法22条に基づく行政行為（行政行為A）であるとすると対象外の行為に対して承認をしていることになり，本件承認は違法となり，したがって本件附款も違法となる。それに対して法7条3項に基づいて附された本件交付決定条件は，間接補助事業者の行為も対象としている。そのため，本件承認をこれに基づく行政行為（行政行為B）とすると，本件承認は適法であり，本件附款も適法ということになる。そこで，国としては，違法な行政行為の転換を主張し，それが認められるかが問題となったのである。

　本判決において，最高裁は，本件承認が本件交付決定条件に基づく行政行為（行政行為B）であれば適法であるとした上で，行政行為Aと行政行為Bがその目的を共通にするものといえること（下線(a)），本件承認を行政行為Aではなく行政行為Bと見ることは，栃木県にとって不利になるものではないこと（下線(b)），栃木県および関東農政局長が，本件承認を行政行為Aとしては行うことができないと認識していた場合に，これと目的を共通にする行政行為Bとして本件承認をしなかったとうかがわせる事情はないこと（下線(c)）を指摘し，「転換」を認めた。ここで，最高裁は，①2つの行政行為の目的が共通していること，②転換後の行政行為が転換前の行政行為よりも不利益なものではないこと，③行政庁が転換前の行政行為を行えないと認識していたとしても，代わりに転換後の行政行為をしなかったと考えられる場合ではないことという3つの要件を充足していると判断している。この3つの要件はかねてより学説において主張されてきたものであり，最高裁の判断はこれを受けたものと見られる。従来の最高裁判所の判例[*6]においては明確には示されていなかったこれらの要件を明確に示した点に本判決の意義がある。なお，この3つの要件は「転換」が認められるための必要条件と考えられるものの，事案によっては[*7]これらの要件を満たしても「転換」が認められない可能性がある点に注意する必要がある。

*6 | 従来の最高裁判所の判例
宇賀克也裁判官補足意見は，従来の最高裁判例のうち，違法な行政行為の転換を認めたものは3つの要件をすべて満たすものであったのに対し，認めなかったものは，①〜③の要件のいずれかを満たさないものであったと分析している。

*7 | 事案によっては
宇賀克也裁判官補足意見では，いわゆる行政審判手続において審理されなかった事実を訴訟手続において援用して違法な行政行為を転換することは，行政審判手続を採用した趣旨に反することになるため，訴訟手続において転換を認めることの可否は慎重に検討すべきであること，処分の相手方のみならず，第三者にも効果が及ぶいわゆる二重効果的行政処分の場合には，転換を認めることにより，第三者の権利利益を侵害することにならないかを検討する必要があることを指摘している。

11 行政行為⑤——取消しと撤回

被災者生活再建支援金事件

最高裁令和3年6月4日判決（民集75巻7号2963頁） ▶百選Ⅰ-85

事案をみてみよう

　本件は，被災者生活再建支援法（「支援法」）に基づく被災者生活再建支援金（「支援金」）の支給決定の職権取消しの是非が争われた事案である。

　仙台市太白区長は，Xらの居住するマンション（「本件マンション」）の東日本大震災による被害を調査し，大規模半壊に該当する旨の罹災証明書（「本件証明書」）をXらに交付した。本件証明書に基づき，（Y）は，Xらに対し，37万5000円～150万円の各支給決定[*1]（「本件各支給決定」）とこれに基づく支給を行った。もっとも，その後，太白区長は本件マンションについて職権による再調査を行い，住民説明会を開催した上で，一部損壊に該当する旨の罹災証明書を交付した。そこで，Yが本件各支給決定を取り消す決定をしたため，Xらがその取消しを求めたのが，本件である。

　第一審東京地判平成30・1・17民集75巻7号2992頁は請求を棄却したが，原審東京高判令元・12・4民集75巻7号3022頁は，Yが本件各支給決定を取り消したことは違法であると判断した。

登場人物

Xら：仙台市太白区にあるマンションの居住者。
Y：被災者生活再建支援法6条1項に基づき，被災者生活再建支援金の支給に関する事務を宮城県より全部委託された被災者生活再建支援法人。

*1│本件各支給決定の法的性質

本件において，本件各支給決定は一貫して行政処分として扱われているが，これを贈与の決定とみる余地もあるとする見解もある。

✓ 読み解きポイント

　本件各支給決定がなされ，これに基づく金銭給付がなされた後に，罹災証明書の内容が変更されたことを理由に，処分庁は本件各支給決定を取り消すことはできるだろうか。

📖 判決文を読んでみよう

　「支援法は，自然災害によりその生活基盤に著しい被害を受けた者に対して支援金を支給するための措置を定めることにより，その生活の再建を支援し，もって住民の生活の安定と被災地の速やかな復興に資することを目的とするものである（1条）。」

　「支援法は，その目的を達成するための手段として，自然災害による被害のうち住宅に生じたものに特に着目し，その被害が大きく，所定の程度以上に達している世帯のみを対象として，その被害を慰謝する見舞金の趣旨で支援金を支給するという立法政策を採用したものと解される。そして，(a)支援法は，その目的を達成するため，支給要件である被災世帯に該当するか否かについての認定を迅速に行うことを求めつつ，公平性を担保するため，その認定を的確に行うことも求めているものと解される。」

「本件各支給決定は，本件各世帯の被災世帯該当性についての認定に誤りがあるという瑕疵を有する……。そして，この瑕疵は，……支援法の規定する支援金の支給要件の根幹に関わるものというべきである。」

「(b)本件各支給決定の効果を維持することによって生ずる不利益を更に検討すると，その効果を維持した場合には，支援金の支給に関し，東日本大震災により被害を受けた極めて多数の世帯の間において，公平性が確保されないこととなる。このような結果を許容することは，支援金に係る制度の適正な運用ひいては当該制度それ自体に対する国民の信頼を害することとなる。

また，支援金は，……その全てが究極的には国民から徴収された税金その他の貴重な財源で賄われているところ，本件各支給決定の効果を維持した場合には，その財源を害することになる。

さらに，……本件のような誤った支給決定の効果を維持するとした場合には，今後，市町村において，……過度に慎重かつ詳細な調査，認定を行うことを促すことにもなりかねず，かえって支援金の支給の迅速性が害されるおそれがある。

上記のような事態は，いずれも支援金に係る制度の安定的かつ円滑な運用を害しかねないものであるから，本件各支給決定の効果を維持することによる不利益は，住民の生活の安定と被災地の速やかな復興という支援法の目的の実現を困難にする性質のものであるということができる。」

「その一方で，(c)本件各支給決定……の取消しがされた場合には，Ｘらにとっては，その有効性を信頼し，あるいは既に全額を費消していたにもかかわらず，本件各支援金相当額を返還させられる結果となる。このことによる負担感は，……小さくないといわざるを得ない。

しかしながら，……Ｘらは，支援法上，本件各支援金に係る利益を享受することのできる法的地位をおよそ有しないのである。また，Ｘらは，既に利益を得たことに対応して金員の返還を求められているにとどまり，新たな金員の拠出等を求められているわけではない。これらを踏まえると，上記のような結果となることは誠にやむを得ないものといわざるを得ない。」

「以上に加え，(d)本件各支給決定を取り消すまでの期間が不当に長期に及んでいるともいい難いことをも併せ考慮すると，前記瑕疵を有する本件各支給決定については，その効果を維持することによって生ずる不利益がこれを取り消すことによって生ずる不利益と比較して重大であり，その取消しを正当化するに足りる公益上の必要があると認められる。」

⇩ この判決が示したこと ⇩

授益的行政行為である本件各支給決定について，支援法の目的を踏まえつつ（下線(a)），処分の効果を維持した場合の不利益（下線(b)）と職権取消しを認めた場合の不利益（下線(c)）を衡量した上で，本件各支給決定の取消しまでの期間が不当に長期でなかったことも踏まえ，職権取消しを適法と判断した（下線(d)）。

解説

Ⅰ．職権取消しと撤回

行政行為の効力を取り消すための手段としては，行政上の不服申立てや取消訴訟による争訟取消しのほかに，上級行政庁や処分庁など行政機関が職権で行政行為を取り消す場合があり，これを職権取消しという。職権取消しとは，行政庁が，処分時において瑕疵が存在する行政行為の効力を遡及的に失わせて，正しい法律関係を回復させることである。*2

職権取消しと区別されるものに，行政行為の撤回がある。これは，行政行為の適法な成立後，公益上の理由が生ずるなどの後発的な事情の変化によって当該行政行為をそのまま維持することが必ずしも適当でなくなった場合に，これを将来的に無効とすることである。職権取消しは，瑕疵ある行政行為の効力を処分時に遡って取り消すのに対し，撤回は，適法に成立した行政行為の効力を，事後的に生じた事情に基づいて取り消すという点で異なっている。

もっとも，職権取消しと撤回の区別は講学上のものであり，実定法上はいずれの場合も「取消し」と表現されることが多い。

Ⅱ．取消し・撤回の制限——授益的行政行為の職権取消し・撤回

侵害的行政行為の職権取消し・撤回は，法治主義の見地からはもちろん，相手方の利益を損なうものでもないことから，行政庁は原則として自由にこれを行い得るとされている。一方，授益的行政行為の職権取消し・撤回については，一度行われた行政行為を有効と信じた者の信頼や法的安定性を害し，その権利利益を侵害するおそれがあるため，一定の調整が必要になる場合があると解されている（二重効果的〔複効的〕行為についても同様の配慮が必要になる）。

行政行為の職権取消しの是非については，農地法に基づく農地買収計画に関わる最判昭和43・11・7民集22巻12号2421頁が示した一般的判断枠組みがある（処分庁その他正当な権限を有する行政庁においては「取消によって生ずる不利益と，取消をしないこと……の不利益とを比較考量し，しかも該処分を放置することが公共の福祉の要請に照らし著しく不当であると認められるときに限り，これを取り消すことができる」）。本件も，基本的には上記昭和43年最判の判断枠組みに則って，根拠となった法の目的を踏まえた上で，本件各支給決定の効果を取り消した場合に生じる不利益と，効果を維持した場合に生じる不利益との比較衡量を行いつつ，結論を導き出している。*3*4

なお，授益的行政行為の撤回については，いわゆる菊田医師事件（最判昭和63・6・17判時1289号39頁，百選Ⅰ-86，本書初版〔判例**10**〕）が有名である。菊田医師事件の最高裁判決においては，授益的行政行為の「撤回によって〔処分の相手方〕の被る不利益を考慮しても，なおそれを撤回すべき公益上の必要性が高いと認められる」場合には，「法令上その撤回について直接明文の規定がなくとも，……〔処分庁〕は，その権限において〔処分の相手方〕に対する右指定を撤回することができるものというべきである」と判断された。

---

*2 | **職権取消しに関わる近年の注目事例**

職権取消しに関わる論点が問題となった近年の注目事例として，辺野古基地訴訟最高裁判決（最判平成28・12・20・民集70巻9号2281頁，百選Ⅰ-84）がある。当該事案については，本項目の**ほか判**を参照。

*3 | **本判決における具体的事情の衡量**

本件における具体的事情の衡量については，被災者の迅速な支援という支援法の目的や，そのために内閣府が示した簡便な調査方法に従って調査が行われていたという本事案の特質が十分考慮されていないようにも思われた。（なお，職権取消しを認めなかった本件原審東京高裁判決も参照）。一方，本件については職権取消しが行われるまでの期間が不当に長期ではなかったという事情があったこともポイントであろう。

*4 | **本判決の射程**

本件においては，本件処分が取り消されることにより直接的に不利益を受ける第三者は存在しないため，その点を踏まえると，本判決の射程は，いわゆる三面関係における職権取消しには及ばないとする見解もある。

🔍 ほかの判例も読んでみよう

◎最判平成28年12月20日民集70巻9号2281頁（百選Ⅰ-84）

　辺野古基地訴訟最高裁判決は，沖縄県知事が公有水面埋立法に基づいて行った辺野古沿岸域の公有水面埋立承認処分（当該処分）の職権取消しに関する裁判所の審理判断は，「<u>一般に，その取消しにより名宛人の権利又は法律上の利益が害される行政庁の処分につき，当該処分がされた時点において瑕疵があることを理由に当該行政庁が職権でこれを取り消した場合において，当該処分を職権で取り消すに足りる瑕疵があるか否か……に関する裁判所の審理判断は，当該処分がされた時点における事情に照らし，当該処分に違法又は不当……があると認められるか否かとの観点から行われるべきものであ</u>」ると判断し，そのような違法等がない場合には，職権取消しは違法となるとした。

◎最判昭和49年2月5日民集28巻1号1頁（百選Ⅰ-87）

　撤回は適法に成立した行政行為の効果を事後的に取り消すものであるため，たとえば，行政財産の使用許可が撤回される場合のように，撤回によって相手方が多大な損失を被る場合がある。このような場合に論点となるのが，授益的行政行為の撤回と損失補償の是非である。

　都有行政財産である土地の使用許可が撤回された場合における土地使用権喪失についての補償の是非が問題とされた事案において，最高裁は，次のように述べ，特別の事情のない限り，土地使用権喪失についての補償は不要であると判断した。

　「<u>本件のような都有行政財産たる土地につき使用許可によって与えられた使用権は，それが期間の定めのない場合であれば，当該行政財産本来の用途または目的上の必要を生じたときはその時点において原則として消滅すべきものであり，また，権利自体に右のような制約が内在しているものとして付与されているものとみるのが相当である</u>。すなわち，当該行政財産に右の必要を生じたときに右使用権が消滅することを余儀なくされるのは，……使用権自体に内在する前記のような制約に由来するものということができるから，右使用権者は，行政財産に右の必要を生じたときは，原則として，地方公共団体に対しもはや当該使用権を保有する実質的理由を失うに至るのであつて，その例外は，使用権者が使用許可を受けるに当たりその対価の支払いをしているが当該行政財産の使用収益により右対価を償却するに足りないと認められる期間内に当該行政財産に右の必要を生じたとか，使用許可に際し別段の定めがされている等により，行政財産についての右の必要にかかわらず使用権者がなお当該使用権を保有する実質的理由を有すると認めるに足りる特別の事情が存する場合に限られるというべきである。」

*5 | 問題となった土地
この事案において問題となった都有行政財産である土地は，東京都中央区築地の旧中央卸売市場内にある土地であった。

12 行政裁量①——政治的判断

マクリーン事件

最高裁昭和53年10月4日大法廷判決（民集32巻7号1223頁） ▶百選Ⅰ-73

事案をみてみよう

本件は，出入国管理令[*1]（当時）に基づく在留期間の更新申請に対し，法務大臣（Y）が行った不許可処分が違法であるとしてXが提起した取消訴訟において，Yの処分の性質と，その処分に対する司法審査のあり方が問題となった事案である。

出入国管理令は，外国人に対し，一定の期間を限り特定の資格により日本への上陸を許すものとしている。在留期間を経過した場合，上陸した外国人は日本から退去しなければならないが，当該外国人が在留期間の延長を希望するときには在留期間の更新を申請することができる（21条1項・2項）。その申請に対しては法務大臣が「在留期間の更新を適当と認めるに足りる相当の理由があるときに限り」これを許可することができると定められている（21条3項）。

Yは，Xの申請に対し，更新を適当と認めるに足りる相当な理由があるものとはいえないとして更新を許可しないとの処分（「本件処分」）を行った。Xは，本件処分の取消訴訟を提起し，Yの処分は裁量権[*2]を逸脱したものであり，Xの政治活動を理由として外国人に不利益を課すものであって憲法22条[*3]等に違反する等と主張した。

✓ 読み解きポイント

- 在留期間更新申請に対してYが行う処分（在留期間の更新を適当と認めるに足りる相当の理由があるかどうかの判断）は，どのような性質のものだろうか。
- 最高裁は，Yの処分が適法か違法かについて，どのような審査を行うべきと述べているだろうか。

判決文を読んでみよう

「出入国管理令が原則として一定の期間を限つて外国人のわが国への上陸及び在留を許しその期間の更新は法務大臣がこれを適当と認めるに足りる相当の理由があると判断した場合に限り許可することとしているのは，法務大臣に一定の期間ごとに当該外国人の在留中の状況，在留の必要性・相当性等を審査して在留の許否を決定させようとする趣旨に出たものであり，そして，在留期間の更新事由が概括的に規定されその判断基準が特に定められていないのは，更新事由の有無の判断を法務大臣の裁量に任せ，その裁量権の範囲を広汎なものとする趣旨からであると解される。すなわち，

⒜法務大臣は，在留期間の更新の許否を決するにあたつては，外国人に対する出入国

登場人物

X：原告，マクリーン氏（アメリカ合衆国国籍）。B語学学校に英語教師として雇用されるため，在留期間を1年とする在留許可を受けて日本に入国。入国後，B語学校をわずか17日間で退職。さらに，ベトナム戦争に反対する集会等にも参加していた。

Y：被告，法務大臣。Xの在留期間更新申請に対し，出国準備期間分の在留を許可したのち，その後のXからの申請を不許可とする。

*1｜出入国管理令

昭和26年政令第319号。ポツダム政令の1つ（現在の出入国管理及び難民認定法〔入管法〕）。ポツダム政令とは，第二次世界大戦後の占領下の日本において，連合国軍最高司令官の発する要求事項の実施について特に必要がある場合に認められる，命令による法律事項の規定である。ポツダム政令の多くは，昭和27年サンフランシスコ講和条約の発効に伴い廃止されたが，出入国管理令は法律としての効力を持つものとして存続措置がとられた。その後，日本が難民条約・難民議定書に加入したことに伴い，昭和57年に題名が「出入国管理及び難民認定法」と改められた。現在でも法令番号は政令のままである。

の管理及び在留の規制の目的である国内の治安と善良の風俗の維持，保健・衛生の確保，労働市場の安定などの国益の保持の見地に立つて，申請者の申請事由の当否のみならず，当該外国人の在留中の一切の行状，国内の政治・経済・社会等の諸事情，国際情勢，外交関係，国際礼譲など諸般の事情をしんしやくし，時宜に応じた的確な判断をしなければならないのであるが，このような判断は，事柄の性質上，出入国管理行政の責任を負う法務大臣の裁量に任せるのでなければとうてい適切な結果を期待することができないものと考えられる。このような点にかんがみると，出入国管理令21条3項所定の『在留期間の更新を適当と認めるに足りる相当の理由』があるかどうかの判断における法務大臣の裁量権の範囲が広汎なものとされているのは当然のことであつて，所論のように上陸拒否事由又は退去強制事由に準ずる事由に該当しない限り更新申請を不許可にすることは許されないと解すべきものではない。」

「法が処分を行政庁の裁量に任せる趣旨，目的，範囲は各種の処分によつて一様ではなく，これに応じて裁量権の範囲をこえ又はその濫用があつたものとして違法とされる場合もそれぞれ異なるものであり，各種の処分ごとにこれを検討しなければならないが，これを出入国管理令21条3項に基づく法務大臣の『在留期間の更新を適当と認めるに足りる相当の理由』があるかどうかの判断の場合についてみれば，(b)右判断に関する前述の法務大臣の裁量権の性質にかんがみ，その判断が全く事実の基礎を欠き又は社会通念上著しく妥当性を欠くことが明らかである場合に限り，裁量権の範囲をこえ又はその濫用があつたものとして違法となるものというべきである。したがつて，裁判所は，法務大臣の右判断についてそれが違法となるかどうかを審理，判断するにあたつては，右判断が法務大臣の裁量権の行使としてされたものであることを前提として，その判断の基礎とされた重要な事実に誤認があること等により右判断が全く事実の基礎を欠くかどうか，又は事実に対する評価が明白に合理性を欠くこと等により右判断が社会通念に照らし著しく妥当性を欠くことが明らかであるかどうかについて審理し，それが認められる場合に限り，右判断が裁量権の範囲をこえ又はその濫用があつたものとして違法であるとすることができるものと解するのが，相当である。」

> **この判決が示したこと**
>
> ① 在留期間更新に際して，法務大臣は，国益の保持の見地に立つて，諸般の事情を斟酌し時宜に応じた的確な判断をしなければならないものであり，その判断は法務大臣の広範な裁量に任されている（下線(a)）。
> ② 裁判所が法務大臣の処分を違法と判断できるのは，法務大臣の判断が全く事実の基礎を欠きまたは社会通念上著しく妥当性を欠くことが明らかである場合（裁量権の逸脱，濫用がある場合）に限られる（下線(b)）。

---

*2｜裁量（要件裁量と効果裁量）

学説は，裁量を「要件裁量」と「効果裁量」とに区分してきた。要件裁量とは，要件の認定に関する裁量（ある事実が法律の定める要件に当てはまるかどうかに関する判断の余地）であり，効果裁量とは，効果に関する裁量（処分をするかしないか，どの処分を選択するかに関する判断の余地）である。本件において問題になった裁量は，出入国管理令の定める要件（「適当と認めるに足りる相当の理由があるとき」）の該当性に関するものであり，要件裁量にあたる。**ほか判・神戸税関事件判決で問題となった公務員に対する懲戒処分の裁量は，効果裁量である。**

*3｜憲法22条

「何人も，公共の福祉に反しない限り，居住，移転及び職業選択の自由を有する。」(1項)。「何人も，外国に移住し，又は国籍を離脱する自由を侵されない。」(2項)。

解説

I．「裁量」とは

　裁量とは，立法が行政に対して認めている「判断の余地」と説明される。たとえば，本件で登場する出入国管理令は，法務大臣（Y）が在留期間の更新許可処分をすることができるのは「適当と認めるに足りる相当の理由があるとき」と定めている。この規定からは，具体的にどのような理由があれば「適当と認める」ことができるかは一義的には導かれない。つまり，この規定は，「適当と認めるに足りる相当の理由があるとき」がどのような場合かについて，Y に「判断の余地」を認めている規定と読むことができる。これが「裁量」である。

　ある行政行為（処分）に裁量が認められているかどうか，認められているとしてどの程度広い（狭い）裁量なのかは，条文中にわかりやすく書かれているわけではないから，法律の規定等の解釈を通じて立法者の意図を読み取っていく作業が必要になる（II）。他方，裁量が認められている行政行為（裁量行為）*4については，裁量行為に対する裁判所の審査のあり方の問題を検討する必要がある（III）。

II．裁量が導かれるさまざまな場面

　裁量が認められる場面（立法者が行政判断に裁量を認める場面）とはどのような場面になるのだろうか。学説では，その主な場面として，行政庁の決定に，①高度に政治的・政策的な判断が要求される場合（本事案など），②高度に専門的・技術的な判断が要求される場合（[判例13]の事案など），等が挙げられている（裁量の有無やその範囲については，事案毎に個別法を解釈する作業が必要となる。[判例14]は，学校施設の目的外使用許可について，学校教育上の支障等さまざまな事項や関係性を配慮しなければならないという点に，管理者の裁量を認めた事案である）。

　本事案は，裁判所が，行政庁の決定が「高度に政治的な判断を要する場合」の裁量（上記の①）を認めたものと解されている。*5 本事案において，<u>最高裁は，在留期間更新許否の判断にあたってのYの裁量権の範囲は広範なものであるとしている</u>（最高裁がその理由を述べているのが<u>下線(a)</u>である）。判示において，法律（出入国管理令）の文言（規定ぶり）と処分の性質との両面から，裁量の有無とその広さについての判断が導かれている点が重要である。

III．裁量行為に対する裁判所の審査のあり方

　裁量行為の違法性が訴訟で争われる際，裁判所はその妥当性についてどのような審査を行うことになるのだろうか。行政事件訴訟法30条*6はこの点につき，裁量行為（条文上は「裁量処分」）については，裁量の逸脱・濫用があった場合に取り消すことができる（違法と判断される）と規定している。問題は，そのような審査を裁判所がどのように行うのかという裁量行為の司法審査のあり方である。これまでの裁判を通じて，裁判所が行政の裁量権の逸脱・濫用を審査してきたさまざまな手法について，<u>学説は，それらの手法を大きく①実体的審査（裁量行為の内容に着目してその違法の有無について実</u>

---

*4｜裁量行為（裁量行為と覊束行為）

裁量行為（裁量の認められる行政行為）に対立する概念が，覊束行為（裁量が認められていない行政行為）である。覊束行為の違法性の判断については裁判所の完全な統制が及び，裁判所は自ら（行政に代わり）実体判断をし，審査をする。このような審査を，判断代置審査という。最判平成25・4・16民集67巻4号1115頁（百選I-75）は，公害健康被害の補償等に関する法律（公健法）に基づく水俣病の認定につき，行政庁の判断に要件裁量を認めず，判断代置審査を行うべきことを示した判決とされる。

*5｜「高度に政治的な判断を要する場合」

本判決の判決文中には，「高度に政治的な判断」という言葉は登場しない。これは，本最高裁判決の調査官解説で用いられている表現である。
　「調査官解説」については，[判例06]*3を参照。

*6｜行政事件訴訟法30条

「行政庁の裁量処分については，裁量権の範囲をこえ又はその濫用があつた場合に限り，裁判所は，その処分を取り消すことができる。」

体的に判断するという手法)、②手続的審査（裁量行為に至る手続に違法な点はないかを審査する手法)、③判断過程審査（裁量行為に至る行政庁の判断過程の合理性について審査する手法)、があると整理している（判断過程審査については、[判例14]、特に＊2＊3を参照）。

本判決は、裁判所がYの処分を違法と判断できるのは、Yの「判断が全く事実の基礎を欠き又は社会通念上著しく妥当性を欠くことが明らかである場合」（下線(b)）とし、社会観念審査と呼ばれる審査手法を採用している。結論として、Yの本件処分を違法であると判断することはできないものとして、上告を棄却している。

🔍 ほかの判例も読んでみよう

◎最判昭和52年12月20日民集31巻7号1101頁（神戸税関事件、百選Ⅰ-77）

神戸税関長が原告ら（神戸税関職員）に対して行った、国家公務員法に基づく懲戒処分の取消訴訟。最高裁は、裁量権の行使としてされた懲戒処分について、裁判所は懲戒権者と同一の立場で判断をするのではなく、裁量権の逸脱・濫用の有無について審査をするとした上で、懲戒処分は懲戒権者に任された裁量の範囲を超えこれを濫用したものとはいえないとして、原告らの請求を棄却している（破棄自判）。

「国公法は、同法所定の懲戒事由がある場合に、懲戒権者が、懲戒処分をすべきかどうか、また、懲戒処分をするときにいかなる処分を選択すべきかを決するについては、公正であるべきこと（74条1項）を定め、平等取扱いの原則（27条）及び不利益取扱いの禁止（98条3項）に違反してはならないことを定めている以外に、具体的な基準を設けていない。したがつて、懲戒権者は、懲戒事由に該当すると認められる行為の原因、動機、性質、態様、結果、影響等のほか、当該公務員の右行為の前後における態度、懲戒処分等の処分歴、選択する処分が他の公務員及び社会に与える影響等、諸般の事情を考慮して、懲戒処分をすべきかどうか、また、懲戒処分をする場合にいかなる処分を選択すべきか、を決定することができるものと考えられるのであるが、その判断は、右のような広範な事情を総合的に考慮してされるものである以上、平素から庁内の事情に通暁し、部下職員の指揮監督の衝にあたる者の裁量に任せるのでなければ、とうてい適切な結果を期待することができないものといわなければならない。それ故、公務員につき、国公法に定められた懲戒事由がある場合に、懲戒処分を行うかどうか、懲戒処分を行うときにいかなる処分を選ぶかは、懲戒権者の裁量に任されているものと解すべきである。もとより、右の裁量は、恣意にわたることを得ないものであることは当然であるが、懲戒権者が右の裁量権の行使としてした懲戒処分は、それが社会観念上著しく妥当を欠いて裁量権を付与した目的を逸脱し、これを濫用したと認められる場合でない限り、その裁量権の範囲内にあるものとして、違法とならないものというべきである。したがつて、裁判所が右の処分の適否を審査するにあたつては、懲戒権者と同一の立場に立つて懲戒処分をすべきであつたかどうか又はいかなる処分を選択すべきであつたかについて判断し、その結果と懲戒処分とを比較してその軽重を論ずべきものではなく、懲戒権者の裁量権の行使に基づく処分が社会観念上著しく妥当を欠き、裁量権を濫用したと認められる場合に限り違法であると判断すべきものである。」

＊7｜社会観念審査
「社会通念上著しく妥当性を欠く」か否かを審査する手法を社会観念審査という。最高裁は、裁量の広い判断に基づく処分については、社会観念審査の手法を用いている（最判平成24・1・16判時2147号127頁〔教職員国旗国歌訴訟〕等）が、現在、裁判所は社会通念上著しく妥当か否かを審査する際に判断過程審査を取り入れることにより、その審査を深めているとされる（[判例14]〔解説〕も参照）。

＊8｜公務員の懲戒処分の違法性
この事例で争点となったのは、国家公務員法に基づく懲戒処分（裁量処分）の違法性である。このほかにも、公務員の懲戒処分の違法性について争われている裁判例は少なくない。近時の最高裁判決として、最判平成30・11・6判時2413＝2414号22頁、最判令和2・7・6判時2472号3頁等。

＊9｜懲戒権者と同一の立場で判断
「裁判所が懲戒権者と同一の立場で判断する」というのは、裁判所が行政庁と同じように判断をやり直すということである。裁判所の判断が行政庁の判断（処分）と一致しない場合には、行政庁の判断が代置される（＊4で言及した「判断代置審査」）。

13 行政裁量②
——専門的・技術的判断

伊方原発訴訟

最高裁平成4年10月29日判決（民集46巻7号1174頁）　　▶百選Ⅰ-74

事案をみてみよう

　本件は、原子炉設置許可処分の取消訴訟において、行政庁の専門的・技術的判断（裁量）に基づく行政処分の司法審査のあり方が問題となった事案である。

　愛媛県西宇和郡伊方町*1に原子力発電所の建設を予定したAは、「核原料物質、核燃料物質及び原子炉の規制に関する法律」（「法」）23条1項に基づき原子炉設置許可*2申請を提出した。同法（当時の規定）によれば、内閣総理大臣は、原子炉設置の許可申請が法の定める要件に適合していると認めるときでなければ許可をしてはならず（法24条1項）、許可をする場合において、法律の規定の各号に規定する基準の適用についてはあらかじめ原子力委員会の意見を聴き、これを尊重してしなければならないものとされていた（24条2項）。申請を受けた内閣総理大臣（Y）は所定の手続を経て、Aに対して許可処分をした（[図：原子炉設置許可の流れ（当時）]を参照）。

　本件の原子炉設置予定地の付近に居住するXらは、この処分を違法と主張して、行政不服審査法に基づく異議申立てをしたが棄却されたため、処分取消訴訟を提起し*3た。

登場人物

Xら：原子炉設置予定地の付近住民。Yの許可処分につき、行政不服審査法に基づく異議申立てをしたが棄却されたため、取消訴訟を提起。

Y：内閣総理大臣。Aの申請に対し、原子炉設置許可処分をする。なお、本件の原審継続中に法の一部改正があり、原子炉設置許可権限は通商産業大臣（当時）に移管され、これに伴い訴訟承継により、通商産業大臣が被控訴人、被上告人となっている。

A：四国電力株式会社。法23条1項に基づき原子炉設置許可申請を出す。

---

*1｜伊方町

佐田岬半島の基部から先端にかけての地域で、細長い形をしている。半島の北側は瀬戸内海、南側は宇和海に面している。四国の最西端に所在し、晴れた日には九州を遠望できる距離にある。四国電力伊方原子力発電所は、佐田岬半島の付け根付近に位置し、瀬戸内海に面している、四国唯一の原子力発電所である。

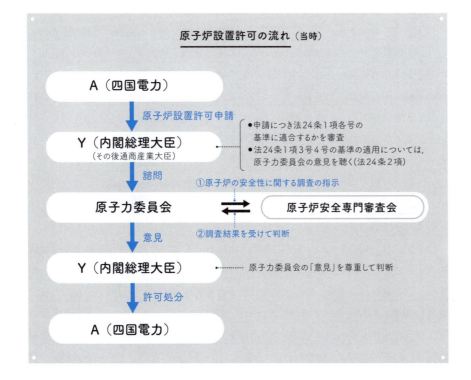

*2 | 核原料物質、核燃料物質及び原子炉の規制に関する法律

昭和32年法律第166号。原子炉等規制法と略される。原子炉および核物質の取扱いを規制する法律。東日本大震災(2011年3月11日)を契機に大幅に見直しされ、原子力安全・保安院と原子力安全委員会は廃止、新たな組織として原子力規制委員会が設置されている(現在、発電用原子炉設置の許可権者は、原子力規制委員会である。法43条の3の5)。なお、この改正時に、原子力委員会の所掌事務のうち核物質防護に関する事務が原子力規制委員会に移管されている。

*3 | 処分取消訴訟

伊方原発の発電施設は1号機から3号機まで存在していたが、本件で争われたのは1号機の原子炉設置許可処分である。
なお、伊方原発1号機は2016年5月10日に運転を終了し、2017年6月28日に原子力規制委員会の廃止措置計画認可が、2号機は2018年5月23日に運転を終了し、2020年10月7日に原子力規制委員会の廃止措置計画認可が、各々行われている。

✓ 読み解きポイント

- 最高裁は、Yのした専門的・技術的な判断に基づく許可処分について、どのような審査を行うべきと述べているか。またその際、行政の調査審議において用いられた審査基準を(司法審査において)どのように位置付けているか。
- 本件の主張立証責任について、最高裁はどのような考え方を示しているか。

📖 判決文を読んでみよう

「原子炉施設の安全性に関する審査は、当該原子炉施設そのものの工学的安全性、平常運転時における従業員、周辺住民及び周辺環境への放射線の影響、事故時における周辺地域への影響等を、原子炉設置予定地の地形、地質、気象等の自然的条件、人口分布等の社会的条件及び当該原子炉設置者の右技術的能力との関連において、多角的、総合的見地から検討するものであり、しかも、右審査の対象には、将来の予測に係る事項も含まれているのであって、右審査においては、原子力工学はもとより、多方面にわたる極めて高度な最新の科学的、専門技術的知見に基づく総合的判断が必要とされるものであることが明らかである。そして、規制法24条2項が、内閣総理大臣は、原子炉設置の許可をする場合においては、同条1項3号……及び4号所定の基準の適用について、あらかじめ原子力委員会の意見を聴き、これを尊重してしなければならないと定めているのは、右のような原子炉施設の安全性に関する審査の特質を考慮し、右各号所定の基準の適合性については、各専門分野の学識経験者等を擁する原子力委員会の科学的、専門技術的知見に基づく意見を尊重して行う内閣総理大臣の合理的な判断にゆだねる趣旨と解するのが相当である。

以上の点を考慮すると、(a)右の原子炉施設の安全性に関する判断の適否が争われる原子炉設置許可処分の取消訴訟における裁判所の審理、判断は、原子力委員会若しくは原子炉安全専門審査会の専門技術的な調査審議及び判断を基にしてされた被告行政庁の判断に不合理な点があるか否かという観点から行われるべきであって、現在の科学技術水準に照らし、右調査審議において用いられた具体的審査基準に不合理な点があり、あるいは当該原子炉施設が右の具体的審査基準に適合するとした原子力委員会若しくは原子炉安全専門審査会の調査審議及び判断の過程に看過し難い過誤、欠落があり、被告行政庁の判断がこれに依拠してされたと認められる場合には、被告行政庁の右判断に不合理な点があるものとして、右判断に基づく原子炉設置許可処分は違法と解すべきである。

原子炉設置許可処分についての右取消訴訟においては、右処分が前記のような性質を有することにかんがみると、(b)被告行政庁がした右判断に不合理な点があることの主張、立証責任は、本来、原告が負うべきものと解されるが、当該原子炉施設の安全審査に関する資料をすべて被告行政庁の側が保持していることなどの点を考慮すると、被告行政庁の側において、まず、その依拠した前記の具体的審査基準並びに調査審議及び判断の過程等、被告行政庁の判断に不合理な点のないことを相当の根拠、資

料に基づき主張，立証する必要があり，被告行政庁が右主張，立証を尽くさない場合には，被告行政庁がした右判断に不合理な点があることが事実上推認されるものというべきである。」

> ⇩ この判決が示したこと ⇩
>
> ① 原子炉設置許可処分取消訴訟において，裁判所の審理・判断は，専門的な第三者機関の調査審議および判断を基にしてされた行政庁の判断に不合理な点があるか否かという観点から行われる（下線(a)）。
> ② 行政の調査審議において用いられた審査基準に不合理な点がある，あるいは審査基準に適合するとした判断に不合理な点がある場合には，当該判断に基づく処分は違法となる（下線(a)）。
> ③ 行政判断の不合理性の主張・立証責任は本来は原告が負うべきものであるが，原子炉設置許可処分については，まず被告行政庁がその判断に不合理な点のないことを相当の根拠・資料に基づき主張・立証する必要がある（下線(b)）。

 解説

Ⅰ．高度に専門的・技術的な判断に認められる裁量

本事案の争点は多岐にわたるが，その１つが，原子炉設置許可処分の審査のあり方の問題である。最高裁は，原子炉の安全性に関する（行政の）判断は，「原子力工学はもとより，多方面にわたる極めて高度な最新の科学的，専門技術的知見に基づく総合的判断が必要とされる」としている。判決文自体には「裁量」という言葉は用いられていないが，本判決（下線(a)の直前で，「内閣総理大臣の合理的な判断にゆだねる趣旨」と述べられている部分）は，原子炉設置許可処分にまつわる行政の判断過程に，裁量（高度に専門的・技術的な判断に認められる裁量）を認めたものと解されている。

Ⅱ．裁量基準と裁量審査──「二段階審査」

本判決は，法に，専門的な第三者機関（原子力委員会，原子炉安全専門審査会）の関与を求める手続が置かれていることに言及している。そして，このような場合の裁判所の審理・判断は，専門的な第三者機関の「専門技術的な調査審議及び判断を基にしてされた被告行政庁の判断に不合理な点があるか否かという観点から行われるべき」（下線(a)）と述べている。

本判決の審査手法の１つの特徴は，下線(a)の後半で述べられた部分，すなわち，行政庁の裁量判断が一定の基準（裁量基準）に基づいて行われている場合に，まず，その基準の合理性を検討した上で（第一段階の審査），さらにその基準を当てはめた判断過程に過誤・欠落がないかを検討する（第二段階の審査），と段階を踏んで審査を進めていくことを述べた点にある。このような審査を，学説では「二段階審査」と呼んでいる。

*4│高度に専門的・技術的な判断に認められる裁量

本件の調査官解説（高橋利文・最判解民事篇平成4年度399頁）は，「本判決が，殊更に『専門技術的裁量』という用語を用いなかったのは……下級審裁判例のいう『専門技術的裁量』が，安全審査における具体的審査基準の策定及び処分要件の認定判断の過程における裁量であって，一般にいわれる『裁量』（政治的，政策的裁量）とは，その内容，裁量が認められる事項・範囲が相当異なるものであることから，政治的，政策的裁量と同様の広汎な裁量を認めたものと誤解されることを避けるためであろう」と述べている。

*5│裁量基準

裁量基準とは，裁量権の行使に関して行政が定める内部基準である。裁量基準については，〔判例16〕〔解説〕Ⅰ，Ⅳを参照。

Ⅲ．取消訴訟における主張・立証責任

本判決は，原子炉設置許可処分の取消訴訟における主張・立証責任についても言及している（下線(b)）。取消訴訟における主張・立証責任は難しい問題であり，定説はないともいわれている（裁量処分について，裁量権の行使がその範囲を超えまたは濫用にわたり違法であることの立証責任は原告が負うとする最高裁判決が存在している（最判昭和42・4・7民集21巻3号572頁，百選Ⅱ-188））。本判決は，行政庁がした原子炉設置許可処分の判断に不合理な点があることの主張・立証責任は本来原告が負うべきものと解されるとしながら，被告行政庁は，行政庁の判断に不合理な点がないことを相当の根拠・資料に基づいて主張・立証する必要があり，被告がこの主張・立証を尽くさない場合には，行政庁の判断に不合理な点があることが事実上推認されるとしている。この判示は，原告側の主張・立証の負担を軽減する趣旨と解されている。

本判決は結論として，本判決と同旨の見地に立って処分の適否を判断した原判決を正当とし，上告を棄却している。

🔍 ほかの判例も読んでみよう

◎最判平成10年7月16日判時1652号52頁（酒税法免許不許可処分事件）

二段階審査の枠組みを示した［判例13］に連なる判決とされるのが，この平成10年最判である。この事案では，酒類販売業免許の要件（「酒税の保全上酒類の需給の均衡を維持する必要がある」場合）の認定基準（平成元年取扱要領）が定められていた。最高裁は，認定基準が合理性を有していると考えられる場合には，その基準に適合した処分は原則として適法というべきとし，認定基準に従ってされた本件処分に違法はないとした原審の判断は正当として，上告を棄却している。

「被上告人〔税務署長〕は，平成元年取扱要領に定められた認定基準に従って計算した結果……上告人〔酒類販売会社〕の申請した販売場に対して免許を付与した場合には酒類の需給の均衡を破り酒税確保に支障を来すおそれがあると判断して，本件処分をした。……平成元年取扱要領は，昭和38年取扱要領における問題点を是正することを目的として改正されたものであり，実態に合わせて算出された基準人口比率によって酒類の需給の均衡を図ることとしたほか，前記ただし書条項を全面的に削除し，逆に，所定の基準人口に適合しない場合であっても，免許を付与し得る道を開いたものと解され，恣意を排するとともに，柔軟な運用の余地も持たせたものとみることができる。そして，酒類の消費量は，何よりも当該販売地域に居住する人口の大小によって左右されるものと考えられるから，これを基準として需給の均衡を図ることは，世帯数等を基準とするよりも合理的な認定方法ということができる。したがって，<u>平成元年取扱要領における酒税法10条11号該当性の認定基準は，当該申請に係る参入によって当該小売販売地域における酒類の供給が過剰となる事態を生じさせるか否かを客観的かつ公正に認定するものであって，合理性を有しているということができるので，これに適合した処分は原則として適法というべきである。</u>」

---

*6｜主張・立証責任

当該事実を主張しなかった場合に不利益な判断を下される側の危険を主張責任，当該事実を立証できなかった場合に不利益な判断を下される側の危険を立証責任という。取消訴訟における立証責任については，法律要件分類説，調査義務違反説，権利性質説，個別具体的判断説などの諸説がある。

*7｜昭和42年最判

本事案は，岩手県知事が旧自作農創設特別措置法に基づいてなした土地の売渡処分について，当該土地を国に寄附した農民（Xら）が原告となって提起した無効確認訴訟である。最高裁は，Xらは，（売渡処分について被告に認められる）裁量権の行使に裁量の逸脱・濫用があり違法か，または，違法が重大かつ明白かについて，具体的事実の主張をしていないとして，売渡処分が無効ではないとした原判決に違法はないとして上告を棄却している。

*8｜平成10年最判

平成10年最判は二段階審査の枠組みによった判断がされている。ただし，**ほか判**で引用した部分に続けて，最高裁が，「酒類販売業の免許制が職業選択の自由に対する重大な制約であることにかんがみると……平成元年取扱要領についても……事案に応じて，各種例外的取扱いの採用をも積極的に考慮し，弾力的にこれを運用するよう努めるべきである」と述べていることには注意が必要である（これは，学説において「個別事情考慮」として論じられるものである）。

14 行政裁量③
――判断過程審査

呉市公立学校施設使用不許可事件

最高裁平成18年2月7日判決（民集60巻2号401頁） ▶百選Ⅰ-70

事案をみてみよう

本件は、学校施設使用不許可処分（裁量処分）の違法性が争われた事案である。

Xは、毎年開催している教育研究集会の会場として、広島県呉市（Y）の市立A中学校の学校施設の使用[*1]を申し出たところ、中学校の校長からいったんは口頭でこれを了承する返事を得られていたが、Y市教育委員会（B）はこれを不許可とした。不許可の理由には、A中学校およびその周辺の学校や地域に混乱を招き、児童生徒に教育上悪影響を与え、学校教育に支障を来すことが予想される、との記載があった。なお、Yの定める「学校施設使用規則」には、①学校施設を使用しようとする者は使用日の5日前までに学校施設使用許可申請書を校長に提出し、Bの許可を受けなければならないこと、②学校施設は、Bが必要やむを得ないと認めるときその他所定の場合に限り、その用途または目的を妨げない限度において使用を許可することができること、③施設管理上支障があるとき、営利を目的とするとき、その他Bが学校教育に支障があると認めるときのいずれかに該当するときは施設の使用を許可しないこと、と定められていた。

Xは、Bの不許可処分により不当に施設の使用を拒否されたとして、Yを被告として国家賠償法に基づく損害賠償を求めた。

✓ 読み解きポイント

- 最高裁は、学校施設使用許可・不許可の判断を、どのような性質のものととらえているだろうか。
- 最高裁は、学校施設使用不許可処分についてのBの裁量判断の適否の司法審査において、裁判所は、どのような審査を行うべきと述べているだろうか。

📖 判決文を読んでみよう

「地方自治法238条の4第4項、学校教育法85条の上記文言に加えて、学校施設は、一般公衆の共同使用に供することを主たる目的とする道路や公民館等の施設とは異なり、本来学校教育の目的に使用すべきものとして設置され、それ以外の目的に使用することを基本的に制限されている（学校施設令1条、3条）ことからすれば、(a)学校施設の目的外使用を許可するか否かは、原則として、管理者の裁量にゆだねられているものと解するのが相当である。すなわち、学校教育上支障があれば使用を許

登場人物
X：原告。広島県教職員組合。広島県内の公立小中学校等に勤務する教職員によって組織された職員団体。第49次広島県教育研究集会の会場として、A中学校の使用を希望。
Y：被告。広島県呉市。
B：呉市教育委員会。

[*1] 学校施設の使用
地方公共団体の設置する公立学校（学校施設）は、地方自治法に定める「行政財産」であり、学校施設をその設置目的以外に使用するためには、行政財産の目的外使用許可（地方自治法238条の4）が必要となる。この許可は、教育委員会が行う。
学校施設の利用につき、学校教育法は、「学校教育上支障のない限り……利用させることができる」（85条、当時）と定めており、この規定を受けて、「使用規則」が定められていた。

可することができないことは明らかであるが，そのような支障がないからといって当然に許可しなくてはならないものではなく，行政財産である学校施設の目的及び用途と目的外使用の目的，態様等との関係に配慮した合理的な裁量判断により使用許可をしないこともできるものである。学校教育上の支障とは，物理的支障に限らず，教育的配慮の観点から，児童，生徒に対し精神的悪影響を与え，学校の教育方針にもとることとなる場合も含まれ，現在の具体的な支障だけでなく，将来における教育上の支障が生ずるおそれが明白に認められる場合も含まれる。また，(b)管理者の裁量判断は，許可申請に係る使用の日時，場所，目的及び態様，使用者の範囲，使用の必要性の程度，許可をするに当たっての支障又は許可をした場合の弊害若しくは影響の内容及び程度，代替施設確保の困難性など許可をしないことによる申請者側の不都合又は影響の内容及び程度等の諸般の事情を総合考慮してされるものであり，(c)その裁量権の行使が逸脱濫用に当たるか否かの司法審査においては，その判断が裁量権の行使としてされたことを前提とした上で，その判断要素の選択や判断過程に合理性を欠くところがないかを検討し，その判断が，重要な事実の基礎を欠くか，又は社会通念に照らし著しく妥当性を欠くものと認められる場合に限って，裁量権の逸脱又は濫用として違法となるとすべきものと解するのが相当である。」[*2]

> **⇩ この判決が示したこと ⇩**
>
> ① 学校施設の使用許可をするか否かは，管理者の裁量に委ねられており，この裁量判断は諸般の事情を総合考慮してされる（下線(a)(b)）。
> ② 管理者の裁量判断の適否に関する司法審査においては，その判断要素の選択や判断過程に合理性を欠くところがないかが検討され，その判断が，重要な事実の基礎を欠くか，または社会通念に照らして著しく妥当性を欠くものと認められる場合に限って，裁量権の逸脱または濫用として違法となる（下線(c)）。

👉 解説

Ⅰ．裁量処分と司法審査――判断過程審査

　裁量行為の司法審査の手法として，裁判所においてよく採用されている手法が，判断過程審査である[*3]。判断過程審査とは，裁量判断に至る行政庁の判断過程の合理性について審査する方法である。ただし，裁量判断に至る行政庁の判断過程はそれぞれの場面に応じて多様であるから，一口に「判断過程審査」といっても，裁判所が行政庁の「判断過程」のどのような要素をとらえ，どの点に着目し，どのような審査を行うかは，ケースごとにさまざまである。

Ⅱ．学校施設の使用許可にあたっての行政庁の「裁量」と裁量審査

　それでは，本件で問題となった学校施設の使用許可・不許可についての行政庁の判断は，どのように審査されているのだろうか。本判決はまず，「学校施設の目的外使用を許可するか否かは，原則として，管理者の裁量にゆだねられているものと解する

---

*2｜裁量行為の司法審査

[判例12]〔解説〕Ⅲで述べたように，裁量行為の審査には，実体的審査，手続的審査，判断過程審査があると整理されている。社会観念審査（[判例12]＊7を参照）は，実体的審査の一手法として用いられてきたものであるが，現在の裁判例では社会観念審査と判断過程審査を組み合わせる形で用いられることがあると指摘されている。本判決が考慮要素の考慮のあり方について検討した上で，「又は社会通念に照らし著しく妥当性を欠くものと認められる場合」と述べているのは，この例といえる。

*3｜判断過程審査

判断過程審査を初めて採用した判決と位置付けられているのが，日光太郎杉事件（東京高判昭和48・7・13判時710号23頁）である。建設大臣（当時）が土地収用法に基づき，国立公園日光山内特別保護地区の一部に属する土地についてした事業認定の違法性が争われた事案で，東京高裁判決は判断過程審査によって事業認定処分（裁量処分）は違法との結論を導いている。

のが相当である」として，Ｂの学校施設使用不許可処分が裁量処分であることを確認している（下線(a)）。そして，学校教育上の支障があるか否かについて判断する管理者の判断においては，許可申請に係る使用の日時から申請者側の不都合等までの諸般の事情が総合考慮されるものであるとする（下線(b)）。さらに，裁量処分の違法性の有無を審査する裁判所は，「その判断要素の選択や判断過程に合理性を欠くところがないかを検討」して審査を行うとしている（下線(c)）。

Ⅲ．判断過程審査の具体的なあり方

本判決は，判断過程審査の具体的なあり方（裁判所が判断要素として何をとりあげるか）を学ぶ素材として有用である。引用部分に続く判示においては，本件事案における事実関係の中から，(ア)使用目的（教育研究集会の性質），(イ)許可した場合の影響（過去の研究教育集会の例や，本件集会の予定日が週末であること），(ウ)集会を学校施設で開催することによる教育上の影響（悪影響が生じるとする評価について），(エ)学校施設を利用する場合と他の公共施設を利用する場合の比較（教育研究集会の中の分科会活動にとっての利便性），(オ)不許可処分に至る経緯（右翼団体による妨害行動のおそれへの評価），の各々が検討されている。最高裁は以上のような考慮要素を検討した上で，結論として，「本件中学校及びその周辺の学校や地域に混乱を招き，児童生徒に教育上悪影響を与え，学校教育に支障を来すことが予想されるとの理由で行われた本件不許可処分は，重視すべきでない考慮要素を重視するなど，考慮した事項に対する評価が明らかに合理性を欠いており，他方，当然考慮すべき事項を十分考慮しておらず，その結果，社会通念に照らし著しく妥当性を欠いたもの」である（処分は違法，上告棄却）としている。

🔍 ほかの判例も読んでみよう

◎最判平成8年3月8日民集50巻3号469頁（神戸高専剣道実技拒否訴訟，百選Ⅰ-78）

「高等専門学校の校長が学生に対し原級留置処分又は退学処分を行うかどうかの判断は，校長の合理的な教育的裁量にゆだねられるべきものであり，裁判所がその処分の適否を審査するに当たっては，校長と同一の立場に立って当該処分をすべきであったかどうか等について判断し，その結果と当該処分とを比較してその適否，軽重等を論ずべきものではなく，校長の裁量権の行使としての処分が，全く事実の基礎を欠くか又は社会観念上著しく妥当を欠き，裁量権の範囲を超え又は裁量権を濫用してされたと認められる場合に限り，違法であると判断すべきものである……。しかし，<u>退学処分は学生の身分をはく奪する重大な措置であり，学校教育法施行規則13条3項も4個の退学事由を限定的に定めていることからすると，当該学生を学外に排除することが教育上やむを得ないと認められる場合に限って退学処分を選択すべきであり，その要件の認定につき他の処分の選択に比較して特に慎重な配慮を要するものである</u>……。また，……原級留置処分の決定に当たっても，同様に慎重な配慮が要求されるものというべきである。」「信仰上の理由による剣道実技の履修拒否を，正当な理由のない履修拒否と区別することなく，代替措置が不可能というわけでもないのに，代替措置について何ら検討することもなく，体育科目を不認定とした担当教員らの評価を

---

*4｜諸般の事情

判示（下線(b)）において，管理者の裁量判断にあたって考慮されるべき事項として，使用の日時，場所，目的および態様，使用者の範囲，使用の必要性の程度，許可をするにあたっての支障，許可をした場合の弊害もしくは影響の内容および程度，代替施設確保の困難性など許可をしないことによる申請者側の不都合または影響の内容および程度等の「諸般の事情」が挙げられていることに注目しておこう。

*5｜考慮要素

判断過程審査においてよく行われる検討が，考慮要素の考慮のあり方（要考慮要素の考慮不尽，他事考慮）である。

*6｜辺野古サンゴ訴訟

最高裁が裁量権の逸脱・濫用について，判断過程審査を用いて処分を違法と判断した近時の事例として，最判令和3・7・6民集75巻7号3422頁（辺野古サンゴ訴訟）がある。本件で争われたのは，国からの是正の指示（地方自治法245条の7第1項）の対象となっている，県知事の判断（沖縄防衛局の申請を必要性なしと判断したもの）に裁量権の逸脱・濫用があったか，である。最高裁（多数意見）は，知事の判断は「当然考慮すべき事項を十分に考慮していない一方で，考慮すべきでない事項を考慮した結果，社会通念に照らし著しく妥当性を欠いたもの」として，上告を棄却している。宇賀克也裁判官らの反対意見が付されている。

受けて，原級留置処分をし，さらに，不認定の主たる理由及び全体成績について勘案することなく，2年続けて原級留置となったため進級等規程及び退学内規に従って学則にいう『学力劣等で成業の見込みがないと認められる者』に当たるとし，<u>退学処分をしたという上告人の措置は，考慮すべき事項を考慮しておらず，又は考慮された事実に対する評価が明白に合理性を欠き，その結果，社会観念上著しく妥当を欠く処分をしたものと評するほかはなく，本件各処分は，裁量権の範囲を超える違法なものといわざるを得ない。</u>」

◎最判平成18年11月2日民集60巻9号3249頁

（小田急訴訟〔本案判決〕，百選Ⅰ-72）[*8]

都知事が行った都市高速鉄道に係る都市計画の変更（平成5年決定，小田急線の高架化を内容として含む決定）が違法であるとし，これに基づいてされた鉄道事業認可処分の取消しが求められた事案。<u>判示は，都市計画の変更を行うに際し高架式が採用されたことについて裁量権の逸脱濫用はなかったと判断して上告を棄却しているが，最高裁がその審査において，計画裁量に対して踏み込んだ審査（判断過程審査）を行っていることが注目されている。</u>

「都市計画法は，都市計画について，健康で文化的な都市生活及び機能的な都市活動を確保すべきこと等の基本理念の下で（2条），都市施設の整備に関する事項で当該都市の健全な発展と秩序ある整備を図るため必要なものを一体的かつ総合的に定めなければならず，当該都市について公害防止計画が定められているときは当該公害防止計画に適合したものでなければならないとし（13条1項柱書き），都市施設について，土地利用，交通等の現状及び将来の見通しを勘案して，適切な規模で必要な位置に配置することにより，円滑な都市活動を確保し，良好な都市環境を保持するように定めることとしているところ（同項5号），このような基準に従って都市施設の規模，配置等に関する事項を定めるに当たっては，当該都市施設に関する諸般の事情を総合的に考慮した上で，政策的，技術的な見地から判断することが不可欠であるといわざるを得ない。そうすると，<u>このような判断は，これを決定する行政庁の広範な裁量にゆだねられているというべきであって，裁判所が都市施設に関する都市計画の決定又は変更の内容の適否を審査するに当たっては，当該決定又は変更が裁量権の行使としてされたことを前提として，その基礎とされた重要な事実に誤認があること等により重要な事実の基礎を欠くこととなる場合，又は，事実に対する評価が明らかに合理性を欠くこと，判断の過程において考慮すべき事情を考慮しないこと等によりその内容が社会通念に照らし著しく妥当性を欠くものと認められる場合に限り，裁量権の範囲を逸脱し又はこれを濫用したものとして違法となるとすべきものと解するのが相当である。</u>」

---

*7｜平成8年最判

神戸市立工業高等専門学校（神戸高専）の校長が，X（原告）に対して行った原級留置処分・退学処分の取消訴訟において，各処分の違法性が争点とされた事案。Xは，信仰上の理由により剣道実技の履修拒否をしており，校長および体育担当教員に対してレポート等の代替措置による成績評価をしてほしいなどの要望を出していたが認められず，進級不認定・原級留置処分を受け，退学処分となっていた。最高裁は，校長の措置は裁量権の範囲を超える違法なものであったと判示している（上告棄却）。

*8｜小田急訴訟

小田急訴訟では，周辺住民（第三者）の原告適格が争点となっていた。原告適格（訴訟要件）の判断に関する判決が，最大判平成17・12・7民集59巻10号2645頁（［判例31］，百選Ⅱ-159）であり，こちらの平成18年最判は本案判決にあたる。

15 行政立法①——法規命令　ケンコーコム・ウェルネット事件

最高裁平成25年1月11日判決（民集67巻1号1頁）　▶百選Ⅰ-46

事案をみてみよう

　本件は，インターネット等を通じた医薬品販売（郵便等販売）の規制を定めた薬事法施行規則（法規命令〔省令〕*1）の違法性が争われた事案である。

　医薬品販売の規制を強化するための薬事法*2の改正（以下，改正前を「旧薬事法」，改正後を「新薬事法」という）にあわせて，厚生労働大臣は，薬事法施行規則の改正*3（以下，改正前を「旧施行規則」，改正後を「新施行規則」という）をすることとした。新施行規則の内容は，一部の医薬品は店舗において対面で販売しなければならず，インターネット等による販売をしてはならないといったものであった。インターネット上で薬を販売していたXらは，施行規則が改正されると，これまで販売することができていた医薬品のうち一部についてインターネットを通じて販売することができなくなってしまうことから，この改正が違法であると主張し，国（Y）を被告として，訴訟を提起した。

✓ 読み解きポイント

　最高裁は，法規命令（新施行規則）の違法性について，どのような判断を下しているだろうか。

判決文を読んでみよう

　「旧薬事法の下では違法とされていなかった郵便等販売に対する新たな規制は，郵便等販売をその事業の柱としてきた者の職業活動の自由を相当程度制約するものであることが明らかである。(a)<u>これらの事情の下で，厚生労働大臣が制定した郵便等販売を規制する新施行規則の規定が，これを定める根拠となる新薬事法の趣旨に適合するもの（行政手続法38条1項*4）であり，その委任の範囲を逸脱したものではないというためには，立法過程における議論をもしんしゃくした上で，新薬事法36条の5及び36条の6を始めとする新薬事法中の諸規定を見て，そこから，郵便等販売を規制する内容の省令の制定を委任する授権の趣旨が，上記規制の範囲や程度等に応じて明確に読み取れることを要するものというべきである。</u>」

　「新施行規則のうち，店舗販売業者に対し，一般用医薬品のうち第一類医薬品及び第二類医薬品について，①　当該店舗において対面で販売させ又は授与させなければならない……ものとし，②　当該店舗内の情報提供を行う場所において情報の提供を

登場人物

Xら：本件訴訟の原告。インターネット上で薬局を開設していた事業者。ケンコーコムとウェルネットという店舗であったことから，本件は「ケンコーコム訴訟」と呼ばれることもある。

Y：本件訴訟の被告（国）。薬事法の改正（規制強化）を契機として，訴訟を提起される。

*1｜省令

省令とは，各省大臣が制定する命令である（国家行政組織法12条1項）。「施行規則」という名称で制定される。

*2｜薬事法

現在の名称は，「医薬品，医療機器等の品質，有効性及び安全性の確保等に関する法律」（医薬品医療機器等法）。平成18年の薬事法改正は，一般用医薬品についてリスクに応じた分類（第一類，第二類，第三類）を導入し，その分類ごとに販売方法を定めるなどの改正を含んでいた。

対面により行わせなければならない……ものとし、③　郵便等販売をしてはならない……ものとした各規定は、(b)いずれも上記各医薬品に係る郵便等販売を一律に禁止することとなる限度において、新薬事法の趣旨に適合するものではなく、新薬事法の委任の範囲を逸脱した違法なものとして無効というべきである。」

> **↓　この判決が示したこと　↓**
>
> ①　インターネット販売に対する新たな規制は、それを事業の柱にしてきた事業者の職業活動の自由を相当程度制約するものであることを考えると、インターネット販売を規制する新施行規則の規定が適法であるというためには、立法過程における議論もしんしゃくした上で、新薬事法の諸規定を見て、そこから、インターネット販売を規制する内容の省令の制定を委任する授権の趣旨が、明確に読み取れることが必要となる（下線(a)）。
> ②　新施行規則は、インターネット販売を一律に禁止することとなる限度において、新薬事法の委任の範囲を超え、違法である（下線(b)）。

 解説

I．行政立法とは——法規命令と行政規則

本件は、新施行規則（法規命令）の違法性が争われた事案である。解説にあたり、まず、「法規命令」とは何かについて説明しておこう。

複雑な行政活動の内容を、あらかじめすべて予測し、法律の中に規定しておくことは困難であるし、また、適切ともいえない。そこで、行政がきめ細やかに、弾力的に、行政の専門的知見を活かしながら法律を執行していくために、行政活動の基準を定めることがある。これが「行政立法」である。行政が定める基準（行政立法）には、省令のように、法律の委任を受けてその範囲で策定される法規命令（私人に対する拘束力を有するもの）と、通達や訓令のように行政内部でのみ通用する行政規則（私人に対する拘束力はないもの）とがある。本件訴訟の争いの対象となった施行規則（省令）は、行政法学上、行政立法（行政立法のうちの法規命令）にあたるものである（行政規則の問題は［判例16］で扱う）。なお、行政手続法は、「命令等策定手続」として、命令等（法規命令および行政規則の一部）を定めるにあたって必要となる手続についての定めを置いている。

II．法規命令とその違法性

法規性（私人の権利義務関係を拘束する力）を有する行政立法（法規命令）も、法律の委任があれば制定することができる。ただし、国会を唯一の立法機関とする憲法41条の趣旨からすると、授権の内容・目的・限度などを示さない委任（白紙委任）をする法律は許されない（白紙委任の禁止）と解されている。また、法規命令は法律の委任があってその制定が認められるものであるから、法律の委任の範囲を超えて定められた法規命令は違法となる（委任の趣旨・範囲の逸脱の禁止）。

---

*3｜薬事法施行規則
薬事法の委任を受け、厚生労働大臣が定める省令。平成18年の薬事法改正に伴う施行規則の改正では、一般用医薬品の郵便等販売（インターネット販売）は第三類医薬品に限られ、第一類医薬品、第二類医薬品については「対面」による販売と情報提供とが義務付けられていた。

*4｜行政手続法38条1項
「命令等を定める機関（閣議の決定により命令等が定められる場合にあっては、当該命令等の立案をする各大臣。以下『命令等制定機関』という。）は、命令等を定めるに当たっては、当該命令等がこれを定める根拠となる法令の趣旨に適合するものとなるようにしなければならない。」
この38条は、従来の判例法理である「委任の趣旨・範囲の逸脱の禁止」を確認した規定と解されている。

*5｜法律の委任
憲法41条は、国会が国の唯一の立法機関であると定めている。この規定は、国民の権利義務関係を拘束する「法規」は、国会のみが立法という形で制定することができることを定めている。法規命令は国民の権利義務関係を拘束する「法規」であるが、この制定が許されるのは、立法者（国会）が法律の中に、法規の制定を行政機関に委任する規定を置いているからである（法律の委任を受けて定められる法規命令を、「委任命令」という）。

本判決で問題となった薬事法新施行規則は，一部医薬品について，インターネットによる販売（郵便等販売）を一律に禁止する内容のものであった（次頁の表を参照）。最高裁は，行政手続法 38 条 1 項に明示的に言及しながら（下線(a)），新施行規則の規定は新薬事法の委任の範囲を逸脱したものであり無効であると判断して（上告を棄却して）いる（下線(b)）。「授権の趣旨の明確性」という指標を立てている点が，法規命令の違法性に関するこれまでの裁判例にはない，本判決の特徴であったと解されている。

なお，本件の第一審判決（東京地判平成 22・3・30 判時 2096 号 9 頁）は，新施行規則の違法性を否定している。原判決（東京高判平成 24・4・26 判タ 1381 号 105 頁）は新施行規則の違法性を認めているが，行政手続法への言及はなく，法規命令の違法性判断のあり方は，第一審判決，原判決，本判決とでそれぞれ異なるものとなっている。

🔍 ほかの判例も読んでみよう

◎最判令和 2 年 6 月 30 日民集 74 巻 4 号 800 頁（ふるさと納税事件[*7]）

ふるさと納税制度の「指定制度」に関し，改正地方税法に基づいて総務大臣が定めた基準（「本件告示」）が，地方税法の委任の範囲を逸脱したものではないかが争点となった事案。

「本件告示〔平成 31 年総務省告示第 179 号〕2 条 3 号……は，被上告人が主張するとおり，本件指定制度の導入に当たり，その導入前にふるさと納税制度の趣旨に反する方法により寄附金の募集を行い，著しく多額の寄附金を受領していた地方団体について，他の地方団体との公平性を確保しその納得を得るという観点から，特例控除の対象となる寄附金の寄附先としての適格性を欠くものとして，指定を受けられないこととする趣旨に出たものと解される。」「本件告示 2 条 3 号は，上記のとおり地方団体が本件改正規定の施行前における返礼品の提供の態様を理由に指定の対象外とされる場合があることを定めるものであるから，実質的には，同大臣による技術的な助言に従わなかったことを理由とする不利益な取扱いを定める側面があることは否定し難い。そのような取扱いであっても，それが法律上の根拠に基づくものである場合，すなわち，同号が地方税法の委任の範囲内で定められたものである場合には，直ちに地方自治法 247 条 3 項に違反するとまではいえないものの，同項の趣旨も考慮すると，本件告示 2 条 3 号が地方税法 37 条の 2 第 2 項の委任の範囲を逸脱したものではないというためには，……基準の策定を委任する授権の趣旨が，同法の規定等から明確に読み取れることを要するものというべきである。」

「地方税法 37 条の 2 第 2 項につき，関係規定の文理や総務大臣に対する委任の趣旨等のほか，立法過程における議論をしんしゃくしても，前記……のような趣旨の基準の策定を委任する授権の趣旨が明確に読み取れるということはできない。そうすると，本件告示 2 条 3 号の規定のうち，本件改正規定の施行前における寄附金の募集及び受領について定める部分は，地方税法 37 条の 2 第 2 項及び 314 条の 7 第 2 項の委任の範囲を逸脱した違法なものとして無効というべきである。」

*6｜法規命令の違法性に関する裁判例

最高裁が，法規命令の違法を認めたこれまでの裁判例として，ほか判のほか，最大判昭和 46・1・20 民集 25 巻 1 号 1 頁（農地法施行令，百選 I-44），最判平成 3・7・9 民集 45 巻 6 号 1049 頁（監獄法施行規則，百選 I-45），最判平成 14・1・31 民集 56 巻 1 号 246 頁（児童扶養手当法施行令），最決平成 15・12・25 民集 57 巻 11 号 2562 頁（戸籍法施行規則），最判平成 18・1・13 民集 60 巻 1 号 1 頁（貸金業法施行規則），最大判平成 21・11・18 民集 63 巻 9 号 2033 頁（地方自治法施行令），がある。

*7｜令和 2 年最判

本件については，地方公共団体に対する国の関与（関与の法定主義，地方自治法 245 条の 2）等といった地方自治制度に特有の問題に関連する事案であることに注意する必要があるが，最高裁は，結論として，本件告示 2 条 3 号の規定のうち，指定制度の導入前における寄付金の募集および受領について定める部分は，地方税法の委任の範囲を逸脱した違法なものとして無効と判断している。

改正後の薬事法の条文	改正後の薬事法施行規則の条文
36条の5 薬局開設者，店舗販売業者又は配置販売業者は，厚生労働省令で定めるところにより，一般用医薬品につき，次の各号に掲げる区分に応じ，当該各号に定める者に販売させ，又は授与させなければならない。 　一　第一類医薬品　薬剤師 　二　第二類医薬品及び第三類医薬品　薬剤師又は登録販売者	**15条の4①** 薬局開設者は，郵便等販売を行う場合は，次に掲げるところにより行わなければならない。 　一　第三類医薬品以外の医薬品を販売し，又は授与しないこと。 （142条で，店舗販売業者について本条準用）
	159条の14① 薬局開設者，店舗販売業者又は配置販売業者は，法第36条の5の規定により，第一類医薬品については，医薬品の販売又は授与に従事する薬剤師に，自ら又はその管理及び指導の下で登録販売者若しくは一般従事者をして，当該薬局若しくは店舗又は当該区域における医薬品を配置する場所……において，対面で販売させ，又は授与させなければならない。 **②** 薬局開設者，店舗販売業者又は配置販売業者は，法第36条の5の規定により，第二類医薬品又は第三類医薬品については，医薬品の販売又は授与に従事する薬剤師又は登録販売者に，自ら又はその管理及び指導の下で一般従事者をして，当該薬局等において，対面で販売させ，又は授与させなければならない。ただし，薬局開設者又は店舗販売業者が第三類医薬品を販売し，又は授与する場合であつて，郵便等販売を行う場合は，この限りでない。
36条の6① 薬局開設者又は店舗販売業者は，その薬局又は店舗において第一類医薬品を販売し，又は授与する場合には，厚生労働省令で定めるところにより，医薬品の販売又は授与に従事する薬剤師をして，厚生労働省令で定める事項を記載した書面を用いて，その適正な使用のために必要な情報を提供させなければならない。	**159条の15①** 薬局開設者又は店舗販売業者は，法第36条の6第1項の規定による情報の提供を，次に掲げる方法により，医薬品の販売又は授与に従事する薬剤師に行わせなければならない。 　一　当該薬局又は店舗内の情報提供を行う場所……において，対面で行わせること。
36条の6② 薬局開設者又は店舗販売業者は，その薬局又は店舗において第二類医薬品を販売し，又は授与する場合には，厚生労働省令で定めるところにより，医薬品の販売又は授与に従事する薬剤師又は登録販売者をして，その適正な使用のために必要な情報を提供させるよう努めなければならない。	**159条の16** 薬局開設者又は店舗販売業者は，法第36条の6第2項の規定による情報の提供を，次に掲げる方法により，医薬品の販売又は授与に従事する薬剤師又は登録販売者に行わせるよう努めなければならない。 　一　当該薬局又は店舗内の情報提供を行う場所において，対面で行わせること。
36条の6③ 薬局開設者又は店舗販売業者は，その薬局若しくは店舗において一般用医薬品を購入し，若しくは譲り受けようとする者又はその薬局若しくは店舗において一般用医薬品を購入し，若しくは譲り受けた者若しくはこれらの者によつて購入され，若しくは譲り受けられた一般用医薬品を使用する者から相談があつた場合には，厚生労働省令で定めるところにより，医薬品の販売又は授与に従事する薬剤師又は登録販売者をして，その適正な使用のために必要な情報を提供させなければならない。	**159条の17** 薬局開設者又は店舗販売業者は，法第36条の6第3項の規定による情報の提供を，次に掲げる方法により，医薬品の販売又は授与に従事する薬剤師又は登録販売者に行わせなければならない。 　一　第一類医薬品の情報の提供については，当該薬局又は店舗内の情報提供を行う場所において，医薬品の販売又は授与に従事する薬剤師に対面で行わせること。 　二　第二類医薬品又は第三類医薬品の情報の提供については，当該薬局又は店舗内の情報提供を行う場所において，医薬品の販売又は授与に従事する薬剤師又は登録販売者に対面で行わせること。

16 行政立法②──行政規則

墓埋法通達事件

最高裁昭和43年12月24日判決（民集22巻13号3147頁） ▶百選Ⅰ-52

事案をみてみよう

本件は，通達（行政規則）の違法を取消訴訟で争えるかが問われた事案である。

墓地，埋葬等に関する法律（「墓埋法」）は，墓地の経営者は「正当の理由」がない限り，埋葬の拒否をしてはならないと規定し，この規定に反した者への罰則等を定めていた。法律を所管する厚生省（当時）は，この「正当の理由」の解釈・事務処理の取扱いが不統一とならないよう関係行政機関に通達を発しており，昭和35年に，法律の解釈に関する新たな通達が発出された（厚生省公衆衛生局環境衛生部長から都道府県指定都市衛生主管部局長宛て）。この通達は，これまでの取扱いを変更して，宗教団体の経営する墓地の管理者が，埋葬等を請求する者が他の宗教団体の信者であることのみを理由としてその請求を拒むことは，墓埋法上，「正当の理由」によるものとは認められないとの内容であった。

通達により，異宗派の信者からの埋葬の求めを拒否することができなくなったと考えたXは，この通達は違法な「処分」であると主張し，厚生大臣（当時。Y）を被告として通達の取消訴訟を提起した。

読み解きポイント

- 最高裁は，行政機関，国民，裁判所のそれぞれに対して，通達とはどのような効果を持つものと考えているだろうか。
- 行政機関が通達に反する処分をした場合，その処分の効力はどのように判断されるのだろうか。

判決文を読んでみよう

「(a)元来，通達は，原則として，法規の性質をもつものではなく，上級行政機関が関係下級行政機関および職員に対してその職務権限の行使を指揮し，職務に関して命令するために発するものであり，このような通達は右機関および職員に対する行政組織内部における命令にすぎないから，これらのものがその通達に拘束されることはあつても，一般の国民は直接これに拘束されるものではなく，このことは，通達の内容が，法令の解釈や取扱いに関するもので，国民の権利義務に重大なかかわりをもつようなものである場合においても別段異なるところはない。このように，(b)通達は，元来，法規の性質をもつものではないから，行政機関が通達の趣旨に反する処分をした

登場人物

X：真言宗の一寺院の住職で，墓地の経営者。厚生省の発した通達の違法性を主張し，取消訴訟を提起。

Y：厚生大臣。本件訴訟の被告。なお，当時の行訴法は行政庁主義をとっており，被告は国ではなく行政庁（大臣）とされていた。

*1｜通達

行政組織内部で，上級機関が下級機関に対して発する内部的な命令。通達や通知といった名称で発せられる。学説では，行政規則に分類される。国家行政組織法14条2項は，各省大臣等は，その機関の所掌事務について，命令または示達をするために，所管の諸機関・職員に対し訓令または通達を発することができる，と定めている。

*2｜墓地，埋葬等に関する法律（墓埋法）

昭和23年法律第48号。「墓地，納骨堂又は火葬場の管理及び埋葬等が，国民の宗教的感情に適合し，且つ公衆衛生その他公共の福祉の見地から，支障なく行われること」（1条）を目的としている。なお，この事件の当時，墓埋法における墓地管理に関する事務は機関委任事務（知事が国から委任され，国の機関として処理する事務）であった。

場合においても，そのことを理由として，その処分の効力が左右されるものではない。また，裁判所がこれらの通達に拘束されることのないことはもちろんで，(c)裁判所は，法令の解釈適用にあたつては，通達に示された法令の解釈とは異なる独自の解釈をすることができ，通達に定める取扱いが法の趣旨に反するときは独自にその違法を判定することもできる筋合である。」

> ⬇ この判決が示したこと ⬇
>
> ① 通達は，行政機関やその職員を拘束するが，一般の国民や裁判所を拘束するものではない（下線(a)(c)）。通達を処分として取消訴訟で争うことはできない。
>
> ② 行政機関が通達に反する処分を行ったとしても，そのことのみを理由として処分の効力が認められなくなるわけではない（下線(b)）。

解説

I．通達とは

　行政組織内部での意思決定の統一性を図る目的から，上級行政機関が下級行政機関に対して，職務権限の行使を指揮し職務に関する命令を発することがある。これを「通達」という。通達は，行政組織内部で通用する行政活動の基準（行政規則）の1つであり，法律の解釈を統一するための基準を定めるもの（解釈基準），裁量行使の基準を定めるもの（裁量基準），などがある。

　通達は，行政内部にある者に対しては拘束力を有するとされ，関係行政機関や職員は，通達の内容に従うべきこととなる（下線(a)の前半部分）。しかし，通達は，行政機関の外にある私人や裁判所に対しては拘束力を持つものではないと考えられている（下線(a)の後半部分）。行政規則とは外部効（行政の外部にある，私人や裁判所への拘束力）を有しないものであり，この点において，法規命令とは異なるものと整理されている。

II．通達の処分性

　［判例15］の［解説］Iにおいても説明していたように，行政規則である通達は行政内部でのみ通用するものであって，私人に対する拘束力（外部効）はないとされている（外部効がないので処分性も否定されることになる）。しかしながら，本件においてXは，問題となった通達（墓埋法の解釈通達）がXに対し，埋葬義務を課すという意味で法律上の効果を及ぼしている（処分性がある）と主張していた。この主張に対して，最高裁は，通達の処分性を否定して，本件訴えは却下すべきものと判断している（上告棄却）。本判決は，パチンコ球遊器事件判決（ほか判）とともに，通達（行政規則）の性質に関する最高裁の考え方を示した先例的判決と位置付けられている。

III．通達の趣旨に反する処分の効力

　本判決は，行政機関が通達の趣旨に反する処分をしたとしても，そのことを理由として処分の効力が左右されるものではないとしている（下線(b)）。

---

*3｜「正当の理由」
墓埋法13条「墓地・納骨堂又は火葬場の経営者は，埋葬，収蔵又は火葬の求めを受けたときは，正当の理由がなければこれを拒んではならない。」
13条違反に対しては，21条1号で「千円以下の罰金又は拘留若しくは科料」の罰則が設けられている。

*4｜行政機関
行政法学上，「行政機関」とは，行政主体（国や地方公共団体）のために実際に手足となって働く自然人（行政庁など）を指す。ただし，国家行政組織法上の「行政機関」は，省や委員会などの事務配分の単位としての官署を指す。

*5｜通達の処分性
本判決では否定されているが，仮に通達に処分性が認められれば，通達を取消訴訟（抗告訴訟）で争うことが可能ということになる。「処分性」については，［判例27］〜［判例29］を参照。

法規命令は「法規」であるから，法規命令に従わないでなされた行政活動（処分）は違法の評価を受けることになる。一方，通達（行政規則）は法規ではないため裁判所はこれに拘束されず，裁判所は，裁判所による法令解釈に基づいて行政活動（処分）の適法性・違法性について判断できる。したがって，通達の趣旨に反する処分であっても，裁判所の法令解釈に基づき，当該処分が適法と判断される場合もあり得るということになる。逆に，通達の趣旨に沿う処分であっても，裁判所の法令解釈に基づき，当該処分が違法と判断される場合もあり得るということにもなる（下線(c)）。

Ⅳ. 行政規則と司法審査

　上記（Ⅲ）のとおり，本判決は，裁判所は，行政規則の存在・内容にかかわらず，法令解釈に基づいて行政活動（処分）の適法性・違法性について判断できることを示した判決と解されている。

　本判決で示されたように，裁判所が行政規則の存在・内容にかかわらずに法令の解釈を行うとすれば，行政規則の内容の適法・違法については，訴訟上の問題とはならないといえそうである。しかしながら，これまでの最高裁判決の中には，司法審査に際し行政規則が存在していることを前提とした判決がなされている（と説明されている）ものも存在している。例えば，［判例13］（伊方原発訴訟）はその一例であり，裁判所は，行政庁の裁量判断が裁量基準に基づいて行われている場合に，まず，その基準の合理性を審査する枠組みを示している。また，［判例34］（風営法処分基準事件）においては，行政手続法上定められる処分基準について，先行処分が行われていることを理由として後行処分を加重する内容を定める処分基準が存在する場合に，「当該行政庁が後行の処分につき当該処分基準の定めと異なる取扱いをするならば……そのような取扱いは裁量権の範囲の逸脱又はその濫用に当たることとなるものと解され」ると述べられいる。このような判決からは，本判決の示した司法審査における行政規則の位置付けに関する考え方からの変化を読みとることができるといえるだろう。

🔍 ほかの判例も読んでみよう

◎最判昭和33年3月28日民集12巻4号624頁（パチンコ球遊器事件，百選Ⅰ-51）

　従来非課税措置がとられてきたパチンコ台に対する課税処分が，新たな通達の発出を機縁としてなされたものであることは通達課税であり違憲ではないかという点が争われた事案。最高裁は次のように述べて，本事案の課税処分は法律の根拠に基づく処分であって，違憲ではないと判示して，上告を棄却している。

　「論旨は，通達課税による憲法違反を云為しているが，本件の課税がたまたま所論通達を機縁として行われたものであっても，通達の内容が法の正しい解釈に合致するものである以上，本件課税処分は法の根拠に基く処分と解するに妨げがなく，所論違憲の主張は，通達の内容が法の定めに合致しないことを前提とするものであつて，採用し得ない。」

---

*6｜計量法通達事件判決

〔解説〕で述べたとおり，（外部効がないとされる）通達の処分性は否定されると解するのが一般的であるが，この点に関し，通達の処分性が認められる場合があり得ることについて述べた下級審判決があり，注目されている。計量法通達事件判決（東京地判昭和46・11・8行集22巻11-12号1785頁）では，通商産業省工業局長が知事宛に発出した通達（原告の製造する函数尺の販売が計量法に違反することとなる内容の通達）の違法性が争われた。東京地裁判決は，「通達そのものを争わせなければその権利救済を全からしめることができないような特殊例外的な場合」には「通達そのものを訴訟の対象としてその取消を求めることも許されると解するのが相当」と判示している。

17 行政計画

林試の森事件

最高裁平成18年9月4日判決（判時1948号26頁）

登場人物

Xら：事業地内に土地・建物を所有。事業地に隣接する国有地の利用を検討していない都市計画は違法であると主張。

Y：本件訴訟の被告。建設大臣の事務を省庁再編後に承継した国土交通大臣から、当該権限を委任されていた関東地方整備局長。

*1｜都市計画
都市計画とは「都市の健全な発展と秩序ある整備を図るための土地利用、都市施設の整備及び市街地開発事業に関する計画」で、都市計画法に基づき定められる（同法4条1項）。

事案をみてみよう

本件は、都市公園の事業認可処分の取消訴訟において、その前提となる都市計画決定（行政計画）の違法性が争われた事案である。

都内のある場所に、都市公園（都市計画法上の都市施設[*2]）をつくる事業計画が定められていた。この計画は、農林省の林業試験場跡地を利用して公園を設置するというものであり、昭和32年に都市計画決定がされ、昭和62年に変更決定が行われていた。この都市計画決定には、（昭和62年の変更前から）公園の南門と区道（公道）との接続部分として利用するため、Xらの所有等に係る土地（民有地）が含まれていた。

平成8年、建設大臣（当時）は、東京都からの認可申請に対し、都市計画事業の認可（事業認可処分）を行い、これを告示した。Xらは、公園と公道との接続のためには、Xらの所有地（民有地）ではなく隣接の国有地（公有地[*3]）を利用すれば足りるはずであるから都市計画決定（およびこれを前提とする事業認可処分）は違法であると主張し、Yに対し、事業認可処分の取消訴訟を提起した。

✓ 読み解きポイント

- 最高裁は、「都市計画決定（都市施設に関する都市計画）」の区域の設定は、どのように決定されなければならないと述べているだろうか。
- 「都市計画決定」において公有地の利用可能性を考慮しなかったことは、計画の違法事由となるのだろうか。

判決文を読んでみよう

「旧都市計画法は、都市施設に関する都市計画を決定するに当たり都市施設の区域をどのように定めるべきであるかについて規定しておらず、都市施設の用地として民有地を利用することができるのは公有地を利用することによって行政目的を達成することができない場合に限られると解さなければならない理由はない。しかし、都市施設は、その性質上、土地利用、交通等の現状及び将来の見通しを勘案して、適切な規模で必要な位置に配置することにより、円滑な都市活動を確保し、良好な都市環境を保持するように定めなければならないものであるから、(a)都市施設の区域は、当該都市施設が適切な規模で必要な位置に配置されたものとなるような合理性をもって定められるべきものである。この場合において、民有地に代えて公有地を利用することが

できるときには，そのことも上記の合理性を判断する一つの考慮要素[*4]となり得ると解すべきである。」

「原審は……樹木の保全のためには南門の位置は現状のとおりとするのが望ましいという建設大臣の判断が合理性を欠くものであるかどうかを判断するに足りる具体的な事実を確定していないのであって，原審の確定した事実のみから，南門の位置を現状のとおりとする必要があることを肯定し，建設大臣がそのような前提の下に本件国有地ではなく本件民有地を本件公園の区域と定めたことについて合理性に欠けるものではないとすることはできないといわざるを得ない。……(b)本件国有地ではなく本件民有地を本件公園の区域と定めた建設大臣の判断が合理性を欠くものであるということができるときには，その建設大臣の判断は，他に特段の事情のない限り，社会通念に照らし著しく妥当性を欠くものとなるのであって，本件都市計画決定は，裁量権の範囲を超え又はその濫用があったものとして違法となる」。

⬇ この判決が示したこと ⬇

① 都市施設に関する都市計画（都市施設の区域）は，当該都市施設が適切な規模で必要な位置に配置されたものとなるような合理性をもって定められるべきものであり，民有地に代えて公有地が利用できるかどうかも，その合理性の判断要素の1つとなる（下線(a)）。

② 国有地（公有地）ではなく民有地を区域として都市計画決定をした行政庁の判断が合理性を欠くものといえるときは，その都市計画決定は裁量権の逸脱・濫用があったものとして違法となる（下線(b)）。

👆解説

Ⅰ．行政計画と訴訟

本件で問題となった都市計画決定は，行政法学上，「行政計画」と呼ばれる活動（行為形式）である。行政計画は，行政活動を合理的かつ効率的に展開していくために，行政活動を一定の展望のもとに方向付け，行政の諸手段を調整していくために策定されるものであり，現代行政活動においては欠かすことのできないものといわれている。行政法学において，行政計画の例としてよく登場するのが都市計画であるが，都市計画以外にもさまざまな行政計画がある（**ほか判**で紹介するのは，廃棄物処理法に基づいて市町村が定める「一般廃棄物処理計画」〔6条〕である）。

本件は，事業認可処分の取消訴訟において，事業認可の前提としての都市計画（行政計画）の違法性が問題とされた事案である。行政計画をめぐる訴訟上の論点には，[*5]本件で問題となった行政計画の違法性（計画裁量の司法審査）の問題のほか，行政計画の争われ方（行政計画の処分性）の問題（〔判例**28**〕）等もある。

Ⅱ．計画裁量の統制——本判決が示したこと

一般に，行政計画の策定についての行政機関の裁量は広範であると解されている

[*2] 「都市施設」と「都市公園」

都市計画法は，都市計画区域において都市計画に定めることができる施設（都市施設。同法4条5項）を列挙し，その中に「公園」（同法11条1項2号）を定めている。都市公園の設置・管理の基準について定める都市公園法は，同法に定める「都市公園」として，都市計画法4条6項に規定する都市計画施設である公園で地方公共団体が設置するもの（都市公園法2条1項1号）を挙げている。なお，本件の公園は，東京都目黒区・品川区に所在する「都立林試の森公園」である。

[*3] 国有地（公有地）

Xらの所有等に係る民有地の西隣には，国家公務員宿舎の敷地として利用されている国有地があった。この国有地も，民有地と同様，林業試験場の跡地と公道に挟まれた土地であった。

[*4] 合理性を判断する一つの考慮要素

本判決において，合理性を判断する考慮要素としてなぜ「公有地の利用の可否」が挙げられるのかは，判決文のみからでは明らかではない。この点に関して，本件の地裁判決（東京地判平成14・8・27判時1835号52頁）は，都市計画事業についての法的制限および収用は，いわゆる「公用負担」にあたるものとし，「公用負担を課するためには，公有に属する財産によっては，行政目的を達することができないことが当然の前提とされるべき」と述べている。

(「計画裁量」という)。

行政事件訴訟法は,裁量処分について,裁量権の逸脱・濫用が認められる場合には当該処分は裁判所により違法と判断されるという仕組みを採用している(行訴法30条)。裁量処分に裁量権の逸脱・濫用があるかを審査する方法の1つが,判断過程審査と呼ばれる審査である。

本件で問題となったのは行政処分ではなく,行政計画(都市計画決定)の違法性であるが,最高裁は,都市計画決定が裁量行為であることを前提として,判断過程審査の手法を用いてその違法性について審査している。本判決は,計画決定における行政庁の判断が合理性を欠くものであるということができるときには,その判断は,他に特段の事情のない限り,社会通念に照らし著しく妥当性を欠くものとなる(都市計画決定は,裁量権の範囲を超えまたはその濫用があったものとして違法となる)と述べ(下線(b)),詳細を検討するため,本件を原審に差し戻している。

🔍 ほかの判例も読んでみよう

◎最判平成16年1月15日判時1849号30頁(松任市廃棄物処理業申請不許可事件)[*8]

廃棄物処理法は,一般廃棄物の収集・運搬業の許可の要件の1つとして,「その申請の内容が一般廃棄物処理計画に適合するものであること」(7条5項2号)と定めている。このような仕組みのもとにおいて,本件では行政計画(一般廃棄物処理計画)に適合しないことを理由として行われた申請不許可処分の違法性が争われた。最高裁は以下のように述べ,既存業者の存在を踏まえて作成された計画がある場合に,別の業者からの申請はこの計画に適合するものではないと行政庁が判断することを許容している(破棄自判)。

「廃棄物処理法は,上記のとおり,一般廃棄物の収集及び運搬は本来市町村が自らの事業として実施すべきものであるとして,市町村は当該市町村の区域内の一般廃棄物処理計画を定めなければならないと定めている。そして,一般廃棄物処理計画には,一般廃棄物の発生量及び処理量の見込み,一般廃棄物の適正な処理及びこれを実施する者に関する基本的事項等を定めるものとされている(廃棄物処理法6条2項1号,4号)。これは,一般廃棄物の発生量及び処理量の見込みに基づいて,これを適正に処理する実施主体を定める趣旨のものと解される。そうすると,既存の許可業者等によって一般廃棄物の適正な収集及び運搬が行われてきており,これを踏まえて一般廃棄物処理計画が作成されているような場合には,市町村長は,これとは別にされた一般廃棄物収集運搬業の許可申請について審査するに当たり,一般廃棄物の適正な収集及び運搬を継続的かつ安定的に実施させるためには,既存の許可業者等のみに引き続きこれを行わせることが相当であるとして,当該申請の内容は一般廃棄物処理計画に適合するものであるとは認められないという判断をすることもできるものというべきである。」

---

*5 | 行政計画と訴訟

本書掲載の判例のうち,行政計画に関わる判例として,[判例28](土地区画整理事業計画),[判例31](都市高速鉄道整備の都市計画)がある。最判平成11・11・25判時1698号66頁 百選Ⅰ-53)は,公害防止計画と都市計画の計画間の整合性が論点の1つとされている。

*6 | 判断過程審査

判断過程審査とは,行政庁の裁量権の逸脱・濫用を統制する司法審査手法の1つである[判例14]も参照。

*7 | (本判決の)判断過程審査の手法

本判決は,「民有地に代えて公有地を利用することができる」ことは,計画決定の合理性を判断する1つの考慮要素となり得るとしている(下線(a))。この点に関連して,本判決の補足意見では,「法廷意見に対し異論を挟むものではない」とした上で,「民有地だけではなく公有地が存在するために,都市計画の目的達成から見てより合理性の低い計画を立てることを余儀なくされるとすれば,それは,都市計画の本旨に反する」と述べられている。

*8 | 平成16年最判

この平成16年最判を引用するのが,[判例32]である。[判例32]は,一般廃棄物収集・運搬業の許可(処分)を処分の相手方ではない第三者が争った事案であるが,平成16年最判を引用しながら,廃棄物処理法は一般廃棄物処理業について需給調整の仕組みを設けていることが指摘されている([判例32]〔解説〕Ⅱを参照)。

18 行政契約
福間町公害防止協定事件
最高裁平成21年7月10日判決（判時2058号53頁） ▶百選I-90

🔍 事案をみてみよう

本件は，事業者と地方公共団体との間で締結されていた廃棄物処理施設の使用期限を定める公害防止協定に基づき，使用期限経過を理由として，地方公共団体が訴訟を提起し[*1]，事業者が土地を処分場として使用することの差止めを求めた事案である。本判決は，公害防止協定の性質（契約説）に関する判決と位置付けられている。

Yは，A（県）内で，産業廃棄物の最終処分場を設置する旨の届出を出し，処分場を使用していた（その後，廃棄物処理法[*2]が改正され，経過措置により，YはA知事から産業廃棄物処理施設の設置許可を受けたものとみなされていた）。Aには，「産業廃棄物処理施設の設置に係る紛争の予防及び調整に関する条例」（当時）があり，処理施設の設置者が処理施設の変更許可を申請する場合には，あらかじめ知事に事業計画書を提出し，関係する市町村の長の意見を聴いた上で知事が定める関係地域において説明会を開催する等の手続が定められていた。また，同条例は，住民または市町村の長が，処理施設の設置者との間において生活環境の保全のために必要な事項を内容とする協定を締結しようとするときは，知事がその内容について必要な助言を行う（条例15条），と定めていた。

Yは処分場の施設の規模を拡張する計画を立て，条例に定める手続を経て，Bとの間で公害防止協定[*3]を締結した。協定には，Yの処分場の使用期限と，Yがこの期限を超えて産業廃棄物の処分を行ってはならないこと（旧期限条項）が定められていた。Yはこの協定締結の後，処分場の施設の規模をさらに拡張する内容の処理施設変更許可を知事より受け，Bとの間に改めて同内容の規定（期限条項）を含む公害防止協定（「本件協定」）を締結した。ところが，本件協定に定める期限条項の使用期限が経過したにもかかわらずYが処分場の利用を継続していたため，Bは処分場としての使用の差止めを求めて訴訟を提起した。第一審係属中に市町村合併があり，XがBの地位を承継した。訴訟では，期限条項の効力の有無が争点となった。

✓ 読み解きポイント

- 公害防止協定とは何だろうか。公害防止協定で処分場の使用期限を定めること（期限条項）は，廃棄物処理法に違反しないのだろうか。
- 本件の公害防止協定の定める期限条項に法的拘束力は認められるか。

登場人物

X：福津市。本件訴訟の原告Yと公害防止協定を結んでいたBの地位を市町村合併により承継。
Y：産業廃棄物処分業者。本件訴訟の被告。Bと公害防止協定を締結。
A：福岡県。産業廃棄物処分場の所在地。
B：旧町名は福間町。福岡県北西部の宗像地方に位置する。

*1｜地方公共団体からの訴訟提起

地方公共団体が行政上の義務の履行を求める訴訟は，法律上の争訟にあたらないとした最高裁判決がある（平成14年最判[判例22]）。本件も，地方公共団体が原告となって提起した民事訴訟であるが，最高裁は本判決において，（公害防止協定という）契約上の義務の履行を求める訴えである本件については，法律上の争訟性が否定されるものではないとの考えを示したと解されている。なお，本判決の原審（福岡高判平成19・3・22判例地方自治304号35頁）は，平成14年最判（[判例22]）の「帰結は，地方公共団体等の行政主体の国民に対する義務履行請求を著しく制限するものであるから，その射程距離は極力控え目に解するべき」と述べている。

📖 判決文を読んでみよう

「廃棄物処理法……には，処分業者にそのような義務〔注：知事の許可が効力を有する限り事業や処理施設の使用を継続しなければならないという義務〕を課す条文は存せず，かえって，処分業者による事業の全部又は一部の廃止，処理施設の廃止については，知事に対する届出で足りる旨規定されているのであるから……(a)処分業者が，公害防止協定において，協定の相手方に対し，その事業や処理施設を将来廃止する旨を約束することは，処分業者自身の自由な判断で行えることであり，その結果，許可が効力を有する期間内に事業や処理施設が廃止されることがあったとしても，同法に何ら抵触するものではない。」

「旧期限条項及び本件期限条項が知事の許可の本質的な部分にかかわるものではないことは……明らかであるから，旧期限条項及び本件期限条項は，本件条例15条が予定する協定の基本的な性格及び目的から逸脱するものでもない。……以上によれば，(b)Bの地位を承継したXとYとの間において……本件期限条項の法的拘束力を否定することはできないものというべきである。」

⬇ この判決が示したこと ⬇

① 処分業者が公害防止協定において，その事業や処理施設を将来廃止する旨を約束することは，処分業者の自由な判断で行える（廃棄物処理法には抵触しない）（下線(a)）。

② 本件の公害防止協定における処理施設の使用期限条項には，法的拘束力が認められる（下線(b)）。

☞ 解説

I. 侵害行政領域における契約の可否──公害防止協定の性質

行政主体を一方または双方当事者とする契約を，「行政契約」という。行政契約は，準備行政分野（庁舎建設の請負契約等），給付行政分野（水道の給水契約等）において多用される行為形式である。

学説には，侵害行政領域において契約手法を用いることは，「侵害行政の契約への逃避」[*4]にあたるのではないかとの懸念から，許されないのではないかとの否定的な意見も存在しており，この問題は主に，公害防止協定の法的性質や効力についての議論として論じられてきた。公害防止協定の中には，事業者に対して規制的な内容を求める条項が含まれることから，公害防止協定の法的拘束力を否定する見解があり，公害防止協定の法的拘束力を否定した上で，この協定は事業者の道義的責任を宣言する協定（紳士協定[*5]）にすぎないとみる立場もあった。これに対して，公害防止協定において，事業者が自己の判断に基づいて，任意に，自己の経済的自由を放棄することに合意したのであれば，それは行政主体と事業者とが対等の立場に立って締結した契約として法的拘束力が認められるとする説（契約説）も主張されていた。

＊2｜廃棄物処理法
廃棄物の処理及び清掃に関する法律（昭和45年法律第137号）。廃棄物の排出の抑制，適正な再生，処分等を行い，生活環境を清潔にすることによって，生活環境の保全および公衆衛生の向上を図ることを目的とし（1条），その目的を達成するために廃棄物の処理に関する規制等を定める法律。

＊3｜公害防止協定
公害防止協定とは，公害防止を目的として，事業者，行政，住民らの間で締結する協定。昭和27年に島根県と製紙会社（山陽パルプ株式会社）・紡績会社（大和紡績株式会社）との間で「覚書」と名付けられた協定が結ばれ，これが日本で最も古い公害防止協定といわれている。

＊4｜侵害行政の契約への逃避
法治行政の原則（法律による行政の原理，〔判例01〕を参照）からは，侵害行政の領域における行政の行為形式は，原則として，根拠法規の定めに従って処分（行政行為）という行為形式により，一律に判断・決定されるべきとの考え方が導かれうる。このような考え方から，侵害的な内容を定める協定を「契約」（当事者双方の合意）で定めることを認めることは，「法治行政の原理の崩壊」，「契約への逃避」にあたるものとなるから許されない，との主張があった。

Ⅱ．公害防止協定の法的性質——本判決の考え方

本件の原審判決（福岡高判平成19・3・22判例地方自治304号35頁）は，期限条項が法的拘束力を有するとすれば処分場に係る知事の許可に期限を付するかその取消しの時期を予定するに等しいことになるが，そのような事柄は知事の専権事項というべきであるから期限条項は廃棄物処理法の趣旨に合わないといえる等の理由により，公害防止協定の法的拘束力を否定する判断を示していた。

一方，本判決は，公害防止協定そのものの一般的な法的性質論について明示的に言及するものではないが，本件協定に関する判断として，期限条項の法的拘束力を認めている（下線(b)）。学説では，<u>本判決が期限条項の法的拘束力を認めているということは，その前提として，本判決は本件公害防止協定の法的拘束力を認める立場（契約説）に立っているものと解されている</u>。本件の公害防止協定に定められていた期限条項は，廃棄物処理法にはない（事業者への）規制的内容を定めるものであった。この点につき，最高裁が本判決において，法令の趣旨に反しない限りこのような定めも同法に抵触するものではないと判示している点（下線(a)）が注目される。最高裁は，本件の期限条項が公序良俗に違反するものであるか否か等につき更に審理を尽くさせるため，本件を原審に差し戻している。

🔍 ほかの判例も読んでみよう

◎最判平成18年10月26日判時1953号122頁（木屋<ruby>平<rt></rt></ruby>村<ruby>村外業者指名回避事件<rt>こやだいらそん</rt></ruby>，百選Ⅰ-91）

行政契約は，準備行政や給付行政の領域においてよく用いられる手法であるが，行政契約をめぐる判例の学習においては，地方公共団体の契約に関する事例を学ぶことが有用である。地方自治法は，地方公共団体が契約を締結する際の契約の相手方の選定は原則として一般競争入札によると定めているが，この「入札」をめぐる問題が住民訴訟等により争われるケースがしばしばみられる。

平成18年最判は，地方公共団体が契約の相手方を決定する際に，村長が特定の業者を指名回避とした行為（指名回避措置）の違法性が，（逸失利益等の損害賠償を求める）国家賠償訴訟として争われた事案である。最高裁は，公共工事の指名競争入札において地方公共団体がさまざまな考慮に基づき地元企業を優先する指名を行うこと自体は合理性を肯定できるが，主たる営業所が村内にないなどの事情から形式的に村外業者にあたると判断し，そのことのみを理由として，他の条件いかんにかかわらず，およそ一切の工事について業者を指名競争入札に参加させない措置をとったとすれば，「それは，<u>考慮すべき事項を十分考慮することなく，一つの考慮要素にとどまる村外業者であることのみを重視している点において，極めて不合理であり，社会通念上著しく妥当性を欠くものといわざるを得ず，そのような措置に裁量権の逸脱又は濫用があったとまではいえないと判断することはできない</u>」として，村長の措置に違法があるかどうか等につき更に審理を尽くさせるため，本件を原審に差し戻している。

---

*5｜紳士協定

一般的には，互いに相手が履行することを信用して結び，当事者相互の信義に基づいて履行されることが予定されている約束を「紳士協定」という。行政法の領域では，「法的な履行義務を伴うものではない」という意味で用いられている。

*6｜地方公共団体の契約に関する地方自治法の規定

地方自治法234条1項「売買，貸借，請負その他の契約は，一般競争入札，指名競争入札，随意契約又はせり売りの方法により締結するものとする」，2項「前項の指名競争入札，随意契約又はせり売りは，政令で定める場合に該当するときに限り，これによることができる。」
一般競争入札とは，入札の情報を公告して，参加資格を有する者が誰でも入札により申し込みすることができる方式（透明性，競争性，公正性の高い方式）であり，この方式が原則とされる（上記2項）。

*7｜差戻後控訴審判決

差戻後控訴審判決（高松高判平成20・5・29判時2014号71頁）は，指名回避措置のうち一部（平成12年度，14年度，16年度分）については違法ではないとし，一部（平成13年度，15年度分）については「仮にそれらが実体的に違法であるとしても，A村長に故意又は過失があるとは認められない」として，原告の請求を棄却している。

19 行政指導

品川区マンション事件[*1]

最高裁昭和60年7月16日判決（民集39巻5号989頁） ▶百選Ⅰ-121

登場人物

X：マンション建設を計画している者。建築確認が遅れたとして、東京都に対して損害賠償請求をする。

Y：東京都。マンション予定地の周辺住民が起こした反対運動への配慮から、紛争調整部局の担当職員が、Xに話合いをするよう行政指導を行い、建築主事は、その間、建築確認を行わないでいた。

[*1] 品川区マンション事件

この事件名から、うっかりJR品川駅周辺を思い浮かべがちであるが、JR品川駅は、「港区」高輪および港南に位置しており、品川区にはない。事件の場所は、品川駅より3キロほど南に位置するJR大井町駅の東側、東大井であった。

[*2] 建築確認

マンション等の一定の建築物を建築する際に要求される行為で、地方公共団体の建築主事や指定確認検査機関（民間会社等）により行われる。

🔍 事案をみてみよう

　本件は、行政指導を理由に、申請に対する行政処分を留保する、つまり、しないままでいることが認められるのかが問題となった事案である。

　Xはマンションを建築すべくY（東京都）の建築主事に建築確認[*2]の申請を行った。しかし、周辺住民による反対運動が生じたため、Yの紛争調整部局の担当職員から、住民と話し合い円満に紛争を解決する旨の行政指導を受けた。Xは十数回にわたり住民と話し合ったが解決には至らなかった。その間、建築主事は建築確認をすることを見合わせていた。その後、Yは、新たな建築規制案を発表し、行政指導の方針として、申請済の建築主についても新規制案に沿うよう求める旨、住民との紛争が解決しなければ建築確認を行わない旨を定め、Xに対してもその内容の行政指導を行った。Xは、住民と話し合っても円満解決に至ることは期し難く、新規制により確認申請中の建築物について設計変更を余儀なくされ、大きな損害を被るおそれがあると考え、もはや行政指導には服さないこととし、行政上の不服申立て（建築審査会への審査請求）をした。その後、周辺住民との紛争が解決したため、Xは建築確認を受けたが、建築確認の遅れにより損害を被ったとしてYに対して国家賠償請求訴訟を提起した。

✓ 読み解きポイント

　建築主事は、建築確認申請に対して処分要件を具備すると判断した場合に、行政指導を行っていることを理由に確認処分を留保することが認められるか。

📖 判決文を読んでみよう

　「建築基準法（以下「法」という。）6条3項及び4項によれば、建築主事は、……建築確認の申請書を受理した場合においては、その受理した日から21日……以内に、申請に係る建築物の計画が……法令の規定に適合するかどうかを審査し、適合すると認めたときは確認の通知を、適合しないと認めたときはその旨の通知（以下あわせて「確認処分」という。）を当該申請者に対して行わなければならないものと定められている。……そして、(a)建築主事が当該確認申請について行う確認処分自体は基本的に裁量の余地のない確認的行為の性格を有するものと解するのが相当であるから、審査の結果、適合又は不適合の確認が得られ……るなど処分要件を具備するに至つた場合には、建築主事としては速やかに確認処分を行う義務がある……。しかしながら、

(b)建築主事の右義務は，いかなる場合にも例外を許さない絶対的な義務であるとまでは解することができないというべきであつて，(c)建築主が確認処分の留保につき任意に同意をしているものと認められる場合のほか，(d)必ずしも右の同意のあることが明確であるとはいえない場合であつても，諸般の事情から直ちに確認処分をしないで応答を留保することが法の趣旨目的に照らし社会通念上合理的と認められるときは，(e)その間確認申請に対する応答を留保することをもつて，確認処分を違法に遅滞するものということはできない」。

「建築確認申請に係る建築物の建築計画をめぐり建築主と付近住民との間に紛争が生じ，(f)関係地方公共団体により建築主に対し，付近住民と話合いを行つて円満に紛争を解決するようにとの内容の行政指導が行われ，建築主において任意に右行政指導に応じて付近住民と協議をしている場合においても，そのことから常に当然に建築主が建築主事に対し確認処分を留保することについてまで任意に同意をしているものとみるのは相当でない。しかしながら，……(g)関係地方公共団体において，……当該地域の生活環境の維持，向上を図るために，建築主に対し，当該建築物の建築計画につき一定の譲歩・協力を求める行政指導を行い，建築主が任意にこれに応じているものと認められる場合においては，社会通念上合理的と認められる期間建築主事が申請に係る建築計画に対する確認処分を留保し，行政指導の結果に期待することがあつたとしても，これをもつて直ちに違法な措置であるとまではいえないというべきである。」

「もつとも，……確認処分の留保は，建築主の任意の協力・服従のもとに行政指導が行われていることに基づく事実上の措置にとどまるものであるから，(h)建築主において……確認処分を留保されたままでの行政指導には応じられないとの意思を明確に表明^{*3}している場合には，かかる建築主の明示の意思に反してその受忍を強いることは許されない筋合のものであるといわなければならず，建築主が右のような行政指導に不協力・不服従の意思を表明している場合には，当該建築主が受ける不利益と右行政指導の目的とする公益上の必要性とを比較衡量して，右行政指導に対する建築主の不協力が社会通念上正義の観念に反するものといえるような特段の事情が存在しない限り，行政指導が行われているとの理由だけで確認処分を留保することは，違法であると解するのが相当である。」

*3｜意思の明確な表明

判決の他の箇所では「真摯かつ明確な意思の表明」などと表現されており，行政上の不服申立て（建築審査会への審査請求）をもってこれを認めている。

↓ この判決が示したこと ↓

① 確認処分は基本的に裁量の余地のない確認的行為の性格を有するため，建築主事は，建築確認申請に対して，審査の結果，適合または不適合の確認が得られ，処分要件を具備すると判断した場合には速やかに確認処分をする義務を負うが，その義務は絶対的なものではなく，(1)建築主が確認処分の留保に任意に同意をしている場合，(2)同意が明確でなくても，諸般の事情から直ちに確認処分をしないで応答を留保することが法の趣旨目的に照らし社会通念上合理的と認められるときには，応答を留保しても直ちに違法とはならない（下線(a)～(e)）。

② 建築主が周辺住民との話合いを求める行政指導に任意に応じて協議しているだけでは，①(1)には必ずしも当たらないが，①(2)からすると，社会通念上合理的

認められる期間，建築主事が申請に係る建築計画に対する確認処分を留保して行政指導の結果に期待しても直ちに違法な措置ではない（下線(f),(g)）。

③ 建築主が行政指導に不協力・不服従の意思を明確に表明している場合には，当該建築主が受ける不利益と行政指導の公益上の必要性とを比較衡量して，行政指導への不協力が社会通念上正義の観念に反するものといえるような特段の事情が存在しない限り，行政指導が行われていることだけを理由とする確認処分の留保は違法となる（下線(h)）。

解説

行政機関が一定の行政目的を実現するために私人に対して一定の作為・不作為を求める行政指導は，それ自体法的拘束力を持つものではなく，私人の側の協力に期待して行われるものである。しかし，それが行政機関が持つ許認可権限と結びついたときに事実上の強制力を持つ場合がある。本件でいえば，Yは確認処分をする権限を持っていることから，行政指導に従わない限り確認処分をしないとした場合，Xは確認処分を得るためには行政指導に従わざるを得ないことになり，その行政指導は事実上の強制力を有することになる（**ほか判**・武蔵野市マンション事件は，水道の給水契約の締結の拒否を背景に，教育施設負担金の支払を事実上強制したものである）。本件では，行政指導を理由に許認可を留保することがどこまで認められるかが問題となっている。この問題に対して，最高裁は，相手方が許認可の留保に明確に同意していない場合でも，行政指導に任意に応じている場合には，許認可を留保して行政指導に従うことに期待しても必ずしも違法にはならないとしつつ，行政指導に不協力・不服従の意思を明確に表明した場合には，特段の事情*4がない限り，それ以上の留保は違法になるとした（下線(f)〜(h)）。

ほかの判例も読んでみよう

◎**最判平成5年2月18日民集47巻2号574頁（武蔵野市マンション事件*5，百選I-95）**

「指導要綱の文言及び運用の実態からすると，本件当時，被上告人は，事業主に対し，……水道の給水契約の締結の拒否等の制裁措置を背景として，指導要綱を遵守させようとしていたというべきである。被上告人がAに対し指導要綱に基づいて教育施設負担金の納付を求めた行為も，……Aに対し，指導要綱所定の教育施設負担金を納付しなければ，水道の給水契約の締結及び下水道の使用を拒絶されると考えさせるに十分なものであって，マンションを建築しようとする以上右行政指導に従うことを余儀なくさせるものであり，Aに教育施設負担金の納付を事実上強制しようとしたものということができる。指導要綱に基づく行政指導が，武蔵野市民の生活環境をいわゆる乱開発から守ることを目的とするものであり，多くの武蔵野市民の支持を受けていたことなどを考慮しても，右行為は，本来任意に寄付金の納付を求めるべき行政指導の限度を超えるものであり，違法な公権力の行使であるといわざるを得ない。」

---

*4 | **特段の事情**
最判昭和57・4・23民集36巻4号727頁（百選I-120）は次のように判示している。「中野区長が本件認定申請に対して約5か月間認定を留保した理由は，……本件建物の建築に反対する附近住民と上告人側との間で実力による衝突が起こる危険を招来するとの判断のもとにこの危険を回避するためということであり，右留保期間は約5か月間に及んではいるが，結局，中野区長は当初予想された実力による衝突の危険は回避されたと判断して本件認定に及んだというのである。……中野区長の本件認定留保は，その理由及び留保期間から見て前記行政裁量の行使として許容される範囲内にとどまる」。ここでは，実力による衝突の回避の必要性から認定を留保しているが，このような場合は「特段の事情」にあたるとする見解がある。

*5 | **武蔵野市マンション事件**
当時，武蔵野市（住みたい街ランキングで常に上位の吉祥寺で知られる）では，マンションの建築が相次ぎ，人口急増による学校等の公共施設の不足等が問題となっていた。そこで，市は，宅地開発等に関する指導要綱を制定し，一定規模以上の宅地開発を行おうとする者に教育施設負担金の支払を求める行政指導をした。これは市が有していた水道の給水契約締結権限を背景として行われたため，事業者に対してその支払を事実上強制する効果を有し，そうした行政指導が認められるのか問題となった。

20 行政調査

荒川民商事件

最高裁昭和48年7月10日決定（刑集27巻7号1205頁） ▶百選Ⅰ-101

🔍 事案をみてみよう

　本決定は，所得税法に基づいて税務職員が税務調査のために認められた質問検査権を行使することができる場合，その内容，限界等について示したものである。

　Xは，荒川区町屋に工場を持ってプレス加工業を営む者である。Xが昭和40年分の所得税について確定申告書を提出し，申告に係る税額を納付したところ，東京国税局荒川税務署は，申告所得額が過少ではないかと考え，この確定申告の内容の調査のため，A，B2名の職員をXの工場に派遣した。Aは，昭和40年分の所得税につき所得税法234条1項[*2]の質問検査権に基づいて必要があって調査するということおよび調査に応じないと罰則に触れるということを告げた上で，Xに対して質問をするとともに，Xの事業に関する帳簿書類を検査しようとしてその呈示を求めたが，Xは，「何度話しても同じだ。もう帰ってくれ」，「生活の保障がない限り答えられない」，「調査はさせない」などと怒鳴りながら，Bの腰部を押すなどした（ただし，Xに刑法上暴行として問題にするほどの行動はなかった）。Aらが告げたように所得税法には質問検査に対する拒否について刑罰が科せられるとされていた（242条8号[*3]）ことから，Xは，Aらの質問に対して答弁せず，検査を拒んだとして起訴された。

✓ 読み解きポイント

- 所得税法に基づく質問検査はいかなる場合に行うことができるか。
- 所得税法に基づく質問検査の範囲，程度等の実施内容につき法律に定めがない場合，税務職員の裁量に委ねられているか，またいかなる限界があるか。
- 所得税法に基づく質問検査をするにあたって，実施の日時場所の事前通知，調査の理由および必要性について個別的，具体的に告知することが必要か。

📖 決定文を読んでみよう

　所得税の終局的な賦課徴収にいたる過程において，原判示の更正，決定の場合のみではなく，ほかにも……青色申告承認申請（同法145条）の承認，却下の場合……等，税務署その他の税務官署による一定の処分のなされるべきことが法令上規定され，そのための事実認定と判断が要求される事項があり，これらの事項については，その認定判断に必要な範囲内で職権による調査が行なわれることは法の当然に許容するところと解すべきものであるところ，(a)**所得税法234条1項の規定は，国税庁，**

登場人物

X：荒川区町屋でプレス加工業を営む者。所得税について申告した内容に過少申告の疑いをもたれ，税務調査に赴いた税務署の職員Aらから受けた質問，検査を拒否し，起訴された。

A，B：荒川税務署の職員，Xの過少申告を疑い，税務調査に赴き，所得税法に基づき，Xに対して質問し，検査を試みたが，拒絶された。

*1｜申告所得額が過少

確定申告において実際の所得額よりも低い額が申告されていること。納税額は所得額に応じて決まるため，過少申告に基づいて納税がなされると，実際に納税すべき税額よりも低い税額で納税されることになる。本件においてA，Bは，過少申告かどうかを確かめるための調査をしている。詳しくは〔解説〕Ⅰを参照。

*2｜所得税法234条1項

「国税庁，国税局又は税務署の当該職員は，所得税に関する調査について必要があるときは，次に掲げる者に質問し，又はその者の事業に関する帳簿書類その他の物件を検査することができる。」

> 国税局または税務署の調査権限を有する職員において、当該調査の目的、調査すべき事項、申請、申告の体裁内容、帳簿等の記入保存状況、相手方の事業の形態等諸般の具体的事情にかんがみ、客観的な必要性があると判断される場合には、前記職権調査の一方法として、同条1項各号規定の者に対し質問し、またはその事業に関する帳簿、書類その他当該調査事項に関連性を有する物件の検査を行なう権限を認めた趣旨であつて、(b)この場合の質問検査の範囲、程度、時期、場所等実定法上特段の定めのない実施の細目については、右にいう質問検査の必要があり、かつ、これと相手方の私的利益との衡量において社会通念上相当な限度にとどまるかぎり、権限ある税務職員の合理的な選択に委ねられているものと解すべく、また、暦年終了前または確定申告期間経過前といえども質問検査が法律上許されないものではなく、(c)実施の日時場所の事前通知、調査の理由および必要性の個別的、具体的な告知のごときも、質問検査を行なううえの法律上一律の要件とされているものではない。」

*3｜所得税法242条8号
「次の各号の一に該当する者は、1年以下の懲役又は20万円以下の罰金に処する……。
八　第234条第1項(当該職員の質問検査権)の規定による当該職員の質問に対して答弁せず若しくは偽りの答弁をし、又は同項の規定による検査を拒み、妨げ若しくは忌避した者」

> ⇩ この判決が示したこと ⇩
>
> ① 所得税法に基づく質問検査は、調査権限を有する職員において、当該調査の目的、調査すべき事項等諸般の具体的事情にかんがみ、客観的な必要性があると判断される場合にすることができる(下線(a))。
> ② 法律に定めのない、質問検査の範囲、程度、時期、場所等実施の細目については、質問検査に客観的な必要があり、社会通念上相当な限度にとどまる限り、税務職員の合理的な裁量に委ねられているが、相手方の私的利益との衡量において社会通念上相当な限度にとどまる必要がある(下線(b))。
> ③ 質問検査をするにあたって、実施の日時や場所を事前に通知したり、調査の理由および必要性を個別的、具体的に告知することは、法律上一律に義務付けられているものではない(下線(c))。

 解説

Ⅰ．行政調査の一種としての税務調査

　行政活動を実施するために必要な情報を収集する活動を行政調査という。本件で問題となった所得税法に基づく質問検査も行政調査の一種である。わが国の所得税については、国民の側から自らの納めるべき税額を申告（確定申告）し、納税する方式（申告納税方式）がとられている。その場合、納めるべき税額は納税義務者が所得額から自ら計算し、申告するのであるが、過誤により、あるいは意図的に、正しい税額が申告されないことがある。特に本件で疑われたように所得額を実際よりも少ない額として申告（過少申告）がなされると、納めるべき税額よりも少ない額しか納税されないという事態が生じる。過少申告に対しては、税務署長は、申告した内容を修正して申告し直すこと（修正申告）を求めるほか、税務署長自ら修正すること（更正処分）により対応することができるが、いずれにせよ、正しい所得額を把握する必要がある。そのため、本件のような「税務調査」が行われるのであり、調査にあたる税務職員らに質問検査権が法律上与えられているのである。

*4｜法律上
本事件当時は所得税に関する質問検査については所得税法に規定が置かれており（*2*3参照）、法人税等の他の国税に関する質問検査については法人税法等それぞれの法律で定められていたのであるが、平成23年の改正により、これらの規定は統合される形で国税通則法に移され、現在は国税通則法の横断的規定による。

Ⅱ．強制調査と任意調査

一般に，行政調査は，強制性という観点から，強制調査と相手方の承諾に基づいて行われる任意調査に分類される。本件の質問検査は，租税実務上一般に「任意調査」と呼ばれているが，その拒否に対して刑罰（1年以下の懲役または20万円以下の罰金）が科せられることになっている（所得税法242条8号）から，それに応じるかは任意ではなく，強制されているのであり[*5]，強制性の有無という点でいえば強制調査にあたるものである。ただし，調査にあたって実力行使が許されている強制調査と区別するため，こうした拒否に対して罰則が置かれている調査については，一般に，準強制調査や間接強制調査などと呼ばれているところである。

Ⅲ．質問検査を行うことができる場合，内容とその限界

本件において，所得税法234条1項は，「国税庁，国税局又は税務署の当該職員は，所得税に関する調査について必要があるとき」は，質問検査をすることができると定めていたが，「必要があるとき」がいかなるときであるのかは定められておらず，質問検査の範囲，程度，時期，場所等の具体的な実施細目についても定められていなかった。そのため，それらが具体的にいかなる範囲で認められるかが問題となる。

この点，最高裁は，「必要があるとき」とは，調査権限を有する税務職員において，当該調査の目的，調査すべき事項，申請，申告の体裁内容，帳簿等の記入保存状況，相手方の事業の形態等の諸般の具体的事情を考慮して，「客観的な必要性」があると判断される場合であるとした（下線(a)）。ここでは，裁判所は，示された「諸般の具体的事情」を考慮した上で，「客観的な必要性」があると判断されるかという点から要件を充足するか審査することになる。次に，調査の細目については，以上の必要性の要件を満たした上で，調査の相手方の私的利益との衡量において，社会通念上相当な限度にとどまる限り，税務職員の合理的な選択に委ねられているとしている（下線(b)）。これは，調査の細目の決定については税務職員に裁量が与えられているが，その内容が調査の相手方の私的利益の侵害の程度と釣り合わないような場合には違法となるということを示したものと解される。

Ⅳ．質問検査と事前手続の必要性

質問検査をするにあたって，調査の相手方の権利利益の保護という見地からすると，実施の日時や場所を事前に通知したり，調査の理由および必要性を個別的，具体的に告知することは望ましいと考えられる。そのため，所得税法には規定はなかったものの[*6]，こうした手続をとることが求められるかが問題となった。この点，最高裁は，こうした手続をとることは「法律上一律の要件とされているわけではない」とした（下線(c)）。これは，質問検査にあたって一般的に義務付けられていることを否定するものであるが，「一律に」としていることからすると，具体的状況においてこうした手続をとることが求められる場合があることを否定するものではないと思われる。

---

*5｜任意ではなく強制されている

裁判所も，本決定の引用していない部分において次のように述べている。「質問検査に対しては相手方はこれを受忍すべき義務を一般的に負い，その履行を間接的心理的に強制されているものであつて，ただ，相手方においてあえて質問検査を受忍しない場合にはそれ以上直接的物理的に右義務の履行を強制しえないという関係を称して一般に『任意調査』と表現されているだけのことである」る。

*6｜所得税法に規定はなかった

現在では，平成23年の国税通則法改正により，本件で問題となった，実施の日時や場所の事前通知等の手続は法律上義務付けられている（国税通則法74条の9第1項）。

21 行政上の義務履行確保①
——行政代執行

茨木市庁舎行政代執行事件

大阪高裁昭和40年10月5日決定（行集16巻10号1756頁）

登場人物

X：茨木市役所職員組合。茨木市長から許可を得て市庁舎の一部を組合事務所として使ってきた。市長から許可を取り消され、明渡しを求められたが、それを拒否した。

Y：茨木市長。茨木市役所職員組合に対する市庁舎の一部の使用許可を取り消し、明渡しを求めた。しかし、拒否されたため、行政代執行法に基づく代執行手続をとった。

*1｜茨木市
大阪府北部に位置する市。ちなみに、茨城県と同じく、「いばらぎ」ではなく、「いばらき」と読む。

*2｜代執行手続の処分性
行政代執行法に基づく代執行手続（*6を参照）のうち、戒告と代執行令書による通知については、処分性を認め、取消訴訟の対象とする下級審判例がある。本決定も戒告の処分性を認めたものの1つである。

*3｜手続の続行の停止
行政事件訴訟法に基づく執行停止の申立てについては［判例40］を参照されたい。

事案をみてみよう

本決定は行政代執行法に基づく代執行に関する要件が問題となったものである。

X（茨木市役所職員組合）は、Y（茨木市長）から許可を得て、茨木市庁舎の一部を組合事務所として使用してきたが、Yは、昭和39年12月15日に至り、当該許可の取消処分を行った。しかし、Xが庁舎を明け渡さなかったことから、行政代執行法に基づく代執行手続をとることとし、まず、Xに対して、組合事務所内の存置物件搬出について戒告を行った。そこで、Xは、使用許可の取消処分と戒告に対して取消訴訟を提起するとともに、戒告とそれに続く行政代執行手続の続行の停止等を求めた。

読み解きポイント

Xが市庁舎を明け渡す義務は、行政代執行の対象となる義務か。

決定文を読んでみよう

「(a)行政代執行により履行の確保される行政上の義務は、いわゆる『為す義務』たる作為義務のうち代替的なものに限られるのであつて、庁舎の明渡しないしは立退きの如き、いわゆる『与える義務』は含まれないものと解すべきである。」

⇩ この決定が示したこと ⇩

行政代執行により履行確保される義務は代替的な作為義務に限られており、Yが市庁舎を明け渡す義務はこれにあたらない（下線(a)）。

解説

Ⅰ. 行政代執行法と義務履行確保手段

行政庁が、命令等の行政行為によって私人に義務を課した（たとえば、建築基準法に基づく違法建築物の改築命令によって、私人に違法建築物の改築義務が課される。同じく違法建築物の使用禁止命令によって、使用しない義務が課される）としても、私人がそれに従わないこともありうる。そうした場合、行政庁は私人に課した義務を実現するために、何らかの手段を用いる必要がある。そうした行政上の義務の実現のための手段に関する法律が「行政代執行法」である。行政代執行法は、その1条において「行政上の義

務の履行確保に関しては，別に法律で定めるものを除いては，この法律の定めるところによる」と定めている。これは，この法律に基づく「代執行」という手段が，行政上の義務の履行確保に関する一般的な手段であること，「執行罰」（過料を科して義務者による義務の履行を促す手段）や「直接強制」（直接実力を行使して義務の履行があった状態を強制的に実現する手段）といった他の義務履行確保手段を定めるためには，別に法律の定めが必要であることを意味している。したがって，行政上の義務を強制的に実現しようとする場合，他に法律で定められた手段がない場合には，行政代執行法に基づく代執行という手段によらなくてはならないということになる。なお，行政上の義務の履行を民事訴訟で求めることができるかという問題がある（［判例 **22**］参照）。

　代執行とは，義務を課された者が義務を果たさない場合に，行政庁などがその義務を義務者に代わって行うというものである。本件においては，Y は X の市庁舎の明渡義務について，行政代執行法に基づく代執行により実現しようとしたのである。

II．行政代執行法に基づく代執行の要件

　行政代執行法に基づく代執行を行うためには，要件を満たした上で，法定の手続を踏む必要がある。以下，本件で特に問題となった「義務の代替性」の要件について見ていく。

　行政代執行法は，その 2 条において，代執行の対象となる行政上の義務について，「法律（法律の委任に基く命令，規則及び条例を含む。以下同じ。）により直接に命ぜられ，又は法律に基き行政庁により命ぜられた行為（他人が代つてなすことのできる行為に限る。）」（をする義務）としている。ここで，「他人が代つてなすことのできる行為」という限定が付されている点に注意する必要がある。I で説明したように，代執行とは，その行為を義務者が行わない場合に，行政庁などが義務者に代わって行い，それによって義務者が本来果たすべき義務の履行を実現するものであるので，その性質上，行為をする義務は，行政庁などが代わって果たすことができる義務（一般に「代替的作為義務」などと呼ばれる）である必要があり，それが法律の明文で示されているのである。

　ここで，ある行為をする義務が代替的作為義務にあたるかが問題となる。I の冒頭であげた，違法建築物を改築する義務などは，行政庁などが代わって行うことができるものであるので，代替的作為義務といえる。他方で，同じく冒頭であげた，違法建築物を使用しない義務などは，義務者自身が果たさなければならない義務であるので代替的作為義務ではない。本件で問題となった，<u>建物を明け渡したり，立ち退いたりする義務も，本人でなくてはできない義務のように思われる。本決定でも，そのように判断して，行政代執行法により履行確保される義務ではないとしている</u>（<u>下線⒜</u>）。なお，建物の「引渡し」義務は，本人でなくとも行政庁などが代わって行うことができる代替的作為義務であると考えられている。しかし，「明渡し」と「引渡し」の違いは相対的であり，両者を区別することには批判もある。

＊4｜建築基準法 9 条 1 項

「特定行政庁は，建築基準法令の規定……に違反した建築物……については，当該建築物の建築主……に対して，……当該建築物の除却，移転，改築，増築，修繕，模様替，使用禁止，使用制限その他これらの規定又は条件に対する違反を是正するために必要な措置をとることを命ずることができる。」
ただし，同条12項は代執行の要件について，行政代執行法の要件の特則を定めている。

＊5｜「法律」の定め

ここでいう，「法律」には，「条例」は含まれず，厳格に国会が制定する「法律」でなくてはならないと解されている。それは，2 条の「法律」には条例を含むことが注記されているが，その前の 1 条の「法律」にはその旨の注記がなされていないからである。
なお，ここでいう，法律によらなくてはならない「行政上の義務の履行確保」の手段とは，代執行，執行罰，直接強制という伝統的義務履行確保手段のことを指し，それ以外の新しい手段については含まれないとする見解が有力である。

＊6｜代執行をするための法定の手続

1. 行政上の義務の発生
2. 義務者の不履行
3. 文書による戒告（履行期限を定めて，期限内に義務を履行しない場合には代執行をすることを伝える）
4. （戒告による指定期限経過後）代執行令書による代執行実施の通知（代執行の日時，責任者，費用等を伝える）
5. 代執行
6. 代執行費用納付命令
7. （納付しない場合）代執行費用の強制徴収

22 行政上の義務履行確保②
——司法的執行の可否
宝塚市パチンコ店規制条例事件

最高裁平成14年7月9日判決（民集56巻6号1134頁） ▶百選Ⅰ-106

登場人物

X：兵庫県宝塚市。本件訴訟の原告。条例には、市長の命令に従わなかった者に対する罰則等の規定が定められておらず、市長の命令に従わないYに対して罰則等で対処することができなかったため、訴訟を提起。

Y：パチンコ店を建築・営業しようとしていた事業者。本件訴訟の被告。

*1｜罰則等

地方自治法によれば、条例には、「条例に違反した者に対し、2年以下の懲役若しくは禁錮、100万円以下の罰金、拘留、科料若しくは没収の刑又は5万円以下の過料を科する旨の規定を設けることができる」（14条3項）が、本件の条例には罰則規定はおかれていなかった。

*2｜裁判所法3条1項

裁判所法3条1項は、裁判所の権限として、「裁判所は、日本国憲法に特別の定のある場合を除いて一切の法律上の争訟を裁判し、その他法律において特に定める権限を有する」と定めている。
法律上の争訟については〔解説〕Ⅱ、板まんだら事件判決については＊7を参照。

🔍 事案をみてみよう

本件は、宝塚市（X）が原告となり、条例上の中止命令に基づく義務の履行確保を求めて、裁判を提起した（司法的執行の可否が争点となった）事案である。

「宝塚市パチンコ店等、ゲームセンター及びラブホテルの建築等の規制に関する条例」（当時）では、市内でパチンコ店等の建築等をしようとする者は、あらかじめ市長の同意を得なければならないこと（3条）、3条に従わない者には市長が中止命令を出すこと（8条）、等が規定されていた。市内でパチンコ店を建築しようとしていたYは、建築基準法等に定める手続は踏んでいたが、条例上必要とされる市長からの同意を得ないままパチンコ店の建築に着手した。市長は、条例に基づき建築工事の中止命令を発したが、Yは中止命令に従うことなく、その後も工事を続行した。条例には、市長の中止命令に違反した者に対応する規定（罰則等）*1がなかったため、XはYを被告として建築工事続行禁止を求める訴訟を提起した。

✓ 読み解きポイント

- 最高裁は、裁判所の審判の対象（「法律上の争訟」*2）を、どのようなものととらえているだろうか。
- Xは、条例に規定する「中止命令」の履行を求めて訴訟を提起している。このような訴訟は「法律上の争訟」といえるのだろうか。

📖 判決文を読んでみよう

「(a)行政事件を含む民事事件において裁判所がその固有の権限に基づいて審判することのできる対象は、裁判所法3条1項にいう『法律上の争訟』、すなわち当事者間の具体的な権利義務ないし法律関係の存否に関する紛争であって、かつ、それが法令の適用により終局的に解決することができるものに限られる〔最判昭和56・4・7民集35巻3号443頁（板まんだら事件判決〔後掲＊7〕）を引用〕。国又は地方公共団体が提起した訴訟であって、財産権の主体として自己の財産上の権利利益の保護救済を求めるような場合には、法律上の争訟に当たるというべきであるが、(b)国又は地方公共団体が専ら行政権の主体として国民に対して行政上の義務の履行を求める訴訟は、法規の適用の適正ないし一般公益の保護を目的とするものであって、自己の権利利益の保護救済を目的とするものということはできないから、法律上の争訟として当然に裁判所の

審判の対象となるものではなく，法律に特別の規定がある場合に限り，提起することが許されるものと解される。」

「本件訴えは，地方公共団体であるXが本件条例8条に基づく行政上の義務の履行を求めて提起したものであり，原審が確定したところによると，当該義務がXの財産的権利に由来するものであるという事情も認められないから，法律上の争訟に当たらず，不適法というほかはない。」

> ⬇ この判決が示したこと ⬇
>
> ① 裁判所が司法審査の対象とすることができるのは，法律上の争訟（当事者間の具体的な権利義務・法律関係の存否に関する紛争で，その紛争が法令を適用することによって解決可能なもの）に限られる（下線(a)）。
> ② 国や地方公共団体が，国民に対して行政上の義務の履行を求める訴訟は，法律上の争訟にあたらない（下線(b)）。

解説

I. 行政上の義務履行確保と司法的執行

本判決は，X（宝塚市）という地方公共団体が原告となり，Y（私人）を被告として，Yが市長の中止命令に従うべきことを求める裁判を提起しようとした事案に対する判決として注目されているものである。では，Xは，なぜ，このような裁判を提起することを考えたのだろうか。

市長の中止命令は，Yに対して行政上の義務（「中止しなさい」という不作為の義務）を課すもの（行政行為）である。行政行為により課される義務に違反する者がいたとき，根拠規定があれば，行政が自ら執行をする（行政的執行）ことが認められる（このとき用いられるのが，強制執行である）。また，行政行為に違反した者に対する制裁（罰則等）を用意することによって，義務の履行を促す仕組み（間接的な履行確保の仕組み）が設けられることも少なくない。ところが，本件のXの条例には，中止命令に違反した者に対応するための規定が置かれていなかった。つまり，Xは，市長の命令に従わずにいるYを命令に従わせるための手法（行政的執行）を用いることができなかったのである。このため，Xとしては，裁判を用いて，Yに中止命令に従うよう求める（Yに工事の差止めを求める）以外に方法がなかったのであろう。このように，裁判を通じて執行を図る方法を「司法的執行」という。

II. 「法律上の争訟」とは何か

最高裁は，（過去の判決において示された）「法律上の争訟」の内容を確認した上で，本件のXの訴えは法律上の争訟にはあたらない（つまり，司法的執行はできない）としている（破棄自判）。本判決で引用された最高裁判決（板まんだら事件判決）では，法律上の争訟といえるためには，①当事者間の具体的な権利義務ないし法律関係の存否に関する紛争であること，②法令の適用により終局的に解決することができるものであ

---

*3│財産権の主体

国・地方公共団体も，土地・庁舎・公用車など，さまざまな財産を保有する財産権の主体である。判決のいう「財産権の主体として自己の財産上の権利利益の保護救済を求めるような場合」とは，たとえば，公営住宅の家賃を滞納する者が住宅の明渡請求に応じないような場合に，地方自治体が公営住宅（財産権）の所有者として，当該滞納者に対し，家賃の支払や住宅の明渡しを求めて出訴するようなケースが考えられる。

*4│行政権の主体

「行政権の主体」という表現は，前出の「財産権の主体」と対照的に用いられている。最高裁は，地方公共団体は，財産権の主体として活動する場合と，行政権の主体として活動する場合とがあるとし，「行政権の主体」という言葉を「行政権（統治権のうち，立法権と司法権を除いたもの）を行使するもの」という意味で用いていると考えられる。

*5│強制執行

行政上の強制執行には，代執行，直接強制，執行罰，強制徴収，がある。このうち，代執行については[判例21]を参照。
代執行は，行政上の強制執行の代表的手法であるが，本件は，代替的作為義務違反の事例ではなかった（代執行が使えなかった）ことに注意が必要である。
なお，行政代執行法の規定ぶりから，条例中に代執行の規定を定める（創設する）ことができるかについては議論がある。

ること，という2つの要件を満たす必要があると述べられていた。本判決は，本件はXがもっぱら行政権の主体としてY（私人）に対し行政上の義務履行を求める訴訟であり，自己の権利利益の保護救済を目的にするものではない（①の要件を満たすものではない）としている（下線(b)）。本判決の考え方に従えば，地方公共団体や国などの行政権の主体が，行政上の義務履行確保を求めて裁判を用いることは，法律に特別の規定がない限り認められないということになる。

　最高裁は別の事案において，特別の規定により強制徴収等の行政的執行が認められている場合には，裁判（司法的執行）を用いることは許されないとする判決を出している（ほか判・昭和41年最大判）。これら2つの判決を前提として最高裁の考え方を整理すると，①行政上の義務の履行確保は，特別の規定で行政的執行が認められている場合にはその方法によらなければならない，②（特別の規定がない場合に）行政上の義務の履行を求め行政権の主体が訴えを提起しても法律上の争訟にはあたらないとして却下される（司法的執行はできない），ということになろう。本判決が本件訴えについて法律上の争訟性を否定したことについては，学説から強い批判（本件訴えは法律上の争訟の上記①②の要件を満たすではないかという批判）が寄せられており，本判決の射程は限定されるべきものと解されている（業者に対して地方公共団体が公害防止協定の履行を求めた［判例18］は，法律上の争訟性を否定していない。詳しくは，［判例18］〔解説〕，特に＊1を参照）。

🔍 ほかの判例も読んでみよう

◎**最大判昭和41年2月23日民集20巻2号320頁**

（農業共済組合事件判決，百選Ⅰ-105）

　農協共済組合（農業災害補償法に基づき，農業災害補償制度を運営する農業団体）が組合員（農業災害補償制度の管轄区域内の農家）に対して有する保険料債権等の徴収方法について，法が特別の強制徴収手続を設けている場合に，法の定める手続によらず，一般の金銭債権と同様に民事上の強制執行を行うことができるかが争われた事案（上告棄却）。本判決は，民事執行手続を一般道路，行政的執行をバイパス道路に例えて，バイパスを通行できるならバイパスを経由せよという内容（バイパス理論）を示した判決と評されている。

　「かように，農業共済組合が組合員に対して有するこれら債権について，法が一般私法上の債権にみられない特別の取扱いを認めているのは，農業災害に関する共済事業の公共性に鑑み，その事業遂行上必要な財源を確保するためには，農業共済組合が強制加入制のもとにこれに加入する多数の組合員から収納するこれらの金円につき，租税に準ずる簡易迅速な行政上の強制徴収の手段によらしめることが，もっとも適切かつ妥当であるとしたからにほかならない。」「農業共済組合が，法律上特にかような独自の強制徴収の手段を与えられながら，この手段によることなく，一般私法上の債権と同様，訴えを提起し，民訴法上の強制執行の手段によってこれら債権の実現を図ることは，前示立法の趣旨に反し，公共性の強い農業共済組合の権能行使の適正を欠くものとして，許されないところといわなければならない。」

＊6｜法律上の争訟と部分社会の法理

いわゆる「部分社会の法理」（部分社会の内部的な問題は，司法審査の対象から除外されるという考え方。最判昭和52・3・15民集31巻2号234頁，等）が，「法律上の争訟性」の議論（要件）とどのように関係するかについては議論がある。

近時，最高裁は，地方議会議員の懲罰（出席停止）について，判例変更をして部分社会論を否定し，「司法審査の対象となる」との判決を出しており（最大判令和2・11・25民集74巻8号2229頁，百選Ⅱ-140），「法律上の争訟」要件との関係が問われている。

＊7｜板まんだら事件判決（昭和56年最判）

ある宗教団体の会員が，御本尊を安置する正本堂建立のために宗教団体に寄付をしたが，後にこの御本尊が偽物であるとして寄付行為の錯誤無効（民法95条）および不当利得返還請求（民法703条）を求めて出訴した事案。最高裁は，訴訟の争点の核心は「信仰の対象の価値又は宗教上の教義に関する判断」であるとし，これは「その実質において法令の適用による終局的な解決の不可能なもの」（法律上の争訟ではない）としている（最判昭和56・4・7民集35巻3号443頁）。

23 行政手続①——行政手続の意義

個人タクシー事件

最高裁昭和46年10月28日判決（民集25巻7号1037頁） ▶百選Ⅰ-114

事案をみてみよう

　本判決は，許認可申請に対する審査の際の行政手続のあり方に関して判示をしたものである。行政手続法制定以前に公正な行政手続の履行を求めた判決であるが，行政手続法が制定された現在においても重要な意義を有している。

　XはY（東京陸運局長）に対して一般自動車運送事業のうち一般乗用旅客自動車運送事業（一人一車制の個人タクシー事業）の免許申請を行った。Yは，聴聞による調査結果に基づいて免許の許否を決するために，道路運送法6条1項各号の趣旨を具体化した審査基準を設定した上で，審査基準に基づき作成した聴聞概要書調査書を作成し，これを用いて聴聞担当官に聴聞を実施させることにした。Xは，同法122条の2に基づき聴聞担当官Aによる聴聞を受けたが，聴聞の結果を受けたYより，審査基準のうち「本人が他業を自営している場合には転業が困難なものでないこと」と「運転歴7年以上のもの」に該当しないとされ，拒否処分を受けた。Xは，洋品店を自営していたものの，廃業してタクシー事業に専念する意思を持っており，また，軍隊における運転経験を含めれば運転歴は7年を超えていた。しかし，Aは審査基準の内容を知らず，これらの事情を聴取していなかった。Xは拒否処分に対して取消訴訟を提起した。

登場人物

X：個人タクシー事業を営もうと考え，免許を申請したが拒否処分を受けた。

Y：東京陸運局長。運輸大臣から道路運送法に基づく免許の権限を委任されている。

A：聴聞担当官。Xに対して聴聞を行ったが，具体的な審査基準の内容を知らず，審査基準に即してAに対して聴き取ることをしなかった。

*1｜道路運送法6条1項

「運輸大臣は，一般自動車運送事業の免許をしようとするときは，左の基準に適合するかどうかを審査して，これをしなければならない。
一　当該事業の開始が輸送需要に対し適切なものであること。
二　当該事業の開始によつて当該路線又は事業区域に係る供給輸送力が輸送需要量に対し不均衡とならないものであること。
三　当該事業の遂行上適切な計画を有するものであること。
四　当該事業を自ら適確に遂行するに足る能力を有するものであること。
五　その他当該事業の開始が公益上必要であり，且つ，適切なものであること。」

✓ 読み解きポイント

- 法律上の免許基準が抽象的な場合に，行政庁はなぜ免許基準の内容を具体化する審査基準を作成しなくてはならないのか。
- 行政庁は，聴聞に際して審査基準をどのような形で用いる必要があるか。

判決文を読んでみよう

　「道路運送法においては，個人タクシー事業の免許申請の許否を決する手続について，同法122条の2の聴聞の規定のほか，とくに，審査，判定の手続，方法等に関する明文規定は存しない。しかし，同法による個人タクシー事業の免許の許否は個人の職業選択の自由にかかわりを有するものであり，このことと同法6条および前記122条の2の規定等とを併せ考えれば，(a)本件におけるように，多数の者のうちから少数特定の者を，具体的個別的事実関係に基づき選択して免許の許否を決しようとする行政庁としては，事実の認定につき行政庁の独断を疑うことが客観的にもつとも

認められるような不公正な手続をとつてはならないものと解せられる。すなわち，(b)右6条は抽象的な免許基準を定めているにすぎないのであるから，内部的にせよ，さらに，その趣旨を具体化した審査基準を設定し，これを公正かつ合理的に適用すべく，とくに，(c)右基準の内容が微妙，高度の認定を要するようなものである等の場合には，右基準を適用するうえで必要とされる事項について，申請人に対し，その主張と証拠の提出の機会を与えなければならないというべきである。免許の申請人はこのような公正な手続によって免許の許否につき判定を受くべき法的利益を有するものと解すべく，(d)これに反する審査手続によつて免許の申請の却下処分がされたときは，右利益を侵害するものとして，右処分の違法事由となるものというべきである。」

> ↓ **この判決が示したこと** ↓
>
> ① 多数の者から少数特定の者を，具体的個別的事実関係に基づいて選択し，免許の許否を決しようとする行政庁は，事実の認定につき，行政庁の独断を疑うことが客観的にもっとも認められるような不公正な手続をとってはならない（下線(a)）。
>
> ② ①からすると，法律上の免許基準が抽象的な場合には，内部的にせよ，さらに，その趣旨を具体化した審査基準を設定しなくてはならない（下線(b)）。
>
> ③ ②の基準の内容が微妙，高度の認定を要するようなものである等の場合には，基準を適用する上で必要とされる事項について，申請人に対し，主張と証拠の提出の機会を与えなければならない（下線(c)）。
>
> ④ ②③の要件を満たさない不公正な手続によって処分がなされた場合，当該処分は違法となる（下線(d)）。

解説

行政手続法は，「審査基準」を具体的に定め，特別の支障があるときを除き公にすることとし（5条），また，免許の取消しや停止などの「不利益処分」をする際には，原則として「聴聞」あるいは「弁明の機会の付与」という意見陳述の手続を義務付けている（13条）。本判決は，行政手続法制定以前において個別法（道路運送法）の解釈という形で行政手続法類似の手続的規律をある程度実現する画期的な判決であった。

まず，本判決は，法律上の免許基準が抽象的な場合において，その内容を具体化した審査基準を設定しなければならないとしている（下線(b)）。本件のように，多数の申請者の中から免許を付与する少数特定の者を具体的に選び出す際には，申請者の個別具体的な事情が基準に適合するかどうかを審査し，比較する必要がある。しかし，基準の内容が抽象的なものにとどまる場合，粗い審査しか行うことができないはずである。行政庁がこのような審査によって免許の許否を決めたと言っても，行政庁が恣意独断で（つまり，勝手気ままに）判断したことが疑われ，その審査は公正なものとは認められないだろう（下線(a)）。そのため，道路運送法上明文の規定はないのであるが，このような場合には，きめ細かい審査を行うのに適したより具体的な基準を作成することが求められるとしているのである（下線(b)）。なお，本判決は，行政手続法と異なり，審査基準の設定が求められる場合につき，多数の者から少数特定の者を選び出す

---

*2 道路運送法122条の2第1項

「陸運局長は，その権限に属する左に掲げる事項について，必要があると認めるときは，利害関係人又は参考人の出頭を求めて聴聞することができる。
一 自動車運送事業の免許」

さらに，2項，3項では，利害関係人の申請があったときには，その出頭を求めて聴聞をしなければならないこと，聴聞に際しては，利害関係人に，意見を述べ，証拠を提出する機会を与えなければならない旨定められている。

*3 個別法の解釈という形

本判決は個別法の解釈という形をとったが，法律に明文の手続規定がない場合に，憲法上公正な行政手続が要求されるかという問題がある。この点，成田新法事件（最大判平成4年7月1日民集46巻5号437頁，百選Ⅰ-113）は，憲法31条の定める法定手続の保障は，直接には刑事手続に関するものであるが，行政手続についても同条による保障が及ぶと解すべき場合であるとしつつ，「一般に，行政手続は，刑事手続とその性質においておのずから差異があり，また，行政目的に応じて多種多様であるから，行政処分の相手方に事前の告知，弁解，防御の機会を与えるかどうかは，行政処分により制限を受ける権利利益の内容，性質，制限の程度，行政処分により達成しようとする公益の内容，程度，緊急性等を総合較量して決定されるべきものであって，常に必ずそのような機会を与えることを必要とするものではない」としている。

場面を想定し，また，設定した基準を公にすることまでは義務付けていないという点に注意する必要がある。

次に，本判決は，具体化した審査基準を用いて審査を行う際に，微妙，高度の認定を要するような場合には，基準を適用する上で必要とされる事項について，申請人に対し，主張と証拠の提出の機会を与えなければならないとしている（下線(c)）。やはり，道路運送法上明文の規定はない。しかしながら，本判決が，このように求めたのは，<u>設定された審査基準に係る事項について申請人に伝えた上で，主張立証の機会を与えなくては，公正で合理的な適用とはいえないと考えているためである。</u>

最後に，行政手続に問題（瑕疵）があった場合，それを理由に処分が違法なものとして取り消されるのかという問題がある（「行政処分の手続的瑕疵の効果の問題」などといわれる）。本判決では不公正な手続により処分がなされた場合，当該処分は違法となるとしている（下線(d)）。ただし，引用箇所に続く部分では，「Yがさきにした判断と異なる判断に到達する可能性がなかつたとはいえない」としており，処分を違法とするためには，手続の瑕疵が結果に影響した可能性を要求しているようにも読める。*5

🔍 ほかの判例も読んでみよう

◎**最判昭和50年5月29日民集29巻5号662頁（群馬中央バス事件，百選I-115）**

行政手続の瑕疵の問題については，群馬中央バス事件も有名である。この事件では，行政庁が諮問機関への諮問を経ずに処分をした場合に加え，諮問を経た場合でも重大な法規違反があり，諮問要求の趣旨に反するような瑕疵がある場合には処分の違法事由となるとしている。また，諮問機関たる運輸審議会の公聴会の審理手続について，関係者に資料と意見を十分に提出させ，審議会の決定（答申）に反映させることを実質的に可能ならしめることを要求している点も注目される。

「一般に，行政庁が行政処分をするにあたつて，諮問機関に諮問し，その決定を尊重して処分をしなければならない旨を法が定めているのは，処分行政庁が，諮問機関の決定（答申）を慎重に検討し，これに十分な考慮を払い，特段の合理的な理由のないかぎりこれに反する処分をしないように要求することにより，当該行政処分の客観的な適正妥当と公正を担保することを法が所期しているためであると考えられるから，かかる場合における諮問機関に対する諮問の経由は，極めて重大な意義を有するものというべく，……<u>行政処分が諮問を経ないでなされた場合はもちろん，これを経た場合においても，当該諮問機関の審理，決定（答申）の過程に重大な法規違反があることなどにより，その決定（答申）自体に法が右諮問機関に対する諮問を経ることを要求した趣旨に反すると認められるような瑕疵があるときは，これを経てなされた処分も違法として取消をまぬがれないこととなるものと解するのが相当である。</u>」

「<u>運輸審議会の公聴会における審理手続もまた，右の趣旨に沿い，その内容において，これらの関係者に対し，決定の基礎となる諸事項に関する諸般の証拠その他の資料と意見を十分に提出してこれを審議会の決定（答申）に反映させることを実質的に可能ならしめるようなものでなければならない</u>」。

＊4｜行政手続法と異なり

本判決は行政手続法制定前の判決である。そのため，「審査基準」という言葉が用いられているが，これは，「審査のための基準」という程度の意味であり，内容的に重なる部分はあるが，行政手続法上の「審査基準」とは異なる概念であることに注意をする必要がある。

＊5｜手続の瑕疵と結果への影響

ほか判の群馬中央バス事件でも，引用の後の結論部分において，運輸審議会の認定判断を左右するに足る意見および資料を追加提出しうる可能性があったとは認め難いことを理由に，審理手続の不備は法の趣旨に反する重大な違法にあたらず，処分の違法事由とはならないとしており，やはり，個人タクシー事件と同様，手続の瑕疵の結果への影響の可能性を考慮しているように見える。これに対して，行政手続の瑕疵のうち，理由提示の瑕疵については，その瑕疵がある場合には，結果への影響の可能性に関係なく，処分が違法なものとして取り消されることについて，判例上固まっている。理由提示の瑕疵については，[判例24]を参照。

24 行政手続②——理由の提示　札幌一級建築士免許取消事件

最高裁平成23年6月7日判決（民集65巻4号2081頁）　▶百選I-117

登場人物

X：一級建築士。国土交通大臣から一級建築士免許を取り消される。国土交通大臣の理由提示の不備を争っている。

国土交通大臣：Xの一級建築士免許を取り消した。免許取消処分をする際の理由で、根拠となる事実と根拠法令については触れたが、法令を具体化した「処分基準」については触れなかった。

*1｜理由の提示

行政手続法では、「書面」だけでなく「口頭」で理由を示す場合も含める趣旨で、従来よく使われていた附記（付記）に代えて、提示という言葉を用いている。

事案をみてみよう

本件は、行政庁が、行政手続法に基づいて不利益処分を行う際に、どの程度の理由を提示することが求められるかが問題となった事案である。

国土交通大臣は、一級建築士Xの設計行為につき、建築士法（平成18年改正前のもの。以下同じ）10条1項2号および3号にあたるとし、聴聞手続を実施し、一級建築士免許を取り消す処分（「本件免許取消処分」）を行った。その際、行政手続法14条1項に基づいて、理由が提示されたが、その内容は次のようなものであった。

> あなたは、北海道札幌市中央区南▲条西▲丁目▲－▲……を敷地とする建築物の設計者として、建築基準法令に定める構造基準に適合しない設計を行い、それにより耐震性等の不足する構造上危険な建築物を現出させた。……このことは、建築士法第10条第1項第2号及び第3号に該当し、一級建築士に対し社会が期待している品位及び信用を著しく傷つけるものである。

本件免許取消処分がされた当時、建築士に対する懲戒処分については、行政手続法に基づく意見公募の手続を経た上で「建築士の処分等について」と題する通知において処分基準（「本件処分基準」）が定められ、公にされていた。しかし、提示された理由には本件処分基準に関する記載はなかった。Xは、本件免許取消処分の取消訴訟を提起し、その中で、本件免許取消処分は、本件処分基準の適用関係が理由として示されておらず、行政手続法の定める理由提示の要件を欠き違法である等主張した。

読み解きポイント

行政手続法に基づき不利益処分の理由を提示する場合に、行政庁はどの程度の理由を提示する必要があるか（特に処分基準の適用関係を示す必要があるか）。

判決文を読んでみよう

「(a)行政手続法14条1項本文が、不利益処分をする場合に同時にその理由を名宛人に示さなければならないとしているのは、名宛人に直接に義務を課し又はその権利を制限するという不利益処分の性質に鑑み、行政庁の判断の慎重と合理性を担保してその恣意を抑制するとともに、処分の理由を名宛人に知らせて不服の申立てに便宜を与える趣旨に出たものと解される。そして、(b)同項本文に基づいてどの程度の理由を

提示すべきかは，上記のような同項本文の趣旨に照らし，(i)当該処分の根拠法令の規定内容，(ii)当該処分に係る処分基準の存否及び内容並びに公表の有無，(iii)当該処分の性質及び内容，(iv)当該処分の原因となる事実関係の内容等を総合考慮してこれを決定すべきである〔注：(i)〜(iv)は本稿筆者が付した〕。

　この見地に立って建築士法10条1項2号又は3号による建築士に対する懲戒処分について見ると，同項2号及び3号の定める処分要件はいずれも抽象的である上，これらに該当する場合に同項所定の戒告，1年以内の業務停止又は免許取消しのいずれの処分を選択するかも処分行政庁の裁量に委ねられている。そして，建築士に対する上記懲戒処分については，処分内容の決定に関し，本件処分基準が定められているところ，本件処分基準は，意見公募の手続を経るなど適正を担保すべき手厚い手続を経た上で定められて公にされており，しかも，その内容は……多様な事例に対応すべくかなり複雑なものとなっている。そうすると，建築士に対する上記懲戒処分に際して同時に示されるべき理由としては，処分の原因となる事実及び処分の根拠法条に加えて，本件処分基準の適用関係が示されなければ，処分の名宛人において，上記事実及び根拠法条の提示によって処分要件の該当性に係る理由は知り得るとしても，いかなる理由に基づいてどのような処分基準の適用によって当該処分が選択されたのかを知ることは困難であるのが通例であると考えられる。これを本件について見ると，……本件免許取消処分はXの一級建築士としての資格を直接にはく奪する重大な不利益処分であるところ，その処分の理由として，Xが，……建築物の設計者として，建築基準法令に定める構造基準に適合しない設計を行い，それにより耐震性等の不足する構造上危険な建築物を現出させ，又は構造計算書に偽装が見られる不適切な設計を行ったという(c)処分の原因となる事実と，建築士法10条1項2号及び3号という処分の根拠法条とが示されているのみで，本件処分基準の適用関係が全く示されておらず，その複雑な基準の下では，Xにおいて，上記事実及び根拠法条の提示によって処分要件の該当性に係る理由は相応に知り得るとしても，いかなる理由に基づいてどのような処分基準の適用によって免許取消処分が選択されたのかを知ることはできないものといわざるを得ない。このような本件の事情の下においては，行政手続法14条1項本文の趣旨に照らし，同項本文の要求する理由提示としては十分でないといわなければならず，(d)本件免許取消処分は，同項本文の定める理由提示の要件を欠いた違法な処分であるというべきであって，取消しを免れないものというべきである」。

*2｜建築士法

10条1項
「一級建築士……が次の各号の一に該当する場合においては，免許を与えた国土交通大臣……は，戒告を与え，1年以内の期間を定めて業務の停止を命じ，又は免許を取り消すことができる。
二　この法律若しくは建築物の建築に関する他の法律又はこれらに基づく命令若しくは条例の規定に違反したとき。
三　業務に関して不誠実な行為をしたとき。」

以上の規定を具体化した，処分基準（「建築士の処分等について」という名前のもの）が，行政手続法に基づいて定められ公にされていた。国土交通大臣は，Xの行為が，10条1項2号および3号に該当するとし，法令の適用関係については触れたが，それを具体化した処分基準について触れるところはなく，そこが主たる争点となった。

*3｜行政手続法14条1項

「行政庁は，不利益処分をする場合には，その名あて人に対し，同時に，当該不利益処分の理由を示さなければならない。ただし，当該理由を示さないで処分をすべき差し迫った必要がある場合は，この限りでない。」

⇩　**この判決が示したこと**　⇩

① 行政手続法14条1項本文が不利益処分の際に理由提示を義務付けているのは，行政庁の判断の恣意の抑制と，不利益処分の名宛人に対して不服申立ての便宜を与える趣旨によるものである（下線(a)）。
② ①の趣旨からして，どの程度の理由提示をしなければならないかは，(i)当該処分の根拠法令の規定内容，(ii)当該処分に係る処分基準の存否および内容ならびに公表の有無，(iii)当該処分の性質および内容，(iv)当該処分の原因となる事実関係の内容等を総合考慮して決定される（下線(b)）。

③ 本件処分基準の内容が複雑であることから，本件処分基準の適用関係が示されていない本件理由提示では，Xは，処分基準がどのように適用されたかを知ることができず，理由の提示として不十分である（下線(c)）。
④ 本件免許取消処分は，十分な理由が提示されていないことから，違法な処分として取り消されるべきである（下線(d)）。

解説

Ⅰ．行政手続法制定前の判例法理

理由提示とは，行政処分等をする際に，なぜその行政処分等をするのか，その理由を相手方に知らせる行政手続である。行政手続法は，申請を拒否する処分と不利益処分をする際に，これを義務付けている。行政手続法制定前は，理由提示は，一般的には義務付けられておらず，個別行政法の個別規定（たとえば，旅券法14条など）が存在する場合に，それに基づいて行われていたに過ぎなかった。さらに，その場合でも，理由について詳しく示されないことが多く，求められる理由提示の程度について争われてきた。

そうした中，最高裁は，理由提示一般に通じる判例法理を形成してきた。その主な内容は，①法が理由提示を求めているのは，一般的には，処分庁の判断の慎重・合理性を担保してその恣意を抑制する（恣意抑制機能などという）とともに，処分の理由を相手方に知らせて不服の申立てに便宜を与える（不服申立て便宜機能などという）ためであること，②求められる理由提示の程度は，処分の性質と理由提示を命じた各法律の規定の趣旨・目的に照らして決められるべきであること，③（侵害処分について）求められる提示の内容および程度は，①②からすると，特段の理由のない限り，いかなる事実関係に基づきいかなる法規を適用して当該処分がされたのか，処分の相手方がその記載自体から了知しうることが必要であるといったものであった。ここで，事実関係と法規は，それぞれが必ず示されている必要はなく，示された理由から具体的適用関係が了知できればよいという点に注意する必要がある。つまり，④事実関係，法規のどちらかを示すことで，他方の内容が分かる場合もあり，そうした場合は，個別に示されている必要はない。

なお，一般に，行政手続を誤った場合に，それを理由に処分が違法なものとして取り消されることになるのか争いがある（手続的瑕疵の効果の問題）。しかし，この点，行政手続の中でも，理由提示については，判例法理は，⑤理由提示がなされていない，あるいは内容が要求水準に達していない場合には，処分は違法なものとして取り消されるべきであるという厳しい態度をとっていた。

Ⅱ．本判決の内容

本判決は，まず，行政手続法上，理由提示が要求されるのは，行政庁の恣意抑制と処分の相手方の不服申立ての便宜のためであるとした上で（下線(a)），そうした趣旨に照らして理由提示の程度を判断すべきとしている（下線(b)）。また，理由提示の内容が

---

*4｜判例法理

〔解説〕Ⅰで示す判例法理①〜⑤については，最判昭和60・1・22民集39巻1号1頁（百選Ⅰ-118）を参照。

*5｜理由提示の恣意抑制機能

行政庁が処分をする際，理由を提示しなければならないとすると，そうではない場合よりも，事実や法令に適合するかを慎重に検討しなくてはならなくなる。その結果，行政庁が恣意的に判断（勝手気ままに判断）することを防ぐことが期待できる。

*6｜理由提示の不服申立て便宜機能

処分の理由が提示された場合，処分を受けた者は，示された事実が正しいのか，法令の解釈，事実への当てはめが正しいのかといった点について自ら検討することができ，行政上の不服申立てや取消訴訟等により争うべきかどうかを適切に判断することができるようになる。

*7｜その記載自体から了知しうることが必要

理由は，処分理由書の記載自体から読み取れることが必要である。そのため，処分の相手方が行政庁より非公式に伝えられていた等なんらかの事情で理由を知っていても，処分理由書の記載から内容から読み取れない場合には不十分なものと扱われる。これは，相手方が知っていても，行政庁が十分な記載をするという作業をしなければ，理由提示の2つの機能のうちの「恣意抑制機能」が果たされないためである。

求められる水準を満たさない場合には，処分は違法となり，取り消されるとしている（下線(d)）。これはⅠで説明した従来の判例法理①②⑤を踏襲したものといえる。

次に，本判決は，求められる理由提示の程度について，行政手続法の制定により加わった新しい要素である「処分基準」との関係で，新たな基準を示している（下線(b)）。つまり，Ⅰで説明した従前の判例法理③によれば，理由提示として求められるのは，行政処分の根拠となる，事実関係と法規であり，裁量基準や解釈基準のような法規にあたらない行政規則をどのように適用したのかは示さなくてもよいと考えられていた。そもそも，それらは，行政組織内部の便宜のために作られるものであり，一般にそれを定める法律上の義務もなく，また定めていても公にする必要はなかった。それに対して，法律上，定め，公にする努力義務のある行政手続法上の「処分基準」についても同じように，その適用関係を示さなくてもよいのかという点が本件では問題となったのである。この点，<u>最高裁は，当該処分に係る処分基準の存否および内容ならびに公表の有無が，要求される理由提示の程度を決める考慮要素の1つとなるとした上で，結論として，処分基準の適用関係を示していない本件の理由提示は不十分なものであるとした</u>（下線(b)(c)）。

なお，ここで注意したいのは，処分基準の適用関係を常に明示することまでは求められていないということである。本件では，資格を剥奪するような重大な不利益処分を行う際に，内容が複雑で，処分基準がどのように適用されたかを相手方が知ることができないような理由提示は不十分である（下線(c)），とされているにすぎない点に注意をする必要がある。すなわち，従来の判例法理④において，事実関係，法規の適用関係についてそうであったように，処分基準の適用関係が逐一示されていなくても，示された理由からその適用関係が分かればよいとされているものと考えられる。たとえば，処分基準が単純なもので，示された事実関係等から処分基準の適用関係を容易に理解できるような場合には，処分基準の適用関係が明示されていなくても違法ということにはならないだろう。

なお，本判決は不利益処分の理由提示に関するものであるが，理由提示手続の趣旨からすると，本判決の内容は，申請拒否処分の理由提示にも基本的に当てはまるものと考えられている。

*8｜**手続的瑕疵の効果の問題**
たとえば，[判例23]（個人タクシー事件）では，瑕疵の結果への影響を考慮しているように見える。この点，[判例23]〔解説〕も参照されたい。

*9｜**処分基準を定め，公にする努力義務**
「行政庁は，処分基準を定め，かつ，これを公にしておくよう努めなければならない。」（行政手続法12条1項）

Chapter II 救済法

Chapter IIで扱うのは,「行政救済法」と呼ばれる領域に関わる判例である。行政救済法とは,行政活動によって国民の権利利益が侵害された際の事後的な救済方法をめぐる各種法制度の総称であり,行政争訟法と国家補償法とに大きく分けることができる。行政争訟法とは,行政活動によって生じた違法状態の回復に関わる各種法律であり(これらはさらに,行政庁による判断を仰ぐための仕組みである行政上の不服申立てと裁判所による判断を仰ぐための仕組みである行政事件訴訟に分けることができる),国家補償法とは,国民の受けた被害を金銭的に救済するための仕組みである(これらはさらに,違法な行政活動によって生じた損害に対する救済である国家賠償と適法な行政活動によって生じた損害に対する救済である損失補償に分けることができる)。

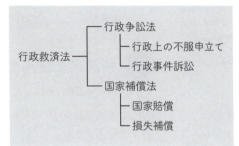

Chapter IIでは,まず,行政事件訴訟に関する判例として,特に抗告訴訟(行訴法3条参照)に関するものを重点的に取り上げる。具体的には,取消訴訟の訴訟要件および本案審理に関わる事例を取り上げた上で,取消訴訟以外の各種抗告訴訟,仮の救済に関わる事例を紹介する。

次に,行政事件訴訟のその他の訴訟形式に関わる事案として当事者訴訟の事例を取り上げる。

国家補償法に関しては,まず,国家賠償法1条,2条,3条それぞれに関する事例を紹介した上で,損失補償・国家補償の谷間に関する事例も紹介する。

Contents

- 行政訴訟と民事訴訟(**25**)
- 行政訴訟と行政不服審査の関係(**26**)
- 取消訴訟の訴訟要件(処分性)(**27, 28, 29**)
- 取消訴訟の訴訟要件(原告適格)(**30, 31, 32**)
- 取消訴訟の訴訟要件(狭義の訴えの利益)(**33, 34**)
- 取消訴訟の審理(**35, 36**)
- その他の抗告訴訟(**37, 38, 39**)
- 仮の救済(**40**)
- 当事者訴訟(**41**)
- 国家賠償法1条(**42, 43, 44**)
- 国家賠償法2条(**45, 46, 47**)
- 国家賠償法3条(**48**)
- 損失補償(**49**)
- 国家補償の谷間(**50**)

25 行政訴訟と民事訴訟

大阪空港訴訟

最高裁昭和56年12月16日大法廷判決（民集35巻10号1369頁）　▶百選Ⅱ-144・236

登場人物

Xら：大阪空港の周辺住民。航空機の騒音に苦しみ，国に対して夜間の離着陸のための供用の差止めを求める民事訴訟を提起する。

国：国営空港である大阪空港を管理している者（管理権者は運輸大臣）。Xより差止めを求める民事訴訟を提起される。

*1｜大阪空港

正式名称は大阪国際空港。伊丹空港としても知られる。伊丹市は「兵庫県」にあるが，空港の敷地は，伊丹市，大阪府池田市，豊中市にまたがっている。

*2｜空港整備法

平成20年改正により，現在は空港法という名称になっている。

*3｜公共用飛行場

当時の空港整備法は，公共用飛行場を，第一種から第三種に分けていた。そこでは，大阪空港は，第一種空港とされ，運輸大臣が設置管理するものとされていた。なお，平成24年，関西国際空港との経営統合のため，新関西国際空港株式会社に運営が移され，平成28年からは関西エアポート株式会社が運営している。

🔍 事案をみてみよう

本判決は，民事訴訟により，国営空港である大阪空港の供用の差止めを求めたところ，訴えを不適法——つまり，「民事訴訟という形式」では争うことはできない——としたものである。

大阪空港[*1]は，昭和34年に空港整備法[*2]2条1項1号にいう第一種空港として指定された公共用飛行場[*3]である。その後，より大きな騒音を出すジェット機の乗入れの開始，便数の増加等により，空港の出す騒音が著しく増大した。そこで，周辺住民Xらは，国に対して，人格権または環境権に基づいて，午後9時から翌朝7時まで空港を離着陸に使用させることの差止めを求める民事訴訟を提起した。

✓ 読み解きポイント

民事訴訟によって国営空港の供用の差止めを求めることはできるのか。

📖 判決文を読んでみよう

「営造物管理権の本体をなすものは，公権力の行使をその本質的内容としない非権力的な権能であつて，同種の私的施設の所有権に基づく管理権能とその本質において特に異なるところはない。」

「しかしながら，……空港については，その運営に深いかかわりあいを持つ事象として，航空行政権，すなわち航空法その他航空行政に関する法令の規定に基づき運輸大臣に付与された航空行政上の権限で公権力の行使を本質的内容とするものの行使ないし作用の問題があり，これと空港ないし飛行場の管理権の行使ないし作用とが法律上どのような位置，関係に立つのかが更に検討されなければならない。」

「そもそも法が一定の公共用飛行場についてこれを国営空港として運輸大臣がみずから設置，管理すべきものとしたゆえんのものは，これによつてその航空行政権の行使としての政策的決定を確実に実現し，国の航空行政政策を効果的に遂行することを可能とするにある，というべきである。」

「国際航空路線又は主要な国内航空路線に必要なものなど基幹となる公共用飛行場（空港整備法2条1項1，2号にいわゆる第一，二種空港）については，運輸大臣みずからが，……これを国営……の空港として設置，管理し，公共の利益のためにその運営に当たるべきものとしている。それは，これら基幹となる公共用飛行場にあつて

は，その設置，管理のあり方がわが国の政治，外交，経済，文化等と深いかかわりを持ち，国民生活に及ぼす影響も大きく，したがつて，どの地域にどのような規模でこれを設置し，どのように管理するかについては航空行政の全般にわたる政策的判断を不可欠とするからにほかならないものと考えられる。」

「(a)右にみられるような空港国営化の趣旨，すなわち国営空港の特質を参酌して考えると，本件空港の管理に関する事項のうち，少なくとも航空機の離着陸の規制そのもの等，本件空港の本来の機能の達成実現に直接にかかわる事項自体については，空港管理権に基づく管理と航空行政権に基づく規制とが，空港管理権者としての運輸大臣と航空行政権の主管者としての運輸大臣のそれぞれ別個の判断に基づいて分離独立的に行われ，両者の間に矛盾乖離を生じ，本件空港を国営空港とした本旨を没却し又はこれに支障を与える結果を生ずることがないよう，いわば両者が不即不離，不可分一体的に行使実現されているものと解するのが相当である。」

（Xらは，いわゆる通常の民事上の請求として差止めを求めるものであるが）「しかしながら，……(b)本件空港の離着陸のためにする供用は運輸大臣の有する空港管理権と航空行政権という二種の権限の，総合的判断に基づいた不可分一体的な行使の結果であるとみるべきであるから，Xらの前記のような請求は，事理の当然として，不可避的に航空行政権の行使の取消変更ないしその発動を求める請求を包含することとなるものといわなければならない。したがつて，Xらが行政訴訟の方法により何らかの請求をすることができるかどうかはともかくとして，国に対し，いわゆる通常の民事上の請求として前記のような私法上の給付請求権を有するとの主張の成立すべきいわれはない」。

⬇ この判決が示したこと ⬇

① 国営空港の離着陸の規制は，運輸大臣の空港管理権と航空行政権という二種の権限の総合的判断に基づいた不即不離，不可分一体的な行使によるものである（下線(a)）。
② ①からすれば，民事訴訟により，離着陸のためにする供用を差し止めることは，必然的に航空行政権の行使の取消変更・発動を求める請求を含むことになるので，行政訴訟の方法によって何らかの請求をすることができるかどうかはともかく，認められない（下線(b)）。

☞ 解説

　この判決以前には，国が空港のような公共施設を管理する作用は，非権力的な作用とされており，民事訴訟で争うことができると解されてきた（第一審判決，原審判決においても認められている）。この管理作用自体が非権力的作用であることは最高裁も認めている。しかしながら，最高裁が，民事訴訟では争うことができないとしたのは，この管理権が単独で行使されるものではなく，航空行政権と呼ばれる権力的作用と不即不離，不可分一体的に行使されるものであるという理解による（下線(a)）。つまり，公共用飛行場には，国が直接管理せず地方公共団体等が管理するものもあるが，これ

らは設置者たる地方公共団体等がこれを管理する一方，運輸大臣が，行政上の監督権限の行使を通じて，その管理作用を規制し，航空行政政策を実現するというもので，空港の管理権と航空行政権は分離している。しかし，国営空港の場合には，航空行政権を行使する運輸大臣が直接管理をしているため，その管理作用すべてではないが，その中に航空行政権の行使という性格を帯びるものも存在することになる。そして，本件で問題とされた離着陸のために空港を使用させるという行為は，管理権の行使であるとともに，航空行政権の行使としての性格も併せ持っているというのである（このような，法律上明文の根拠のない航空行政権というものを観念し，それが管理権と不可分一体的に行使されているという本判決の理論構成には強い批判がある）。

このように公権力の行使である航空行政権の行使としての性格を持つとすると，それは，行政訴訟で争うべきものであるということになる。もっとも，本判決では「行政訴訟の方法により何らかの請求をすることができるかどうかはともかく」とするにとどまり，どのような形式で争うことができるかは示していない。ただし，本判決では国家賠償法2条に基づく損害賠償請求は認められている（［判例 **47**］＊3を参照）。

🔍 ほかの判例も読んでみよう

◎**最判平成 5 年 2 月 25 日民集 47 巻 2 号 643 頁（厚木基地訴訟）**＊4

大阪空港訴訟は，国営空港の事案であった。それに対して厚木基地訴訟は，自衛隊機の運航差止めを求めて民事訴訟が提起されたものである。上告審判決において，最高裁は，防衛行政権＊5といったようなものを観念するのではなく，以下のように，自衛隊機の運航に関する防衛庁長官の権限の行使が，周辺住民に騒音等に対する受忍義務を課すものであり，公権力の行使にあたるという理由付けをしている。

「自衛隊機の運航に伴う騒音等の影響は飛行場周辺に広く及ぶことが不可避であるから，自衛隊機の運航に関する防衛庁長官の権限の行使は，その運航に必然的に伴う騒音等について周辺住民の受忍を義務づけるものといわなければならない。そうすると，右権限の行使は，右騒音等により影響を受ける周辺住民との関係において，公権力の行使に当たる行為＊6というべきである。」

「上告人〔周辺住民〕らの本件自衛隊機の差止請求は，……自衛隊機の離着陸等の差止め及び……航空機騒音の規制を民事上の請求として求めるものである。しかしながら，……このような請求は，必然的に防衛庁長官にゆだねられた前記のような自衛隊機の運航に関する権限の行使の取消変更ないしその発動を求める請求を包含することになるものといわなければならないから，行政訴訟としてどのような要件の下にどのような請求をすることができるかはともかくとして，右差止請求は不適法というべきである。」

ここでも最高裁はどのような方法であれば請求することができるかは示していなかったが，最判平成 28・12・8 民集 70 巻 8 号 1833 頁（百選Ⅱ-145）は，自衛隊機の運航の差止請求を，行政事件訴訟法上の差止訴訟として適法と認めている。

＊4｜厚木基地
海上自衛隊とアメリカ海軍が共同使用している基地。なお，神奈川県厚木市ではなく，神奈川県綾瀬市と大和市にまたがった地域に位置する。

＊5｜防衛行政権
なお，第一審判決は，自衛隊機の運航に関する防衛行政権の行使は，飛行場の設置・管理権とは密接不可分に行使実現されるべきものと解するのが相当であるとしていた。

＊6｜公権力の行使に当たる行為
防衛庁長官が権限を行使して自衛隊機を運航させる→運航させると必ず騒音が出る→運航権限の行使は周辺住民に騒音の受忍を義務付ける意味を持つ→運航権限行使は周辺住民との関係で公権力の行使に当たる，という論理構成である。

26 行政訴訟と行政不服審査の関係　米子鉄道郵便局事件

最高裁昭和62年4月21日判決（民集41巻3号309頁）　▶百選Ⅱ-134

事案をみてみよう

　本件は，国家公務員への懲戒処分と，それに対する審査請求を受けて人事院が行った修正裁決との関係が問題となった事案である。

　米子鉄道郵便局の郵政事務官Ｘは，Ｙ（中国郵政局長）より停職6か月の懲戒処分（「本件懲戒処分」）を受けた。その理由は，Ｘが傷害事件を起こしたというものであった。Ｘは，本件懲戒処分を不服として，人事院に審査請求を行ったところ，人事院は，処分事由の存在を認めた上で本件懲戒処分を減給6か月間俸給月額10分の1の懲戒処分に修正する旨の判定（「本件修正裁決」）を行った。そこで，Ｘは，なお処分事由の不存在を主張して，Ｙを被告として，本件修正裁決による修正後の本件懲戒処分（つまり減給の懲戒処分）の取消訴訟を提起した。第一審，原審ともに，Ｙの行った本件懲戒処分は，人事院の本件修正裁決により一体として消滅したとして，取消訴訟は訴えの利益を欠き不適法であると判断した。

✓ 読み解きポイント

　審査請求を受けて人事院が行った，Ｙによる本件懲戒処分の内容を停職から減給に修正する修正裁決は，本件懲戒処分を一体として取り消して，新たな内容の懲戒処分をするものか，本件懲戒処分の法律効果の内容を変更するにすぎないものか。

📖 判決文を読んでみよう

　国家公務員法は，人事院による「懲戒処分等同法89条1項所定の処分に対する不服申立ての審査については，(a)処分権者が職員に一定の処分事由が存在するとして処分権限を発動したことの適法性及び妥当性の審査と，当該処分事由に基づき職員に対しいかなる法律効果を伴う処分を課するかという処分の種類及び量定の選択，決定に関する適法性及び妥当性の審査とを分けて考え，当該処分につき処分権限を発動すべき事由が存在すると認める場合には，処分権者の処分権限発動の意思決定そのものについてはこれを承認したうえ，処分権者が選択，決定した処分の種類及び量定の面について，その適法性及び妥当性を判断し，人事院の裁量により右の点に関する処分権者の意思決定の内容に変更を加えることができるものとし，これを処分の『修正』という用語で表現している ものと解するのが相当である」。

登場人物

Ｘ：米子鉄道郵便局の郵政事務官。傷害事件を起こしたとして6か月の停職の懲戒処分を受ける。人事院に審査請求をしたところ停職から減給に改められたが，処分事由の存在を否定して取消訴訟を提起した。なお，Ｘは傷害罪で起訴されたが，無罪判決を得ている。

Ｙ：中国郵政局長。Ｘに停職の懲戒処分をする。

人事院：Ｘの審査請求を受け，停職を減給に修正する判定（修正裁決）をする。

*1｜米子

「山陰の大阪」として知られる鳥取県の商業都市。

*2｜鉄道郵便局

鉄道郵便を取り扱うための郵便局。鉄道郵便の減少とともに廃止されていき，現在は存在しない。

*3｜懲戒処分

国家公務員法82条1項は，国家公務員に対する懲戒処分として，「免職」，「停職」，「減給」，「戒告」の4種類を定めている。

085

「そうすると，(b)懲戒処分につき人事院の修正裁決があつた場合に，それにより懲戒権者の行つた懲戒処分（以下「原処分」という。）が一体として取り消されて消滅し，人事院において新たな内容の懲戒処分をしたものと解するのは相当でなく，修正裁決は，原処分を行つた懲戒権者の懲戒権の発動に関する意思決定を承認し，これに基づく原処分の存在を前提としたうえで，原処分の法律効果の内容を一定の限度のものに変更する効果を生ぜしめるにすぎないものであり，(c)これにより，原処分は，当初から修正裁決による修正どおりの法律効果を伴う懲戒処分として存在していたものとみなされることになるものと解すべきである。」

「してみると，本件修正裁決により，本件懲戒処分は，処分の種類及び量定の面において停職6月の処分から減給6月間俸給月額10分の1の処分に軽減されたものの，Yの懲戒権の発動に基づく懲戒処分としてなお存在するものであるから，(d)被処分者たるXは，処分事由の不存在等本件懲戒処分の違法を理由としてその取消しを求める訴えの利益を失わないものといわなければならない。」

「以上と異なり，本件修正裁決によつて本件懲戒処分は一体として消滅したものであるとの理由により，本件訴えを不適法として却下すべきものとした第一審判決及び原判決には，国公法92条1項の解釈を誤り，ひいて行訴法10条2項の解釈適用を誤つた違法がある」。

> ↓ **この判決が示したこと** ↓
>
> ① 人事院の修正裁決は，処分事由があるとして発動した処分権者の処分権限発動の意思決定は承認しつつ，処分権者のした処分の種類および量定についての選択・決定の適法性および妥当性を判断した上で，人事院の裁量によりそれらについての処分権者の意思決定の内容に変更を加えるものである（下線(a)）。
> ② 人事院の修正裁決は①のようなものであるから，それは原処分（Yが最初に行った停職の懲戒処分のこと）を取り消して新たな懲戒処分（修正裁決の内容である減給の懲戒処分のこと）をするものではなく，原処分の内容を変更するものにすぎない（下線(b)）。
> ③ ②によれば，人事院の修正裁決により，原処分は修正された内容の法律効果を伴う懲戒処分として当初から存在することになるので，原処分の取消訴訟の訴えの利益は消滅しない（下線(c)(d)）。

 解説

I．行政事件訴訟法と原処分主義

行政事件訴訟法10条2項は，処分の取消訴訟と，その処分についての審査請求を棄却した裁決の取消訴訟を両方とも提起することができる場合には，裁決取消訴訟においては，処分の違法を理由として取消しを求めることができないとしている。この規定は，裁決取消訴訟において最初になされた処分（一般に原処分という）の違法を争えることになると，同じ処分の違法が，原処分取消訴訟と裁決取消訴訟という別の訴訟で別々に審理されたり（審理の重複），原処分取消訴訟では処分が適法とされ，裁決

取消訴訟では処分が違法とされるような事態（判決の抵触）が生じうることから，原処分の違法については原処分の取消訴訟でのみ争えるという交通整理をしたものである（これを「原処分主義」という）。これにより，裁決取消訴訟では，原処分が違法だから裁決が違法であるという主張はできず，主張することができるのは裁決固有の違法（裁決自体の誤り。たとえば，裁決手続が誤っていた等）に限られることになる。

II．人事院の修正裁決の法的位置付け

　ところで，国家公務員法は，懲戒処分を受けた者は人事院に対してのみ審査請求をすることができ（90条1項），審査請求を受理した人事院は，事案を調査した上で（91条），処分を行うべき事由のあることが判明したときは，その処分を承認し，またはその裁量により修正しなければならないとしている（92条1項）。この裁量による修正行為は，一般に「修正裁決」と呼ばれている。なお，このような懲戒処分に対して行う人事院への審査請求は，形の上では行政不服審査法に基づくものであるが，国家公務員法90条3項において「行政不服審査法第2章の規定を適用しない」とされた上で，すでに挙げた国家公務員法の規定のほか人事院規則において規律されており，通常の審査請求とはかなり異なる特殊な不服申立てとなっている。

　本件では，この修正裁決について，前記交通整理をどう行うかが問題となった。それは，通常の棄却裁決と異なり，修正裁決の法的位置付けについては見解が分かれており，この修正裁決をどのようなものと見るかによって，本件のように人事院に審査請求をしたが，修正裁決に不満を持ち，さらに争いたい場合に，原処分取消訴訟と裁決取消訴訟のいずれで争うことができるかが変わってくることになるためである。すなわち，修正裁決について，①原処分の一部を承認し，一部を取り消すものであり，原処分が修正された形で存続しているものと見る場合には，原処分取消訴訟で争うべきことになるが，②裁決という形で原処分に代わる新たな処分をしたものと見る場合には，原処分はすでに消滅して，新たな処分（裁決）のみが存在するのであるから，原処分取消訴訟を提起しても，すでに消滅して存在しない処分の取消訴訟として訴えの利益（狭義）は認められないことになる。

　第一審，原審は，②にあたるとして原処分取消訴訟の訴えの利益を否定した。しかし，最高裁は，①の考え方をとり，訴えの利益を認めた。最高裁によれば，人事院による不服申立ての審査は，処分権者が処分事由が存在するとして処分権限を発動したことに関する審査と，どの懲戒処分をするか，どの程度の重さの懲戒処分をするかという処分の種類および量定の選択・決定に関する審査があるが，人事院の修正裁決は，前者において，処分権限を発動すべき事由が存在すると認めるときには処分権者のその判断を承認した上で，後者において，処分権者の判断を修正するものであり（下線(a)），そのため，①のように，原処分の存在を前提とした上で，その法律効果の内容を一定程度変更する効果を生ぜしめるにすぎないものである（下線(b)）。そこでは，原処分は修正裁決により，消滅して新しい処分となるのではなく，修正された内容の法律効果を伴う懲戒処分として当初より存在していることになる（下線(c)）のであり，取消訴訟の訴えの利益が認められる（下線(d)）ということになるのである。

---

*4｜人事院に対してのみ審査請求をすることができる

行政不服審査法の原則通りであれば，国家公務員の懲戒処分を各省の大臣が行う場合には，処分をした行政庁が主任の大臣であるので，4条1号により，懲戒処分をした大臣自身が審査請求をすべき行政庁となりそうである。しかし，国家公務員法90条1項はこれに対する特別の取扱いを定めており，大臣に対しては審査請求をすることができず，人事院に対してのみ審査請求をすることができるとしている。なお，行政不服審査法によれば，審査請求をすることができる場合でも，それをせず，直ちに行政事件訴訟法に基づいて取消訴訟をすることができるのが原則である。しかし，国家公務員法はこの点についても特別の取扱いを定めており，92条の2は，人事院の審査請求に対する裁決を経た後でなければ元の懲戒処分に対する取消訴訟を提起することができないとしている。このように，取消訴訟を提起する前に行政上の不服申立ての手続を経ることを要求することを不服申立前置という。

*5｜

「訴えの利益」（狭義）については，〔判例33〕〔解説〕を参照されたい。

27 処分性①——行政指導

病院開設中止勧告事件

最高裁平成17年7月15日判決（民集59巻6号1661頁）　▶百選Ⅱ-154

登場人物

X：病院の開設を計画している者。Yからの病院開設中止勧告を拒否し，病院開設許可を受けたものの，勧告を拒否した場合には，病院営業に必要な保険医療機関の指定を受けられない旨伝えられた。

Y：富山県知事。Xの病院開設を認めると病床数が過剰となるため，病院開設の中止を勧告したが，拒否された。仕方なく病院開設を許可したが，同時に，勧告を拒否した場合，保険医療機関の指定を受けられないとXに伝えた。

*1｜富山県高岡市
富山県の西部に位置する都市。ドラえもん，T・Pぼんなどで知られる漫画家藤子・F・不二雄先生の出身地として全国的に有名。

*2｜病床数
いわゆる「ベッド数」（簡単にいえば，入院患者受入数）のこと。地域医療計画において必要数が定められる。

🔍 事案をみてみよう

本件は，行政指導としての性格を持つ医療法に基づく勧告に処分性が認められるかが争われたものである。

Xは，富山県高岡市内において病院の開設を計画し，Y（富山県知事）に対し，病院開設許可の申請を行ったが，Yは，すでに病院の病床数が地域医療計画に定める必要病床数に達しているという理由で，医療法30条の7に基づき，病院の開設を中止するよう勧告した（「本件勧告」）。しかし，Xは，本件勧告を拒否し，速やかに許可をするようYに求めた。そこで，Yは許可する旨の処分をしたが，同時に，厚生省保険局長通知によれば，本件勧告を拒否して病院を開設した場合には，健康保険法上の保険医療機関の指定の拒否をすることとされている旨記載された文書をXに送付した。そこで，Xは本件勧告の取消し等を求めて訴訟を提起した。

✓ 読み解きポイント

行政指導である本件勧告に処分性が認められるか。

📖 判決文を読んでみよう

「⁽ᵃ⁾医療法30条の7の規定に基づく病院開設中止の勧告は，医療法上は当該勧告を受けた者が任意にこれに従うことを期待してされる行政指導として定められているけれども，当該勧告を受けた者に対し，⁽ᵇ⁾これに従わない場合には，相当程度の確実さをもって，病院を開設しても保険医療機関の指定を受けることができなくなるという結果をもたらすものということができる。そして，いわゆる国民皆保険制度が採用されている我が国においては，健康保険，国民健康保険等を利用しないで病院で受診する者はほとんどなく，保険医療機関の指定を受けずに診療行為を行う病院がほとんど存在しないことは公知の事実であるから，⁽ᶜ⁾保険医療機関の指定を受けることができない場合には，実際上病院の開設自体を断念せざるを得ないことになる。このような医療法30条の7の規定に基づく病院開設中止の勧告の保険医療機関の指定に及ぼす効果及び病院経営における保険医療機関の指定の持つ意義を併せ考えると，⁽ᵈ⁾この勧告は，行政事件訴訟法3条2項にいう『行政庁の処分その他公権力の行使に当たる行為』に当たると解するのが相当である。⁽ᵉ⁾後に保険医療機関の指定拒否処分の効力を抗告訴訟によって争うことができるとしても，そのことは上記の結論を左右する

ものではない。」

> **↓ この判決が示したこと ↓**
>
> ① 医療法に基づく病院開設中止の勧告は，任意に従うことを期待してされる行政指導として定められている（下線ⓐ）。
> ② 勧告に従わずに病院を開設した場合，相当程度確実に保険医療機関の指定を受けることができなくなり（下線ⓑ），保険医療機関の指定を受けることができなければ，わが国の現状に照らして，病院の開設自体を断念せざるを得なくなる（下線ⓒ）ことからすると，病院開設中止の勧告は処分にあたる（下線ⓓ）。

解説

Ⅰ．処分にあたるかどうかの判断基準

行政事件訴訟法では，「処分」（＝「行政庁の処分その他公権力の行使に当たる行為」）を取消訴訟の対象としている（3条2項）。そうすると，取消訴訟が適法な訴訟として認められるためには，問題の行為が処分にあたる行為であるか（なお，処分にあたることを一般に「処分性を有する」という）が重要な意味を持つ。

この点，処分とはなにかについて，大田区ごみ焼却場事件（最判昭和39・10・29民集18巻8号1809頁，百選Ⅱ-143）が示した基準が有名である。この事件において，最高裁は，処分とは「行政庁の法令に基づく行為のすべてを意味するものではなく，公権力の主体たる国または公共団体が行う行為のうち，その行為によって，直接国民の権利義務を形成しまたはその範囲を確定することが法律上認められているものをいう」という基準を提示した。この基準は，学問上の「行政行為」を念頭に置いたもので，行政事件訴訟法の前身である行政事件訴訟特例法時代のものであるが，行政事件訴訟法のもとでも妥当し（行政行為と行政処分の関係については［判例07］［解説］Ⅰを参照），ある行為が処分性を有するかを判断する際の基本的な基準と理解されている。しかし，この基準をきちんと満たさない場合であっても，法律がその行為について処分であると受け取ることができる規定を置いている場合や*⁵，救済の必要性等からこの基準を緩和して処分性が認められる場合がある。本件は，後者のような場合について処分性を認めた裁判例の1つである（［判例28］［判例29］も同様である）。

Ⅱ．本件における判断

この基準に照らすと，国民に対して「お願い」をするのにすぎない行政指導という行為は，「直接国民の権利義務を形成または範囲を確定することが法律上認められているもの」ではないので，処分にはあたらないはずである。しかしながら，本判決は，医療法上の勧告について，行政指導にあたるとしつつ（下線ⓐ），処分性を認めた（下線ⓓ）。本判決が処分性を認めたのは，勧告自体は，病院開設を中止させるような直接の法的効力を持たないので，許可を得て病院の開設をすること自体はできるが，勧告を拒否することにより，ほぼ確実に保険医療機関の指定を受けられないという結

---

*3｜医療法30条の7

「都道府県知事は，医療計画の達成の推進のため特に必要がある場合には，病院を開設しようとする者……に対し，都道府県医療審議会の意見を聴いて，病院の開設……に関して勧告することができる。」

*4｜健康保険法上の保険医療機関

ごく簡単にいえば，保険証を使うことができる医療機関（病院・診療所等）。この指定が受けられず，保険証を使うことができないと，医療費を患者が全額負担しなくてはならなくなるため（保険証が使えれば1〜3割の負担で済む），判決で指摘されているように，病院経営が成り立たないことが予想される。

*5｜処分であると受け取ることができる規定

ある行為について行政不服審査法上の審査請求をすることができるとする規定が代表的である。行政不服審査法上の審査請求ができるということは，その行為は行政不服審査法上の処分にあたると位置付けられているのであり，行政不服審査法上の処分と行政事件訴訟法上の処分は一般的には同一であると考えられているので，その行為は行政事件訴訟法上の処分にもあたるということになる。最大判昭和45・7・15民集24巻7号771頁（百選Ⅱ-142）は，供託官による供託物の取戻請求拒否行為の処分性を認める理由の1つとして，そうした規定があることを指摘している。

果が生じ（下線(b)），病院の開設中止に追い込まれることになることを考慮したためである（下線(c)）。

あわせて重要なのは救済のタイミングである。保険医療機関の指定を受けられず，それが問題だというのであれば，指定の拒否は処分と考えられるので，指定の拒否がなされるのを待ち，その取消訴訟を提起し，その中で勧告の違法性を争うことも理屈の上では考えられる。しかし，最高裁は，そのような訴訟を提起できることは結論を左右しないとしている（下線(e)）。これは，理屈の上ではそのような訴訟を提起できるとしても，実際には，勧告に処分性を認めて取消訴訟の提起を認めなければ勧告の違法性を争う機会はないという判断による。なぜなら，保険医療機関の指定を申請するためには，巨額の投資をして，病院の建物や医療設備，医師といった，必要な人員および施設を確保して病院の使用許可証の交付を受けておく必要があり，投資を無駄にする危険を冒してあえて指定拒否を受けて，その取消訴訟を提起して争うということは通常は期待できないからである。そこでは，救済のタイミングという見地から勧告の段階で処分性を認めて争うことができるようにする必要があったといえる。

🔍 ほかの判例も読んでみよう

本判決は，直接の法効果をもたない行政指導に処分性を認めたものであった。同じく，通常は直接の法効果をもたない通知行為について，それがなされた場合に輸入ができなくなることをとらえて，「実質的な拒否処分（不許可処分）」として機能しているとして処分性を認めたものとして次の判決がある。

◎最大判昭和59年12月12日民集38巻12号1308頁（百選Ⅱ-153）

税関長の行う輸入禁制品に該当する旨の「通知は，当該物件につき輸入が許されないとする税関長の意見が初めて公にされるもので，しかも以後不許可処分がされることはなく，その意味において輸入申告に対する行政庁側の最終的な拒否の態度を表明するものとみて妨げないものというべきである。……そして，現実に同項の通知がされたときは，郵便物以外の貨物については，輸入申告者において，当該貨物を適法に保税地域から引き取ることができ……ないことになる……。」「かかる通関手続の実際において，前記の税関長の通知は，実質的な拒否処分（不許可処分）として機能しているものということができ，右の通知及び異議の申出に対する決定……は，抗告訴訟の対象となる行政庁の処分及び決定に当たると解するのが相当である」。

---

*6｜病院の使用許可証の交付を受けておく必要

健康保険法を受けた厚生労働省令である「保険医療機関及び保険薬局の指定並びに保険医及び保険薬剤師の登録に関する省令」は，保険医療機関の指定の申請の際に病院の使用許可証の提出を要求していたため，病院の使用許可を受けていなければ，保険医療機関の申請をすることができない仕組みになっていた。

28 処分性②——行政計画　浜松市土地区画整理事業事件

最高裁平成20年9月10日大法廷判決（民集62巻8号2029頁）　▶百選Ⅱ-147

事案をみてみよう

　本判決は，行政計画たる土地区画整理法に基づく土地区画整理事業（詳細は〔解説〕の冒頭を参照）の事業計画の決定に処分性を認めたものである。

　Y（浜松市）は，遠州鉄道鉄道線^{*1}の連続立体交差事業の一環として，上島（かみじま）駅周辺の土地区画整理事業（「本件土地区画整理事業」）を計画し，土地区画整理法（「法」）52条1項に基づき，静岡県知事から設計の概要の認可を受けた上で，事業計画の決定（「本件事業計画の決定」）をし，その公告がされた^{*2}。本件土地区画整理事業の施行地区内に土地を所有しているXらは，本件土地区画整理事業は法所定の事業目的を欠くものであるなどと主張して，本件事業計画の決定の取消訴訟を提起した。

✓ 読み解きポイント

土地区画整理事業の事業計画の決定に処分性が認めれるか。

判決文を読んでみよう

　「市町村は，土地区画整理事業を施行しようとする場合においては，施行規程及び事業計画を定めなければならず……，事業計画が定められた場合においては，市町村長は，遅滞なく，……公告しなければならない……。そして，この公告がされると，換地処分の公告がある日まで，施行地区内において，土地区画整理事業の施行の障害となるおそれがある土地の形質の変更若しくは建築物その他の工作物の新築，改築若しくは増築を行い，又は政令で定める移動の容易でない物件の設置若しくはたい積を行おうとする者は，都道府県知事の許可を受けなければならず……，これに違反した者がある場合には，都道府県知事は，当該違反者……に対し，当該土地の原状回復等を命ずることができ……，この命令に違反した者に対しては刑罰が科される……」。

　「また，……事業計画において定める設計の概要については，設計説明書及び設計図を作成して定めなければならない」，それによれば，「事業計画が決定されると，当該土地区画整理事業の施行によって施行地区内の宅地所有者等の権利にいかなる影響が及ぶかについて，一定の限度で具体的に予測することが可能になる……。そして，土地区画整理事業の事業計画については，いったんその決定がされると，特段の事情のない限り，その事業計画に定められたところに従って具体的な事業がそのまま進められ，その後の手続として，施行地区内の宅地について換地処分が当然に行われること

登場人物

Xら：土地区画整理事業の施行地区内に土地を所有している者。土地区画整理事業の事業計画の決定に対して取消訴訟を提起した。

Y：浜松市。事業者として，土地区画整理事業を計画し，事業計画を決定した。

---

*1 | 遠州鉄道鉄道線

遠州鉄道株式会社が運営する，新浜松駅から西鹿島（かしま）駅を結ぶ鉄道路線。車体が赤いことから，地元では「赤電」と呼ばれ親しまれている。

になる。前記の建築行為等の制限は，このような事業計画の決定に基づく具体的な事業の施行の障害となるおそれのある事態が生ずることを防ぐために法的強制力を伴って設けられているのであり，しかも，施行地区内の宅地所有者等は，換地処分の公告がある日まで，その制限を継続的に課され続ける……」。

「そうすると，(a) 施行地区内の宅地所有者等は，事業計画の決定がされることによって，前記のような規制を伴う土地区画整理事業の手続に従って換地処分を受けるべき地位に立たされるものということができ，その意味で，その法的地位に直接的な影響が生ずるものというべきであり，事業計画の決定に伴う法的効果が一般的，抽象的なものにすぎないということはできない。」

「もとより，換地処分を受けた宅地所有者等やその前に仮換地の指定を受けた宅地所有者等は，当該換地処分等を対象として取消訴訟を提起することができるが，換地処分等がされた段階では，実際上，既に工事等も進ちょくし，換地計画も具体的に定められるなどしており，その時点で事業計画の違法を理由として当該換地処分等を取り消した場合には，事業全体に著しい混乱をもたらすことになりかねない。それゆえ，換地処分等の取消訴訟において，宅地所有者等が事業計画の違法を主張し，その主張が認められたとしても，当該換地処分等を取り消すことは公共の福祉に適合しないとして事情判決……がされる可能性が相当程度あるのであり，(b) 換地処分等がされた段階でこれを対象として取消訴訟を提起することができるとしても，宅地所有者等の被る権利侵害に対する救済が十分に果たされるとはいい難い。そうすると，事業計画の適否が争われる場合，実効的な権利救済を図るためには，事業計画の決定がされた段階で，これを対象とした取消訴訟の提起を認めることに合理性がある」。

「以上によれば，市町村の施行に係る土地区画整理事業の事業計画の決定は，施行地区内の宅地所有者等の法的地位に変動をもたらすものであって，抗告訴訟の対象とするに足りる法的効果を有するものということができ，実効的な権利救済を図るという観点から見ても，これを対象とした抗告訴訟の提起を認めるのが合理的である。したがって，(c) 上記事業計画の決定は，行政事件訴訟法3条2項にいう『行政庁の処分その他公権力の行使に当たる行為』に当たると解するのが相当である。」

*2｜土地区画整理事業計画の決定・公告

土地区画整理法52条1項
「都道府県又は市町村は，……土地区画整理事業を施行しようとする場合においては，施行規程及び事業計画を定めなければならない。この場合において，その事業計画において定める設計の概要について，国土交通省令で定めるところにより，都道府県にあつては国土交通大臣の，市町村にあつては都道府県知事の認可を受けなければならない。」

同法55条9項
「都道府県又は市町村が第52条第1項の事業計画を定めた場合においては，都道府県知事又は市町村長は，遅滞なく……施行者の名称，事業施行期間，施行地区その他国土交通省令で定める事項を公告しなければならない」。

> **この判決が示したこと**
>
> ① 事業計画の決定は，宅地所有者等の法的地位に対して直接的な影響を生じさせるものであり，その法的効果は一般的，抽象的なものとはいえない（下線(a)）。
> ② 換地処分等の取消訴訟を提起することができるが，それによって権利侵害に対する救済が十分に果たされるとはいい難いので，実効的権利救済の見地から，事業計画の決定に対して取消訴訟の提起を認めることには合理性がある（下線(b)）。
> ③ ①②から，事業計画の決定には処分性が認められる（下線(c)）。

解説

計画的に作られていない地区では，土地の区画（＝形）がばらばらであったり，公

共施設（道路・公園等）が十分に整備されていない場合がある。土地区画整理事業とは，そうした地区において，土地の所有者がそれぞれの土地を提供し，保留地を売却するなどして事業費用をまかないつつ，公共施設を整備すると同時に，土地の提供者に，提供された土地に代えて形の整った新しい土地を再配分して，土地を利用しやすくする事業である（［図：土地区画整理事業のイメージ］を参照）。この事業は，土地区画整理法という法律に基づいて行われる。本件の場合，問題となった事業計画の決定とその公告がなされた後は，判決中でも触れられているように，仮換地の指定（＝新しい土地を割り当てて使用できるようにする行政処分）や，換地処分（＝元の土地の所有権を消滅させ，新しく割り当てられた土地の所有権を発生させる行政処分）がなされることになる。仮換地の指定と換地処分はともに行政処分であり，それに対して取消訴訟を提起することが可能である。本件では，これら2つの処分に先立つ，事業計画の決定という行政計画を作成する行為を，処分性を有するものとして取消訴訟の対象とすることが認められるかが問題となったのである（取消訴訟の対象が処分であることと処分かどうかの基本的な判断基準については，［判例27］〔解説〕Iを参照）。なお，この土地区画整理事業計画のように，計画を立ててその後計画を実施しているタイプの計画を「非完結型」計画，計画の後に実施行為がないタイプの計画を「完結型」計画と呼ぶことがある。完結型の計画の例として用途地域の指定があり，区別して考える必要がある（**ほか判**・用途地域指定事件参照）。

この事業計画の決定に処分性が認められるかについては，有名な最高裁大法廷判決が存在した（**ほか判**・青写真判決）。そこでは，事業計画の内容は，一般的・抽象的なものであり，青写真にすぎず（一般に青写真論と呼ばれている。**ほか判**〔下線（a'）〕。この判決が青写真判決と呼ばれているのはこの印象的なフレーズによる），決定ないし公告から生じる土地の利用制限という法的効果も決定ないし公告そのものの効果ではなく附随的効果に過ぎない（附随的効果論と呼ばれている。**ほか判**〔下線（a''）〕）としていた。そして，事業計画の決定に処分性を認めなくても，その後になされる処分性が認められる行為である換地処分等に対して取消訴訟を提起することができ，それにより救済が得られるのでそれで十分であるとしていた（**ほか判**〔下線（b'）〕）。

それに対して本判決は，判例変更をして事業計画の決定の処分性を認めた。すなわち，本判決は，事業計画の決定の法的効果について，宅地の所有者等は，土地利用の規制を伴いながら，土地区画整理事業の手続に従って換地処分を受けるべき地位に立たされることになり，その法的地位に直接的な影響が生じていることから，法的効果が一般的，抽象的なものにすぎないとはいえないとした（下線(a)）。また，換地処分等の段階で争えばよいという点については，換地処分等の段階では，事業が相当程度進行しており，事情判決が出されるなどして，救済が十分なされない可能性が高く，実効的権利救済という見地からは，事業計画の決定の段階で争えるようにすることが合理的であるとした（下線(b)）。このように，事業計画の決定の法的効果の内容，実効的権利救済の見地からの必要性を踏まえ，最高裁は，青写真判決の考え方を改めた上で，事業計画の決定の処分性を認めている（下線(c)）。

＊3｜土地区画整理事業の例

近年の有名な事業として，東京では，東京スカイツリー周辺の「押上・業平橋駅周辺土地区画整理事業」，大阪では，大阪駅北口周辺（梅田北）の「大阪駅北大深東地区土地区画整理事業」などがある。

＊4｜新しい土地

売却して事業費の一部にあてるための保留地や公共施設の整備等にあてた分，一般に各人の土地の面積は減るが，周辺に公共施設が充実し，土地の形も整い利用しやすくなることで，土地の価値は上がるといわれている。

＊5｜事業手続

市町村が行う場合の土地区画整理事業の流れをまとめるとおおむね以下のようになる。
1. 都道府県知事による設計の概要の認可
2. 土地区画整理事業計画の決定・公告（→本件ではこの段階で争おうとしている）
3. 仮換地の指定
4. 工事の実施
5. 換地処分
6. 清算金の徴収・交付

🔷 土地区画整理事業のイメージ

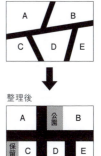

*6｜法的地位への直接的影響

多数意見は、決定によって土地利用の規制（建築行為等の制限）が生じることだけでなく、そうした規制を受けながら換地処分を受けることになることを、法的地位への直接的な影響としてとらえている点に注意。それに対して、個別意見の中には土地利用の規制の法的効果のみを理由として処分性を認めるものもある（涌井紀夫裁判官意見）。
このような多数意見の立場からすると、**ほか判**で紹介する用途地域の指定の処分性を否定した昭和57年最判は現在でも有効であると考えられる。

*7｜事情判決

裁判所は、処分が違法な場合、通常なら請求を認め、処分を取り消す判決をすることになる。しかし、処分は違法だが、それを取り消すことが公共の福祉に適合しないと認めるときは、処分が違法であると宣言した上、請求を棄却することが認められている（行政事件訴訟法31条）。これが事情判決と呼ばれるものである。本判決は、土地区画整理事業が進んだ段階で、土地区画整理事業の決定が違法であると認められても、この事情判決が出される可能性が高いことを指摘しているのである。

🔍 ほかの判例も読んでみよう

◎**最大判昭和41年2月23日民集20巻2号271頁（青写真判決）**

「土地区画整理事業計画……は、……当該土地区画整理事業の基礎的事項……について……長期的見通しのもとに……一般的・抽象的に決定するものである。従つて、事業計画は、……特定個人に向けられた具体的な処分とは著しく趣きを異にし、(a')事業計画自体ではその遂行によつて利害関係者の権利にどのような変動を及ぼすかが、必ずしも具体的に確定されているわけではなく、いわば当該土地区画整理事業の青写真たる性質を有するにすぎない」。

「もつとも、当該事業計画が法律の定めるところにより公告されると、……土地の形質の変更、建物等の新築、改築、増築等につき一定の制限を受け……る。しかし、これは、当該事業計画の円滑な遂行に対する障害を除去するための必要に基づき、(a")法律が特に付与した公告に伴う附随的な効果にとどまるものであつて、事業計画の決定ないし公告そのものの効果として発生する権利制限とはいえない。」

「そもそも、土地区画整理事業のように、一連の手続を経て行なわれる行政作用について、どの段階で、これに対する訴えの提起を認めるべきかは、立法政策の問題ともいいうるのであつて、一連の手続のあらゆる段階で訴えの提起を認めなければ、裁判を受ける権利を奪うことになるものとはいえない。……事業計画の決定ないし公告の段階で訴えの提起が許されないからといつて、土地区画整理事業によつて生じた権利侵害に対する救済手段が一切閉ざされてしまうわけではない。すなわち、(b')土地区画整理事業の施行に対する障害を排除するため、当該行政庁が、当該土地の所有者等に対し、原状回復を命じ、又は当該建築物等の移転若しくは除却を命じた場合において、それらの違法を主張する者は、その取消……を訴求することができ、また、当該行政庁が換地計画の実施の一環として、仮換地の指定又は換地処分を行なつた場合において、その違法を主張する者は、これらの具体的処分の取消……を訴求することができる。これらの救済手段によつて、具体的な権利侵害に対する救済の目的は、十分に達成することができる」。

◎**最判昭和57年4月22日民集36巻4号705頁（百選Ⅱ-148）（用途地域指定事件）**

「都市計画区域内において工業地域を指定する決定は、都市計画法8条1項1号に基づき都市計画決定の一つとしてされるものであり、右決定が告示されて効力を生ずると、当該地域内においては、建築物の用途、容積率、建ぺい率等につき従前と異なる基準が適用され……、これらの基準に適合しない建築物については、建築確認を受けることができず、ひいてその建築等をすることができないこととなるから……、右決定が、当該地域内の土地所有者等に建築基準法上新たな制約を課し、その限度で一定の法状態の変動を生ぜしめるものであることは否定できないが、かかる効果は、あたかも新たに右のような制約を課する法令が制定された場合におけると同様の当該地域内の不特定多数の者に対する一般的抽象的なそれにすぎず、このような効果を生ずるということだけから直ちに右地域内の個人に対する具体的な権利侵害を伴う処分があつたものとして、これに対する抗告訴訟を肯定することはできない。」

29 処分性③——条例の制定行為　横浜市保育所廃止条例事件

最高裁平成21年11月26日判決（民集63巻9号2124頁）　▶百選Ⅱ-197

事案をみてみよう

本判決は条例の制定行為に処分性が認められた初めての最高裁判決である。

Y（横浜市）は，自らが設置・運営していた保育所のうち4つ（「本件各保育所」）を「民営化*1」することを決定し，公立保育所としての本件各保育所を廃止するために，その廃止を内容とする条例（「改正条例*3」）を制定した*2。これにより，本件各保育所は廃止された。それに対して，本件各保育所において入所の承諾を受けて保育を受けている（保育の実施期間は，小学校入学まで）児童またはその保護者であるXらは，改正条例の制定行為は違法であるとして，その取消しを求めて取消訴訟を提起した。

✓ 読み解きポイント

保育所の廃止を内容とする条例を制定する行為に処分性は認められるか。

📖 判決文を読んでみよう

「市町村は，……児童の保育に欠けるところがある場合において，その児童の保護者から入所を希望する保育所等を記載した申込書を提出しての申込みがあったときは，……やむを得ない事由がある場合に入所児童を選考することができること等を除けば，その児童を当該保育所において保育しなければならないとされている……。平成9年……児童福祉法の改正がこうした仕組みを採用したのは，……保護者の選択を制度上保障したものと解される。そして，……保育所への入所承諾の際に，保育の実施期間が指定されることになっている。このように，Yにおける保育所の利用関係は，保護者の選択に基づき，保育所及び保育の実施期間を定めて設定されるものであり，保育の実施の解除がされない限り……，保育の実施期間が満了するまで継続するものである。そうすると，(a)特定の保育所で現に保育を受けている児童及びその保護者は，保育の実施期間が満了するまでの間は当該保育所における保育を受けることを期待し得る法的地位を有するものということができる。」

保育所を廃止する際には「条例をもって定めることが必要とされている……。(b)条例の制定は，普通地方公共団体の議会が行う立法作用に属するから，一般的には，抗告訴訟の対象となる行政処分に当たるものでないことはいうまでもないが，(c)本件改正条例は，本件各保育所の廃止のみを内容とするものであって，(d)他に行政庁の処分を待つことなく，その施行により各保育所廃止の効果を発生させ，(e)当該保育所に現

登場人物

Xら：民営化される保育所で保育を受けている児童またはその保護者。民営化に反対して保育所の廃止を内容とする条例の制定行為の取消しを求めて訴訟を提起した。

Y：横浜市。設置・運営していた4つの保育所を民営化することを決め，その廃止を内容とする条例を制定した。
なお，保育所の「民営化」については*1を参照。

＊1｜「民営化」
地方公共団体が，設置し，運営している保育所をいったん廃止した上で，社会福祉法人や株式会社等に運営を引き継がせることを，一般に保育所の「民営化」と呼んでいる。公立から私立に変わることによりサービスの質の低下が生じることを心配する保護者などから反対運動が起こることがある。

＊2｜公立保育所を廃止するために
公立保育所は，地方自治法上の「公の施設」にあたるため，地方公共団体がそれを設置・廃止する場合には，条例で定める必要がある。そのため，本件では，保育所の廃止を内容とする条例が制定されたのである。

に入所中の児童及びその保護者という限られた特定の者らに対して，(f)直接，当該保育所において保育を受けることを期待し得る上記の法的地位を奪う結果を生じさせるものであるから，(g)その制定行為は，行政庁の処分と実質的に同視し得るものということができる。

また，(h)市町村の設置する保育所で保育を受けている児童又はその保護者が，当該保育所を廃止する条例の効力を争って，当該市町村を相手に当事者訴訟ないし民事訴訟を提起し，勝訴判決や保全命令を得たとしても，これらは訴訟の当事者である当該児童又はその保護者と当該市町村との間でのみ効力を生ずるにすぎないから，これらを受けた市町村としては当該保育所を存続させるかどうかについての実際の対応に困難を来すことにもなり，処分の取消判決や執行停止の決定に第三者効（行政事件訴訟法32条）が認められている取消訴訟において当該条例の制定行為の適法性を争い得るとすることには合理性がある。

以上によれば，(i)本件改正条例の制定行為は，抗告訴訟の対象となる行政処分に当たると解するのが相当である」。

> ⇩ **この判決が示したこと** ⇩
>
> 改正条例の制定行為は，行政庁の処分と実質的に同視し得るものであり（下線(g)），また判決等に第三者効の認められている取消訴訟において適法性を争い得るとすることに合理性があるため（下線(h)），処分性が認められる（下線(i)）。

解説

I. 条例制定行為の処分性

取消訴訟の対象となる処分は，行政法理論上の行政行為を主として念頭に置いたものである（取消訴訟の対象が「処分」であることと処分かどうかの基本的な判断基準については，［判例27］［解説］Iを参照）。そのため，本件のような地方公共団体の議会の条例制定行為は，それが，議会という立法機関の行為であり，また行為の内容が条例という規範定立行為であるという点で，行政庁が行う行政行為とは異なることから，一般的には処分とは認められなさそうである。この点は，最高裁も認めるところである（下線(b)）。しかしながら，本判決は，本件の条例制定行為について，行政庁の処分と実質的に同視しうるものであるということ（下線(g)），加えて，処分性を認めて取消訴訟という救済方法で争わせることが合理的であること（下線(h)），から処分性を認めた（下線(i)）。なお，本判決では処分性の要件は認められたものの狭義の訴えの利益が認められなかったため，結局取消訴訟は不適法とされている。*4

II. 本件の条例制定行為が行政庁の処分と実質的に同視し得ること

本判決が処分性を認めた第1の理由は，本件の条例制定行為が行政庁の処分と実質的に同視し得ると考えたからである（下線(g)）。

通常，法律や条例は，抽象的な形で権利や義務に関する規範を定めるにとどまり，

---

*3｜保育所の廃止を内容とする条例

横浜市保育所条例の一部を改正する条例
　横浜市保育所条例の一部を次のように改正する。
　　別表中
　「横浜市日野保育園」
　「横浜市丸山台保育園」を
　「横浜市日野保育園」
　に……改める。
　（以下略）

※横浜市保育所条例は，1条1項において「児童福祉法……第35条第2項の規定により，本市に保育所を設置する」とし，1条2項において「前項の保育所の名称及び位置は，別表のとおりとする」としている。そして，別表において保育所の名称と位置が列記されている。

前記横浜市保育所条例の一部を改正する条例により，「横浜市丸山台保育園」は，この別表から削除されることになり，その結果，市が設置する保育所としては廃止されたことになるのである。

*4｜狭義の訴えの利益が認められなかった

本判決では，処分性の要件は認められたものの原告の保育の実施期間が満了していたため，狭義の訴えの利益（［判例33］［解説］I参照）は認められず，訴えは不適法とされた。

それを具体化する（特定の個人の権利や義務を変動させる）には，行政行為のような形で実施されることが必要である。たとえば，法律において，一定の要件を満たす場合には許可を取り消すものと定められたとしても，その時点では一般抽象的なものにすぎず，法律に基づいて実際に許可が取り消されることでその内容は具体化されることになる。しかしながら，本件の改正条例は，それが，特定の保育所の廃止のみを内容とするという特殊なものであった（下線(c)）。すなわち，制度の解釈上，Xらが，保育の実施期間が満了するまでの間，それらの保育所で保育を受けることを期待し得る法的地位を有するとすると（下線(a)），そうした内容の条例は，行政行為による条例の実施を待つことなく，Xらの法的地位を直接に奪うものといえる（下線(d)～(f)）。加えて，条例の内容が保育所を廃止するというものであり，その法的効果が及ぶ範囲が，現在そうした法的地位を有しているXらに限定されている点にも注意が必要である（下線(e)）（この点について，**ほか判**も参照）。

Ⅲ．取消訴訟という形式で争わせることが合理的であること

本判決は，他の訴訟形式と比較して，取消訴訟という訴訟形式が救済方法として合理的であることも指摘している。本判決が，その理由として指摘しているのは，取消判決や執行停止の決定に第三者効が認められているという点である。つまり，取消訴訟の取消判決等には第三者効が認められており（行政事件訴訟法32条），判決等の効力はその当事者だけでなく，原告となっていない第三者である保育所の児童，その保護者などにも及ぶ。したがって，仮に，本件で条例の制定行為が違法であるとされ，取消判決が出されたとすると，そうした第三者との関係でも取り消されたことになる。しかし，第三者効の認められていない当事者訴訟（詳細は［判例41］〔解説〕参照）や民事訴訟で争うことになった場合，Xらが勝訴すると，Xらとの関係では公立保育所で保育を実施する必要があるが，判決の効力の及ばないXら以外の児童，保護者との関係では保育所を存続させるべきか，Yとしては対応に困難を来すことになる。そのため，本判決は，第三者効の認められる取消訴訟が本件における救済方法として合理的としたのである（下線(h)）。

🔍 ほかの判例も読んでみよう

本判決の前に出された高根町水道条例事件では，最高裁は，水道料金を定める条例の制定行為の処分性を否定していた。この条例の法的効果は現在の住民だけでなく，将来の住民にも及ぶため，本件の保育所廃止条例とは適用対象の特定性という点で異なることに注意する必要がある。

◎最判平成18年7月14日民集60巻6号2369頁（高根町水道条例事件，百選Ⅱ-150）

「本件改正条例は，旧高根町が営む簡易水道事業の水道料金を一般的に改定するものであって，そもそも限られた特定の者に対してのみ適用されるものではなく，本件改正条例の制定行為をもって行政庁が法の執行として行う処分と実質的に同視することはできないから，本件改正条例の制定行為は，抗告訴訟の対象となる行政処分には当たらないというべきである。」

---

*5｜法的地位を有する

本判決では，Xに保育を受けることを期待し得る法的地位が認められたことが処分性が肯定される前提となっている点に注意する必要がある。この点，最判平成14・4・25判例地方自治229号52頁は，小学校の廃止を内容とする条例制定行為の処分性を否定している。これは，特定の小学校で教育を受けさせる権利ないし法的利益が認められなかった原審の次のような判断を是認したためである。

「東京都千代田区が社会生活上通学可能な範囲内に設置する小学校においてその子らに法定年限の普通教育を受けさせる権利ないし法的利益を有するが，具体的に特定の区立小学校で教育を受けさせる権利ないし法的利益を有するとはいえない」。

30 原告適格① ——「法律上の利益を有する者」の意義

もんじゅ訴訟①

最高裁平成4年9月22日判決(民集46巻6号571頁) ▶百選Ⅱ-156

登場人物

Xら：原告。もんじゅの周辺に居住する者。なお、原告側から上告をしたのは、Xらのうち、原審判決において原告適格を否定された者（原子炉から半径20kmの範囲外に住居を有する者）らである。

Y：内閣総理大臣。当時の規制法における許可権者。

A：動力炉・核燃料開発事業団（動燃）。動燃については［判例37］＊3を参照。

＊1│原告適格

取消訴訟の訴訟要件の1つ。訴訟要件とは、裁判所が本案判決をするのに必要な要件であり、訴訟要件を満たさない訴えは、却下となる。行訴法は、取消訴訟の訴訟要件として、処分性（［判例27］～［判例29］）、原告適格（［判例30］～［判例32］）、狭義の訴えの利益（［判例33］、［判例34］）、被告適格、管轄裁判所、出訴期間、審査請求前置（審査請求前置が定められている場合）、を定めている。

🔍 事案をみてみよう

本件は、原子炉設置許可処分を争う行政訴訟において、処分の相手方ではない周辺住民らの原告適格の有無が争点となった事案である。最高裁が本判決において示した「法律上の利益を有する者」についての判断は、平成16年の行訴法改正（9条2項の新設）に影響を与えたといわれている。

Aは、福井県敦賀市に高速増殖炉もんじゅ＊2の建設・運転を計画し、内閣総理大臣（Y）から、核原料物質、核燃料物質及び原子炉の規制に関する法律（「規制法」）に基づき原子炉設置許可処分を受けた。これに対して、周辺住民のXらはもんじゅの設置・稼働により生命・身体を損傷される等重大な被害を受けるとしてYを被告とする設置許可処分の無効確認訴訟と、Aを被告とする原子炉施設建設・運転の民事差止訴訟＊4を提起した。以下では、無効確認訴訟（原告側からの上告事件の最高裁判決）において述べられた、取消訴訟の原告適格に関する判示を紹介する。

✓ 読み解きポイント

最高裁は、行訴法9条にいう「法律上の利益を有する者」を、どのように判断するものとしているだろうか。

📖 判決文を読んでみよう

「行政事件訴訟法9条は、取消訴訟の原告適格について規定するが、同条にいう⒜当該処分の取消しを求めるにつき『法律上の利益を有する者』とは、当該処分により自己の権利若しくは法律上保護された利益を侵害され又は必然的に侵害されるおそれのある者をいうのであり、⒝当該処分を定めた行政法規が、不特定多数者の具体的利益を専ら一般的公益の中に吸収解消させるにとどめず、それが帰属する個々人の個別的利益としてもこれを保護すべきものとする趣旨を含むと解される場合には、かかる利益も右にいう法律上保護された利益に当たり、当該処分によりこれを侵害され又は必然的に侵害されるおそれのある者は、当該処分の取消訴訟における原告適格を有するものというべきである……。そして、⒞当該行政法規が、不特定多数者の具体的利益をそれが帰属する個々人の個別的利益としても保護すべきものとする趣旨を含むか否かは、当該行政法規の趣旨・目的、当該行政法規が当該処分を通して保護しようとしている利益の内容・性質等を考慮して判断すべきである。

行政事件訴訟法36条は，無効等確認の訴えの原告適格について規定するが，同条にいう当該処分の無効等の確認を求めるにつき『法律上の利益を有する者』の意義についても，右の取消訴訟の原告適格の場合と同義に解するのが相当である。」

「(d)〔規制法〕24条1項3号所定の技術的能力の有無及び4号所定の安全性に関する各審査に過誤，欠落があった場合には重大な原子炉事故が起こる可能性があり，事故が起こったときは，原子炉施設に近い住民ほど被害を受ける蓋然性が高く，しかも，その被害の程度はより直接的かつ重大なものとなるのであって，特に，原子炉施設の近くに居住する者はその生命，身体等に直接的かつ重大な被害を受けるものと想定されるのであり，右各号は，このような原子炉の事故等がもたらす災害による被害の性質を考慮した上で，右技術的能力及び安全性に関する基準を定めているものと解される。右の3号（技術的能力に係る部分に限る。）及び4号の設けられた趣旨，右各号が考慮している被害の性質等にかんがみると，右各号は，単に公衆の生命，身体の安全，環境上の利益を一般的公益として保護しようとするにとどまらず，原子炉施設周辺に居住し，右事故等がもたらす災害により直接的かつ重大な被害を受けることが想定される範囲の住民の生命，身体の安全等を個々人の個別的利益としても保護すべきものとする趣旨を含むと解するのが相当である。

そして，当該住民の居住する地域が，前記の原子炉事故等による災害により直接的かつ重大な被害を受けるものと想定される地域であるか否かについては，当該原子炉の種類，構造，規模等の当該原子炉に関する具体的な諸条件を考慮に入れた上で，(e)当該住民の居住する地域と原子炉の位置との距離関係を中心として，社会通念に照らし，合理的に判断すべきものである。」

> ⬇ **この判決が示したこと** ⬇
>
> ① 処分の取消しを求めるにつき「法律上の利益を有する者」とは，当該処分により自己の権利もしくは法律上保護された利益を侵害されまたは必然的に侵害されるおそれのある者をいう（下線(a)）。当該処分を定めた行政法規が，不特定多数者の具体的利益をもっぱら一般的公益の中に吸収解消させるにとどめず，それが帰属する個々人の個別的利益としてもこれを保護すべきものとする趣旨を含むと解される場合には，かかる利益も右にいう法律上保護された利益にあたる（下線(b)）。
>
> ② 当該行政法規が，不特定多数者の具体的利益をそれが帰属する個々人の個別的利益としても保護すべきものとする趣旨を含むか否かは，当該行政法規の趣旨・目的，当該行政法規が当該処分を通して保護しようとしている利益の内容・性質等を考慮して判断される（下線(c)）。

👆 解説

Ⅰ. 取消訴訟の原告適格──「第三者の原告適格」の問題

取消訴訟は主観訴訟であり，処分の取消しを求めるにつき「法律上の利益」がある者に限り出訴することが認められる（行訴法9条1項）。不利益な処分を受けた者が，

---

*2｜高速増殖炉「もんじゅ」
福井県敦賀市にある高速増殖炉（研究用原子炉）。仏教の文殊菩薩から命名されたといわれている。原子炉（高速増殖炉）の原型炉として，研究開発において主導的な役割を果たすものとして注目されていたが，平成7年のナトリウム漏洩事故，平成12年の炉内中継装置落下事故などが続き，平成28年12月21日に廃炉が決定され，平成30年3月28日に廃止措置計画が認可されている。
［判例37］*1も参照のこと。

*3｜核原料物質，核燃料物質及び原子炉の規制に関する法律
昭和32年法律第166号。原子炉および核物質の取扱いを規制する法律。
［判例13］*2も参照のこと。

*4｜無効確認訴訟
本件は，原子炉設置許可処分の無効確認訴訟として提起されているが，最高裁は，無効確認訴訟の原告適格は「取消訴訟の原告適格の場合と同義に解するのが相当である」と判示している。無効確認訴訟の補充性の問題については，［判例37］を参照。

*5｜主観訴訟
私人の個人的な権利利益の保護を目的とする訴訟。客観訴訟（客観的な法秩序の適正維持を目的とする訴訟）に対置されるもの。行訴法上，抗告訴訟（3条）と当事者訴訟（4条）は主観訴訟に，民衆訴訟（5条）と機関訴訟（6条）は客観訴訟にあたると整理されている。

*6 景観利益の主張

鞆の浦における公有水面埋立免許の差止めを周辺住民らが求めた事案(鞆の浦訴訟)において、広島地判平成21・10・1判時2060号3頁は、公有水面埋立法および関連法規の解釈を踏まえ、景観利益は私法上の法律関係において法律上保護に値すると述べ、鞆地区の住民の原告適格を肯定している。同事業の仮の差止めについては[判例40]ほか判を参照。

*7 サービス利用者からの争い

一例として、鉄道事業法に基づく旅客運賃認可処分をめぐって、鉄道利用者が取消訴訟等を出訴した事件(北総鉄道事件)につき、東京地判平成25・3・26判時2209号79頁は、居住地から職場・学校への日々の通勤・通学の手段として反復継続して日常的に鉄道を利用している者の原告適格を認めている(控訴審東京高判平成26・2・19訟月60巻6号1367頁は控訴棄却、上告審最判平成27・4・21判例集未登載は上告不受理)。

*8 法律上保護された利益説と裁判上保護に値する利益説

前者は、訴訟の対象とされている処分について定める法律(根拠法)等、実定法によって保護された利益を侵害される者に原告適格を認めると考える説。後者は、処分により侵害される利益に着目し、その利益が裁判によって救済されるべき(法的保護に値する)利益である場合に原告適格が認められると考える説。

自分に対する処分の取消しを求めるについて「法律上の利益」が認められることに問題はない。それでは、処分がなされた場合、その処分の名宛人ではない者(第三者)が、その取消しを求めて出訴したいと考える場合はどうだろうか。これが、「第三者の原告適格」といわれる問題である。本件において問題とされたのも、この「第三者(本件の場合には、原子炉の周辺に居住する者)の原告適格」の問題である。

第三者の原告適格が問題となる場面には、本件のように、許認可等の対象となる施設等の周辺住民の生命・身体への被害が主張される事案のほか、騒音・振動による健康または生活環境に係る被害([判例25]、[判例31])等が主張される事案、文教上または保健衛生上の被害([判例31]ほか判〔サテライト大阪事件判決〕)等が主張される事案、景観利益が主張される事案*6、等がある。事業者のサービスを利用する者から争いが提起される事案もある。周辺住民の原告適格については[判例31]で、競業者・既存業者の原告適格については[判例32]で、各々扱う。*7

II. 行訴法9条の「法律上の利益」の解釈と、本判決の考え方

第三者の原告適格の問題は、行訴法9条に定める「法律上の利益」をどのように解釈するかという問題となる。学説においては、この「法律上の利益」について、法律上保護された利益説と裁判上保護に値する利益説(法的保護に値する利益説)との対立が論じられてきた。最高裁は、昭和53年最判(ほか判〔主婦連ジュース訴訟〕)以来、一貫して「法律上保護された利益説」を採用していると解されている。本判決も、従来の裁判例と同様、法律上保護された利益説の立場に立つものである(下線(a)(b))。*8

本判決の注目点は、本判決が第三者の原告適格について検討するに際し、「当該法規が当該処分を通して保護しようとしている利益の内容・性質」という事項を考慮して判断すべきとしている点にある(下線(c))。(上記では引用はしていないが)判決では下線(b)の後において第三者の原告適格に関する3つの先例的判決(昭和53年最判(ほか判〔主婦連ジュース訴訟〕)、昭和57年最判(最判昭和57・9・9民集36巻9号1679頁〔長沼ナイキ訴訟〕)、平成元年最判(ほか判〔新潟空港訴訟〕))が参照され、その上で下線(c)が述べられている。判決の下線(d)は、「利益の内容・性質」について検討している部分である。処分が違法であった結果として事故が起こった場合の被害の性質等について言及するこれらの判示は、行訴法の平成16年改正の際に、行訴法9条2項の条文に影響を与えたといわれている。

本判決は、規制法24条1項3号および4号の「設けられた趣旨、右各号が考慮している被害の性質等にかんがみると」、これらは「原子炉施設周辺に居住し、右事故等がもたらす災害により直接的かつ重大な被害を受けることが想定される範囲の住民の生命、身体の安全等を個々人の個別的利益としても保護すべきものとする趣旨を含むと解するのが相当である」とし、「上告人らは、いずれも本件原子炉の設置許可の際に行われる……安全性に関する各審査に過誤、欠落がある場合に起こり得る事故等による災害により直接的かつ重大な被害を受けるものと想定される地域内に居住する者というべき」として、原審(高裁判決)では原告適格が認められなかった原子炉から半径20kmの範囲内に居住する者ではない者についても原告適格を肯定している。*9

学説には，本判決において原告適格が認められた背景には，原発事故等の発生により生ずる生命・身体への被害の重大性が大きな要素となったのではないかとの指摘がある。

ほかの判例も読んでみよう

◎最判昭和 53 年 3 月 14 日民集 32 巻 2 号 211 頁
（主婦連ジュース訴訟判決，百選 II-128）[*10]

「処分について不服があるもの」とは「一般の行政処分についての不服申立の場合と同様に，当該処分について不服申立をする法律上の利益がある者，すなわち，当該処分により自己の権利若しくは法律上保護された利益を侵害され又は必然的に侵害されるおそれのある者をいう，と解すべきである。……右にいう法律上保護された利益とは，行政法規が私人等権利主体の個人的利益を保護することを目的として行政権の行使に制約を課していることにより保障されている利益であつて，それは，行政法規が他の目的，特に公益の実現を目的として行政権の行使に制約を課している結果たまたま一定の者が受けることとなる反射的利益とは区別されるべきものである」。

◎最判平成元年 2 月 17 日民集 43 巻 2 号 56 頁
（新潟空港訴訟，百選 II-183，主張制限の点については[判例 35]）[*11]

「取消訴訟の原告適格について規定する行政事件訴訟法 9 条にいう当該処分の取消しを求めるにつき『法律上の利益を有する者』とは，当該処分により自己の権利若しくは法律上保護された利益を侵害され又は必然的に侵害されるおそれのある者をいうのであるが，当該処分を定めた行政法規が，不特定多数者の具体的利益をもっぱら一般的公益の中に吸収解消させるにとどめず，それが帰属する個々人の個別的利益としてもこれを保護すべきものとする趣旨を含むと解される場合には，かかる利益も右にいう法律上保護された利益に当たり，当該処分によりこれを侵害され又は必然的に侵害されるおそれのある者は，当該処分の取消訴訟における原告適格を有するということができる……。そして，当該行政法規が，不特定多数者の具体的利益をそれが帰属する個々人の個別的利益としても保護すべきものとする趣旨を含むか否かは，当該行政法規及びそれと目的を共通する関連法規の関係規定によつて形成される法体系の中において，当該処分の根拠規定が，当該処分を通して右のような個々人の個別的利益をも保護すべきものとして位置付けられているとみることができるかどうかによつて決すべきである。」

[*9] 原告適格が認められるための距離
本判決は，原告適格が認められる範囲については，「社会通念に照らし，合理的に判断すべき」（下線(e)）とし，判決では，原子炉から約 29 km ないし約 58 km の範囲内に居住している者の原告適格を肯定している。

[*10] 主婦連ジュース訴訟
社団法人日本果汁協会等の申請に対し，公正取引委員会がした果実飲料（ジュース）等の表示に関する公正競争規約の認定処分に対して，主婦連合会と会長が提起した不服申立て（不服申立人適格を否定，上告棄却）。一般消費者の不服申立人適格が問題となった。景表法（不当景品類及び不当表示防止法，当時）の事案であるが，原告適格一般論の先例的判決と位置付けられている。

[*11] 新潟空港訴訟
新潟空港について，運輸大臣（当時）が日本航空に与えた定期航空運送事業免許の取消しを，空港の周辺住民が求めた事案（原告適格肯定，上告は棄却）。下線部にあるように，「当該行政法規及びそれと目的を共通する関連法規の関係規定」と述べ，行訴法 9 条 2 項の条文に影響を与えたとされる判決。本判決については，[判例 35] も参照のこと。

31 原告適格②——周辺住民

小田急訴訟（大法廷判決）

最高裁平成17年12月7日大法廷判決（民集59巻10号2645頁）　▶百選Ⅱ-159

登場人物

Xら：原告。鉄道事業の事業地の周辺住民。Xらの一部の者は付属街路事業の事業地内の不動産につき権利を有していたが、それ以外の者は権利を有していない。

Y：建設大臣（当時）。建設大臣のした処分は、平成13年の省庁改革後は関係法施行法により、関東地方整備局長（国土交通大臣が権限を委任）がした処分とみなされている。

*1│論点回付

最高裁小法廷で審理中の事件について、判例の変更や新たな憲法判断を必要とする場合等に、その審理が大法廷に回されることがある。このように、大法廷での審理が必要な論点について回付されることを論点回付という。大法廷の判決の後、元の小法廷に審理が戻される。

*2│都市高速鉄道9号線の整備に関する都市計画

都市高速鉄道は都市施設（都市計画法4条5項、11条1項各号）として、その整備は都市計画によって定められる（同法11条）。

事案をみてみよう

本件は、都市計画事業認可処分の取消訴訟において、周辺住民の原告適格が認められるかが争点となった事案である（本判決は、原告適格の判断について大法廷に論点回付されたものである。小田急訴訟（本案判決）は、[判例14] ほか判で紹介している）。

東京都は、昭和39年に決定されていた都市高速鉄道9号線の整備に関する都市計画（9号線都市計画）を平成5年に変更し（「平成5年決定」）、都市計画法59条2項に基づいて平成6年に鉄道事業認可の申請をし、建設大臣（当時。Y）はこれを認可（鉄道事業認可処分）した。これに並行して、世田谷区長は東京都の承認を受けて事業区間の鉄道に沿って付属街路を設置するための付属街路都市計画を決定した。東京都はYに対し付属街路事業認可の申請をし、Yはこれを認可（付属街路認可処分）した。

この鉄道事業と付属街路事業に係る関連側道部分の土地所有者および沿線住民であるXらは、本件事業による騒音や振動により、健康的、文化的、平穏な環境を享受する権利や健康で快適な生活が害される等と主張して、Yを被告として、鉄道事業認可処分および付属街路認可処分の取消しを求めて出訴した。大法廷では、Xらの原告適格の有無が争点とされた。

✓ 読み解きポイント

- 最高裁は、Xらの原告適格の有無の判断にあたり、認可処分の根拠規定の「趣旨及び目的」をどのように解しているだろうか。
- 最高裁は、Xらの原告適格の有無の判断にあたり、どのような「利益の内容及び性質」を検討しているだろうか。

📖 判決文を読んでみよう

「(a)処分の相手方以外の者について〔行訴法9条に定める〕法律上保護された利益の有無を判断するに当たっては、当該処分の根拠となる法令の規定の文言のみによることなく、当該法令の趣旨及び目的並びに当該処分において考慮されるべき利益の内容及び性質を考慮し、この場合において、当該法令の趣旨及び目的を考慮するに当たっては、当該法令と目的を共通にする関係法令があるときはその趣旨及び目的をも参酌し、当該利益の内容及び性質を考慮するに当たっては、当該処分がその根拠となる法令に違反してされた場合に害されることとなる利益の内容及び性質並びにこれが害さ

れる態様及び程度をも勘案すべきものである（同条2項参照）」。

　「都市計画事業の認可は，都市計画に事業の内容が適合することを基準としてされるものであるところ……(b)都市計画に関する都市計画法の規定に加えて……公害対策基本法等の規定の趣旨及び目的をも参酌し，併せて，都市計画法66条が，認可の告示があったときは，施行者が，事業の概要について事業地及びその付近地の住民に説明し，意見を聴取する等の措置を講ずることにより，事業の施行についてこれらの者の協力が得られるように努めなければならないと規定していることも考慮すれば，(c)都市計画事業の認可に関する同法の規定は，事業に伴う騒音，振動等によって，事業地の周辺地域に居住する住民に健康又は生活環境の被害が発生することを防止し，もって健康で文化的な都市生活を確保し，良好な生活環境を保全することも，その趣旨及び目的とするものと解される。」

　「(d)都市計画法又はその関係法令に違反した違法な都市計画の決定又は変更を基礎として都市計画事業の認可がされた場合に，そのような事業に起因する騒音，振動等による被害を直接的に受けるのは，事業地の周辺の一定範囲の地域に居住する住民に限られ，その被害の程度は，居住地が事業地に接近するにつれて増大するものと考えられる。また，このような事業に係る事業地の周辺地域に居住する住民が，当該地域に居住し続けることにより上記の被害を反復，継続して受けた場合，その被害は，これらの住民の健康や生活環境に係る著しい被害にも至りかねないものである。そして，(e)都市計画事業の認可に関する同法の規定は，その趣旨及び目的にかんがみれば，事業地の周辺地域に居住する住民に対し，違法な事業に起因する騒音，振動等によってこのような健康又は生活環境に係る著しい被害を受けないという具体的利益を保護しようとするものと解されるところ，前記のような被害の内容，性質，程度等に照らせば，この具体的利益は，一般的公益の中に吸収解消させることが困難なものといわざるを得ない。」

*3｜平成5年決定
平成5年決定は，輸送力増強と渋滞解消を目的として，計画の一部区間（小田急小田原線喜多見駅付近から梅ヶ丘駅付近まで）を複々線化し，これと交差する複数の幹線道路と立体交差させ，高架化する事業に変更する内容であった。

*4｜都市計画法59条2項
「都道府県は，市町村が施行することが困難又は不適当な場合その他特別な事情がある場合においては，国土交通大臣の認可を受けて，都市計画事業を施行することができる。」

> **この判決が示したこと**
>
> ① 都市計画法や公害対策基本法等の関連規定を考慮すると，都市計画事業の認可に関する根拠規定は，事業に伴う騒音，振動等によって，事業地の周辺地域に居住する住民に健康または生活環境の被害が発生することを防止し，もって健康で文化的な都市生活を確保し，良好な生活環境を保全することを，その趣旨および目的とするものと解される（下線(b)(c)）。
>
> ② 違法な認可処分に基づく事業が行われた場合に発生する周辺住民の被害の内容，性質，程度等に照らすと，健康または生活環境に係る著しい被害を受けないという具体的利益は，一般的公益の中に吸収解消させることは困難である（原告適格を基礎付ける理由となる）（下線(d)(e)）。

解説

I．行訴法9条2項と本判決

　行訴法9条2項は，もんじゅ訴訟①（[判例30]），新潟空港訴訟（[判例30]**ほか判**）

等を通じて最高裁が示してきた，第三者の原告適格に関する判断の蓄積を明文化したものと言われている。本判決は，行訴法改正前の事案であるが，最高裁判決の時点において施行されていた改正行訴法（平成16年6月成立，平成17年4月1日施行）の内容を踏まえた判示となっており，最高裁が実質的に，改正後の9条2項を用いて第三者（周辺住民）の原告適格について判断を示したものとして注目された判決である。

Ⅱ．Ｘら（周辺住民）の原告適格に関する本判決の考え方

まず，本判決は，下線(a)の前において，もんじゅ最高裁判決（［判例30］の下線(b)）と同内容の判示をし，その上で，9条2項に書かれている考慮事項と考慮方法に言及する（下線(a)）。続いて，考慮事項①（内容については＊5を参照，以下「＊5」と記述）について，都市計画法において都市計画が公害防止計画に適合することが要求されていることを指摘し，公害防止計画に関して規定する公害対策基本法を都市計画法の関連法令と位置付けている（下線(b)）。この下線(b)は，考慮方法③（＊5）（関連法令の趣旨・目的の参酌）を述べた部分といえる。さらに，考慮事項②（＊5）について，最高裁は，違法な都市計画事業の認可がなされた場合，周辺住民の受ける被害が反復・継続することにより，健康または生活環境に係る著しい被害になることを指摘する（下線(d)）。この下線(d)は，考慮方法④（＊5）（違法処分により害される利益の内容・性質，これが害される態様・程度を勘案）を述べた部分といえる。以上，<u>本判決は9条2項の枠組みに忠実に判断し，都市計画法は騒音・振動等により健康または生活環境に係る著しい被害を直接的に受けるおそれのある住民に対して，そのような被害を受けないという利益を個別的利益としても保護する趣旨を含む（そのような被害を受けるおそれのある者には原告適格が認められる）</u>との結論を導いている。これは，環状6号線訴訟判決を変更し，事業地内の不動産に権利を有する者以外にも原告適格を認めることを明らかにしたものであり，国民の権利利益の実効的な救済を図るという行訴法改正の考え方に沿うものとして，学説上肯定的に評価されている。

本判決は，事業地内の不動産に権利を有していない周辺住民（の一部）について原告適格を認めているが，原告適格が認められる者の範囲を画するにあたり，東京都環境影響評価条例に言及し，条例の定める関係地域内に居住している者らについて，原告適格を認めている点に着目しておきたい。

🔍 ほかの判例も読んでみよう

◎**最判平成21年10月15日民集63巻8号1711頁** *7

（サテライト大阪事件判決，百選Ⅱ-161）

「<u>位置基準は，場外施設が医療施設等から相当の距離を有し，当該場外施設において車券の発売等の営業が行われた場合に文教上又は保健衛生上著しい支障を来すおそれがないことを，その設置許可要件の一つとして定めるものである。……法及び規則が位置基準によって保護しようとしているのは，第一次的には……不特定多数者の利益であるところ，それは，性質上，一般の公益に属する利益であって，原告適格を基礎付けるには足りないものであるといわざるを得ない。</u>」「もっとも，場外施設は，多

＊5｜考慮事項と考慮方法

下線(a)で述べられている行訴法9条2項は，2つの考慮事項（①処分の根拠条文と根拠法令の趣旨・目的，②処分において考慮されるべき利益の内容・性質）と2つの考慮方法（③関連法令の趣旨・目的をも参酌すること，④処分が根拠法令に違反してされた場合に害されることになる利益の内容・性質，害される態様・程度をも勘案すること）を定めていると解されている。

＊6｜環状6号線訴訟判決

最判平成11・11・25判時1698号66頁（百選Ⅰ-53）。都市計画法59条2項に基づく事業認可処分，同条3項に基づく事業承認処分の取消訴訟の原告適格につき，事業地内の不動産について権利を有する者の原告適格を認めた一方，事業地周辺地域に居住しまたは通勤・通学する者の原告適格を認めないとしていた。

＊7｜平成21年最判

自転車競技法（当時）に基づく場外車券発売施設（サテライト）の設置許可処分の取消訴訟。周辺住民等に原告適格が認められるか否かが争点となった。最高裁は，自転車競技法の許可基準（省令〔同法施行規則〕）である①位置基準および②周辺環境調和基準に言及し，医療施設等の開設者の利益は①により個別的利益として保護されているとしたが，①も②も周辺住民の原告適格を理由付けるものとはならないとの判断を示した。

数の来場者が参集することによってその周辺に享楽的な雰囲気や喧噪といった環境をもたらすものであるから，位置基準は，そのような環境の変化によって周辺の医療施設等の開設者が被る文教又は保健衛生にかかわる業務上の支障について，特に国民の生活に及ぼす影響が大きいものとして，その支障が著しいものである場合に当該場外施設の設置を禁止し当該医療施設等の開設者の行う業務を保護する趣旨をも含む規定であると解することができる。……このように，位置基準は，一般的公益を保護する趣旨に加えて，上記のような業務上の支障が具体的に生ずるおそれのある医療施設等の開設者において，健全で静穏な環境の下で円滑に業務を行うことのできる利益を，個々の開設者の個別的利益として保護する趣旨をも含む規定であるというべきであるから，当該場外施設の設置，運営に伴い著しい業務上の支障が生ずるおそれがあると位置的に認められる区域に医療施設等を開設する者は，位置基準を根拠として当該場外施設の設置許可の取消しを求める原告適格を有するものと解される。」

◎最判令和5年5月9日民集77巻4号859頁（納骨堂経営許可取消訴訟事件判決）[*8]

「同条〔法（墓地，埋葬等に関する法律）10条〕は，その許可の要件を特に規定しておらず，それ自体が墓地等の周辺に居住する者個々人の個別的利益をも保護することを目的としているものとは解し難い（最高裁平成……12年3月17日第二小法廷判決・裁判集民事197号661頁……。以下……「平成12年判決」という。）。」「もっとも，法10条が上記許可の要件を特に規定していないのは……墓地等の経営又は墓地の区域等の変更（以下「墓地経営等」という。）に係る許否の判断については，上記のような法の目的に従った都道府県知事の広範な裁量に委ね，地域の特性に応じた自主的な処理を図る趣旨に出たものと解される。そうすると，同条は，法の目的に適合する限り，墓地経営等の許可の具体的な要件が，都道府県（市又は特別区にあっては，市又は特別区）の条例又は規則により補完され得ることを当然の前提としているものと解される。」[*9]「本件細則8条は，法の目的に沿って，大阪市長が行う法10条の規定による墓地経営等の許可の要件を具体的に規定するものであるから，被上告人らが本件各許可の取消しを求める原告適格を有するか否かの判断に当たっては，その根拠となる法令として本件細則8条の趣旨及び目的を考慮すべきである。……〔本件細則8条本文は〕学校，病院及び人家という特定の類型の施設に特に着目し，その周囲おおむね300m以内の場所における墓地経営等については，これらの施設に係る生活環境を損なうおそれがあるものとみて，これを原則として禁止する規定であると解される。……そうすると，本件細則8条は，墓地等の所在地からおおむね300m以内の場所に敷地がある人家については，これに居住する者が平穏に日常生活を送る利益を個々の居住者の個別的利益として保護する趣旨を含む規定であると解するのが相当である。」

*8 | 令和5年最判
大阪市長が，宗教法人であるA寺に対し，墓地，埋葬等に関する法律10条の規定に基づいて行った納骨堂経営許可および当該施設変更許可について，同納骨堂の周辺に居住する原告（被上告人）らが取消しを求めた事案。なお，本判決は，（判決文中に言及のある）平成12年判決について，「条例中に本件細則8条とは異なる内容の規定が設けられている場合に関するものであって，事案を異にし，本件に適切でない」としている。

*9 | 法律と条例
ここで多数意見は，法に定める要件は「条例又は規則により補完され得ることを当然の前提」としているが，宇賀克也裁判官意見は，「法10条は，許可要件を条例に委任しているわけではないので」と述べ，平成12年判決については「変更を免れないもの」としている。

32 原告適格③
——競業者・既存業者
小浜市一般廃棄物処理業既存業者事件

最高裁平成26年1月28日判決（民集68巻1号49頁） ▶百選Ⅱ-165

登場人物

X：原告。昭和33年に有限会社として設立され，小浜市（Y）に本店を置く会社。設立当初から，Y市内で，一般廃棄物の収集運搬，し尿浄化槽およびその他衛生処理施設の清掃および保守点検等を業として行ってきた。

Y：被告。福井県小浜市。福井県南西部に位置する。第44代アメリカ大統領バラク・オバマと同じ名前であることから話題になったことがある。

A：平成13年に有限会社として設立され，Y市内に本店を置く一般廃棄物および産業廃棄物の収集運搬等を業とする会社。

B：平成8年に有限会社として設立され，兵庫県西脇市に本店を置く古紙の収集および販売ならびに一般廃棄物のリサイクルおよび処理等を業とする会社。

*1｜**廃棄物処理法**
廃棄物の処理及び清掃に関する法律（昭和45年法律第137号）。廃棄物の排出を抑制し，廃棄物の適正な分別・保管・収集・運搬・再生・処分等の処理をし，生活環境を清潔にすることにより，生活環境の保全および公衆衛生の向上を図ることを目的とする（1条）。

🔍 事案をみてみよう

本件は，廃棄物処理法[*1]（「法」）に基づく一般廃棄物収集運搬業の許可更新処分，一般廃棄物処分業の許可更新処分の取消しを求めるにつき，処分の相手方ではない者[*2]（第三者。本件の場合には，同種の許可処分を得て業を営む既存業者）に原告適格が認められるかが争点となった事案である。

Xは，小浜市（Y）の市長から一般廃棄物収集運搬業許可処分および更新処分を受け，Yから一般廃棄物の収集および運搬を委託されていた。その後，Y市長はAに対して一般廃棄物収集運搬業の許可更新処分（「本件更新処分1」）を，Bに対して一般廃棄物収集運搬業および一般廃棄物処分業の許可更新処分（「本件更新処分2」）をした。Xは，これら処分の取消しと国家賠償法1条1項に基づく損害賠償を求めて出訴した。

取消訴訟の原告適格について，Xは「廃棄物処理法は，一般廃棄物収集運搬業者その他の一般廃棄物の適正な処理を実施する者（同法6条2項4号）が無用な競争にさらされて一般廃棄物の収集又は運搬の事業から撤退したり適正な処理をしなかったりすることのないよう，こうした者に対し，一定程度の利潤の確保と一般廃棄物の収集又は運搬の事業における地位の安定を図っている」等と主張していた。

✓ 読み解きポイント

A・Bに対する処分について，処分の名宛人ではないX（既存業者）に，処分取消訴訟の原告適格は認められるのだろうか。

📖 判決文を読んでみよう

「以上のような一般廃棄物処理業に関する需給状況の調整に係る規制の仕組み及び内容[*3]，その規制に係る廃棄物処理法の趣旨及び目的，一般廃棄物処理の事業の性質，その事業に係る許可の性質及び内容等を総合考慮すると，廃棄物処理法は，市町村長から一定の区域につき一般廃棄物処理業の許可又はその更新を受けて市町村に代わってこれを行う許可業者について，当該区域における需給の均衡が損なわれ，その事業の適正な運営が害されることにより前記のような事態が発生することを防止するため，上記の規制を設けているものというべきであり，(a)同法は，他の者からの一般廃棄物処理業の許可又はその更新の申請に対して市町村長が上記のように既存の許可業者の事業への影響を考慮してその許否を判断することを通じて，当該区域の衛生や環境を

保持する上でその基礎となるものとして、その事業に係る営業上の利益を個々の既存の許可業者の個別的利益としても保護すべきものとする趣旨を含むと解するのが相当である。したがって、(b)市町村長から一定の区域につき既に廃棄物処理法7条に基づく一般廃棄物処理業の許可又はその更新を受けている者は、当該区域を対象として他の者に対してされた一般廃棄物処理業の許可処分又は許可更新処分について、その取消しを求めるにつき法律上の利益を有する者として、その取消訴訟における原告適格を有するものというべきである。」

「廃棄物処理法において一般廃棄物収集運搬業と一般廃棄物処分業とは別途の許可の対象とされ、各別に需給状況の調整等が図られる仕組みが設けられているところ、(c)本件において、Xは、一般廃棄物収集運搬業の許可及びその更新を受けている既存の許可業者であるから、本件更新処分1及び本件更新処分2のうち一般廃棄物収集運搬業の許可更新処分について、その取消しを求める原告適格を有していたものというべきである。他方、Xは、一般廃棄物処分業の許可又はその更新を受けていないから、本件更新処分2のうち一般廃棄物処分業の許可更新処分については、その取消しを求める原告適格を有しない。」

> ↓ この判決が示したこと ↓
>
> ① 法は、一般廃棄物処理業の許可の範囲とされる区域の衛生や環境を保持する上でその基礎となるものとして、事業に係る営業上の利益を個々の既存の許可業者の個別的利益としても保護すべきものとする趣旨を含む（下線(a)）。
> ② 市町村長から一定の区域につきすでに一般廃棄物処理業の許可またはその更新を受けている者は、当該区域を対象として他の者に対してされた一般廃棄物処理業の許可処分または許可更新処分について、その取消しを求めるにつき法律上の利益を有する（下線(b)）。
> ③ Xは、本件更新処分1および本件更新処分2のうち一般廃棄物収集運搬業の許可更新処分について、その取消しを求める原告適格を有する（下線(c)）。

解説

I. 第三者の原告適格──競業者・既存業者[*4]

本件におけるXは、従前から一般廃棄物収集運搬業の許可を得ていたものであり、Xは、AおよびBに対して許可更新処分がなされることにより、自らの営業上の利益が侵害される（そしてこの営業上の利益は、原告適格を基礎付ける「法律上保護された利益」である）と主張して、同種の業を営む者（競業者）という立場で取消訴訟を提起している。

競業者の原告適格が問題となる場面には、他者に授益的処分（許認可等）がなされると自身への授益的処分がなされなくなるという競合関係にたつ場合（**ほか判・東京12チャンネル事件判決**を参照）と、他者に新たな許可が行われることによりすでに許可を得ている者（既存業者）が競争上の不利益を被ると考えられる場合とがありうる。本件で問題になったのはこの後者の場合である。

---

*2 │ 処理業・収集運搬業・処分業

法は、一般廃棄物「処理業」を、「収集運搬業」と「処分業」とに分け、収集運搬には「収集運搬業」の許可（7条1項）、処分には「処分業」の許可（7条6項）を要するものと定めている。許可権者はいずれも市町村長である。

*3 │ 一般廃棄物処理業に関する需給状況の調整

引用部分の前で何が述べられていたかについては、〔解説〕IIを参照。

*4 │ 競業者

一般的には、営業上の競争相手のことを指すが、原告適格の問題における競業者とは、（一定の事業が許可制とされている場合に）同一の許可処分、許可更新処分等を求める関係にある業者を指すものとして用いられる。

この問題に対しては，業の規制（新規事業者の参入規制）に伴って既存業者が受ける利益は規制から派生する反射的な利益ととらえられるのが（従前は）一般的であったこと，また，適正配置規制や需給調整の明文上の規定があるか否かが（個別的に保護される利益か否かを判別する）1つの指標とされてきたこと等が指摘されてきた。なお，これまでに，既存業者の原告適格が争われた最高裁の判決には，質屋営業許可[*5]（最判昭和34・8・18民集13巻10号1286頁），公衆浴場営業許可[*6]（最判昭和37・1・19民集16巻1号57頁，百選Ⅱ-164），幼稚園設置認可[*7]（最判昭和59・12・4集民143号263頁），病院開設許可[*8]（最判平成19・10・19判時1993号3頁），等がある。

Ⅱ．X（既存業者）の原告適格に関する本判決の考え方

本判決は，法は既存業者の営業上の利益を個別的利益として保護する趣旨を含むと解するのが相当（下線ⓐ）としているが，本件で問題になった一般廃棄物処理業の許可について，法には，適正配置規制や需給調整に関する規定が明示的・直接的に定められているわけではない。この点について，本判決は，引用部分の前において次のように述べている。「一般廃棄物処理業は，市町村の住民の生活に必要不可欠な公共性の高い事業であり，その遂行に支障が生じた場合には，市町村の区域の衛生や環境が悪化する事態を招来し，ひいては一定の範囲で市町村の住民の健康や生活環境に被害や影響が及ぶ危険が生じ得るものであって，その適正な運営が継続的かつ安定的に確保される必要がある……一般廃棄物の発生量及び処理量の見込みに基づいてこれを適正に処理する実施主体等を定める一般廃棄物処理計画に適合すること等の許可要件に関する市町村長の判断を通じて，<u>許可業者の濫立等によって事業の適正な運営が害されることのないよう，一般廃棄物処理業の需給状況の調整が図られる仕組みが設けられている</u>」（省略をしているが，上記部分では，松任市の平成16年最判〔［判例17］ほか判〕が引用されている）。そして，このような仕組みが設けられているのであるから，「一般廃棄物処理計画との適合性等に係る許可要件に関する市町村長の判断に当たっては，その申請に係る区域における一般廃棄物処理業の適正な運営が継続的かつ安定的に確保されるように，当該区域における需給の均衡及びその変動による既存の許可業者の事業への影響を適切に考慮することが求められるものというべき」である。

これらの言及に続くのが引用部分の判示である。最高裁はここ（下線ⓐⓑ）で，「一般廃棄物処理業の許可又はその更新を受けている者」には同業者への許可処分の取消しを求める法律上の利益が認められ，原告適格を有するとの判断を示している。

なお，本判決は，一般廃棄物収集運搬業と処分業とは別途の許可の対象とされており，別々に需給調整が図られる仕組みとなっているとして，一般廃棄物処分業について許可を得ていないXは，一般廃棄物処分業の許可更新処分（本件更新処分2）については原告適格を有しないとしている（下線ⓒに続く引用部分を参照）。ちなみに，引用部分の続きにおいて，判示は，Xが収集運搬業について廃業を届け出ていることから，収集運搬業に係る更新処分（本件更新処分1）についての取消しを求める（狭義の）訴えの利益は消滅した[*9]（更新処分の取消訴訟を却下した原審の判断は結論において是認することができる）としている。

[*5] 昭和34年最判
質屋を営む原告が，別の業者に対する質屋営業許可処分の取消しを求めて争った事例。既存業者には取消しを求める法律上の利益はないとして原告適格を否定。

[*6] 昭和37年最判
公衆浴場を営む原告が，別の業者に対する公衆浴場営業許可処分の無効確認を求めて出訴した事例。反射的利益論をとった原判決を破棄し，公衆浴場法の規定は既存業者を濫立による経営の不合理化から守ろうとする意図を有し，業者の営業上の利益は法により保護される法的利益と判示して一審に差戻し。

[*7] 昭和59年最判
既設幼稚園の経営者は，他者に対してなされた幼稚園認可処分の取消訴訟の原告適格を有しないとした判決。

[*8] 平成19年最判
医療法に基づく病院の開設許可につき，開設予定の病院の付近で医療施設を開設している者が提起した取消訴訟について，原告適格を否定した判決。

[*9] 狭義の訴えの利益
取消訴訟の訴訟要件の1つ。行政事件訴訟法9条1項かっこ書。狭義の訴えの利益については，［判例33］，［判例34］を参照。

ほかの判例も読んでみよう

◎最判昭和43年12月24日民集22巻13号3254頁

(東京12チャンネル事件判決,百選Ⅱ-166)

　第12チャンネルによるテレビジョン放送局の開設について,5者が,郵政大臣(当時。Y)に同時に免許申請をしたところ,Aに対して予備免許がなされ,Xを含む残り4者の申請が拒否されたため,Xが,自己に対する免許拒否処分と,Aに対する予備免許処分の取消しを求めて争った事案。Xからの異議申立てに対し,Yが,電波監理審議会の議決を経て異議申立てを棄却したため,Xはこの棄却決定の取消しを求めて出訴した。他者に授益的処分(許認可等)がなされると自身への授益的処分がなされなくなるという競合関係に立つというケースであり,本件の争点の1つが,Xに棄却決定の取消しを求める利益が認められるかであった。

　最高裁は,①Xに対する拒否処分と②Aに対する処分は「表裏の関係にある」として,Xは①と②の双方について取消しを求めることができるとの判断を示している(上告棄却)。①と②のいずれを争うかにつき選択可能性を認めた本判決の考え方については,競願関係をめぐる訴訟対象のいたずらな繁雑化の回避に資するものであるとの評価もある。

　「訴外AとXとは,係争の同一周波をめぐつて競願関係にあり,Yは,Xよりも訴外Aを優位にあるものと認めて,これに予備免許を与え,Xにはこれを拒んだもので,<u>Xに対する拒否処分と訴外Aに対する免許付与とは,表裏の関係にあるものである</u>。そして,Xが右拒否処分に対して異議申立てをしたのに対し,Yは,電波監理審議会の議決した決定案に基づいて,これを棄却する決定をしたものであるが,これが後述のごとき理由により違法たるを免れないとして取り消された場合には,Yは,右決定前の白紙の状態に立ち返り,あらためて審議会に対し,Xの申請と訴外Aの申請とを比較して,はたしていずれを可とすべきか,その優劣についての判定(決定案についての議決)を求め,これに基づいて異議申立てに対する決定をなすべきである。すなわち,<u>本件のごとき場合においては,Xは,自己に対する拒否処分の取消しを訴求しうるほか,競願者(訴外A)に対する免許処分の取消しをも訴求しうる(ただし,いずれも裁決主義がとられているので,取消しの対象は異議申立てに対する棄却決定となる。)</u>が,いずれの訴えも,自己の申請が優れていることを理由とする場合には,申請の優劣に関し再審査を求める点においてその目的を同一にするものであるから,免許処分の取消しを訴求する場合はもとより,拒否処分のみの取消しを訴求する場合にも,Yによる再審査の結果によつては,訴外Aに対する免許を取り消し,Xに対し免許を付与するということもありうるのである。」

*10 | 予備免許を受けたA

予備免許を受けた者(A)は「財団法人日本科学技術振興財団」,この財団が開局したのが「日本科学技術財団テレビ局」(通称東京12チャンネル)。その後,同局の番組制作を目的とする「株式会社東京十二チャンネルプロダクション」が設立され,ここに事業が譲渡されている(これが現在のテレビ東京)。なお,チャンネル12は,地上デジタル放送の開始でチャンネル7に変更されている。

*11 | 予備免許と狭義の訴えの利益

Aに与えられた予備免許は後に本免許となり,予備免許自体の免許期間は満了していたため,取消しを求める狭義の訴えの利益の問題も争点になっていた(狭義の訴えの利益については*9を参照)。最高裁は次のように述べ,狭義の訴えの利益は消滅していないと判示している。
「……競願者に対する免許処分(異議申立て棄却決定)の取消訴訟において,所論免許期間の満了という点が問題になるのであるが,期間満了後再免許が付与されず,免許が完全に失効した場合は格別として,期間満了後ただちに再免許が与えられ,継続して事業が維持されている場合に,これを……免許失効の場合と同視して,訴えの利益を否定することは相当でない。けだし,訴えの利益の有無という観点からすれば,……当初の免許期間の満了と再免許は,たんなる形式にすぎず,免許期間の更新とその実質において異なるところはないと認められるからである。」

33 狭義の訴えの利益①
——工事の完了と訴えの利益

仙台市台原建築確認取消訴訟

最高裁昭和59年10月26日判決（民集38巻10号1169頁） ▶百選Ⅱ-170

登場人物

X：Yがした建築確認に基づいて建築された建物の近隣住民。建築確認は違法であると主張。Xは出訴前、法に基づき、仙台市建築審査会に本件各確認の取消しを求めて審査請求をしていたが、審査会はXの審査請求を棄却する裁決を出していた。

Y：仙台市建築主事。訴外4名の申請に対し、建築確認を行う。建築物が完成している場合には、確認の取消しを求める訴えの利益はないと主張。なお、建築主事とは、建築確認に関する事務を行うために置かれる公務員である（建築基準法4条）。

*1｜建築主事による建築確認

建築基準法に基づき、建築物等の建築計画が関係法令に適合していることを着工前に審査し、適合していることを認める行政行為。建築確認を行う「建築主事」については［判例08］＊4を参照。
「特定行政庁」とは、建築主事を置く市町村については当該市町村の長、その他の市町村の区域においては都道府県知事をいう（建築基準法2条35号）。本件の場合には仙台市長となる。

事案をみてみよう

本件は，建築主事による建築確認[*1]の対象となった建物の建築がすでに完成している場合において，建築確認（処分）の取消訴訟を提起することができるか（狭義の訴えの利益が認められるか）が争点となった事案である。

仙台市の建築主事であるYは，訴外4名の申請に基づき，土地上に建築する各建物（「本件各建物」）について，建築基準法（「法」）による建築確認（「本件各確認」）をした。Xは，本件各確認においてYが二項道路とした通路（この通路は，本件各建物が所在する土地に隣接していた）を従前から使用していたが，本件各確認に基づいて建築された建物により，保健衛生上悪影響を受け，または火災等の危険にさらされるおそれがあると主張し，本件各確認は，この通路が二項道路に該当しないにもかかわらずこれを二項道路と認めた上でなされたものであるなどの違法があるとして，審査請求を経た後，本件各確認の取消しを求めて出訴した。ただ，訴外4名の建物は，Xの出訴時にはいずれもすでに建築が完成し，使用に供されていたため，Xに狭義の訴えの利益が認められるか否かが問題とされた。

読み解きポイント

建築確認の対象となった建物の建築がすでに完成している場合に，建築確認の取消訴訟の狭義の訴えの利益は認められるのだろうか。

判決文を読んでみよう

「(a)建築確認は，建築基準法6条1項の建築物の建築等の工事が着手される前に，当該建築物の計画が建築関係規定に適合していることを公権的に判断する行為であって，それを受けなければ右工事をすることができないという法的効果が付与されており，建築関係規定に違反する建築物の出現を未然に防止することを目的としたものということができる。しかしながら，右工事が完了した後における建築主事等の検査は，当該建築物及びその敷地が建築関係規定に適合しているかどうかを基準とし，同じく特定行政庁の違反是正命令は，当該建築物及びその敷地が建築基準法並びにこれに基づく命令及び条例の規定に適合しているかどうかを基準とし，いずれも当該建築物及びその敷地が建築確認に係る計画どおりのものであるかどうかを基準とするものでない上，違反是正命令を発するかどうかは，特定行政庁の裁量にゆだねられているから，

(b)建築確認の存在は，検査済証の交付を拒否し又は違反是正命令を発する上において法的障害となるものではなく，また，たとえ建築確認が違法であるとして判決で取り消されたとしても，検査済証の交付を拒否し又は違反是正命令を発すべき法的拘束力が生ずるものではない。したがつて，(c)建築確認は，それを受けなければ右工事をすることができないという法的効果を付与されているにすぎないものというべきであるから，当該工事が完了した場合においては，建築確認の取消しを求める訴えの利益は失われるものといわざるを得ない。」

> ⇩ **この判決が示したこと** ⇩
>
> 建築確認は，それを受けなければ建築物の建築等の工事をすることができないという法的効果を付与されているにすぎないものであるから，工事が完了した場合，建築確認の取消しを求める訴えの利益は失われる（下線(c)）。

*2｜二項道路
二項道路とは，建築基準法42条2項の規定により，「建築基準法上の道路」とみなされる道路をいう。建築基準法では，建物の敷地は原則として幅員4メートル以上の道路に接している必要があると定めているが（接道義務），この要件を満たさない狭細な道路に接する建築物の建替え等を可能にするため，道路の中心線を基準として2メートル後退した線を道路の境界線とみなすとしたものである。

*3｜違反是正命令までのおおむねの流れ

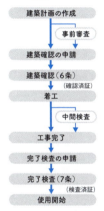

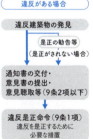

解説

Ⅰ．狭義の訴えの利益

取消訴訟を用いるには，原告が取消訴訟で勝訴することによって現実に救済される利益があることが必要である。この，処分を取り消す実益という意味での訴えの利益を，狭義の訴えの利益（または訴えの客観的利益），という（「狭義」，「客観的」という言葉には，広義の訴えの利益から処分性および原告適格を除いたもの，という意味が込められている）。

取消訴訟について，処分性や原告適格といった訴訟要件が認められる場合であっても，処分を取り消す実益（取消訴訟を通じて原告を救済する現実的な意味）がない場合には，処分が取り消されたとしても回復される法律上の利益はないとして，訴えは却下される。たとえば，ある特定の日（戦後○周年の終戦記念日等）にその日のための集会を計画している者が，その特定日の施設使用許可申請を出したが不許可となった場合，施設使用不許可処分の取消訴訟が係属している間に予定されていた集会の日（戦後○周年の終戦記念日）が過ぎてしまえば，趣旨に沿った集会をすることはもはやできないから，このような場合には，不許可処分取消訴訟は，却下されることになる。

狭義の訴えの利益が問題になるのは，処分から時間が経過し事情が変更するなどによって，原告が取消訴訟によって具体的・客観的に回復可能な利益を失う場合である。取消訴訟の対象である処分の効果が消滅している場合には，当該処分を取り消しても回復される利益は失われているから，狭義の訴えは消滅するのが原則である（この例外として，行訴法9条1項かっこ書の適用が問題になるケースについては，［判例34］を参照のこと）。

Ⅱ．工事完了後の建築確認取消訴訟の狭義の訴えの利益

本件においては，建築確認の法的効果は，建築確認の対象となった建物の完成により消滅したといえるか（当該「処分……の効果が期間の経過その他の理由によりなくなつた」

〔行訴法9条1項かっこ書〕といえるか），が問題となる。最高裁は，建築確認（という行政処分）は，それを受けなければ適法に建築工事をすることができないという法的効果を持つ（下線(a)）にすぎず，建築確認が取り消されていないことは，行政庁が，その後の行政過程において，検査済証の交付拒否や違反是正命令を発する上で法的障害となるものではない（下線(b)）としている。そして，このような建築確認（処分）の理解を前提として，最高裁は，建築確認の対象たる建築物の工事が完了した場合，建築確認の取消しを求める訴えの利益は失われる（下線(c)）と判示している（上告棄却）。

🔍 ほかの判例も読んでみよう

◎最判平成4年1月24日民集46巻1号54頁（改良工事終了後の土地改良事業認可処分取消訴訟〔八鹿町土地改良事業認可処分事件〕，百選Ⅱ-172）

［判例33］は，建築工事終了後の建築確認取消訴訟の訴えの利益は失われると判断したが，こちらの平成4年最判は，改良工事終了後の土地改良事業認可処分取消訴訟の狭義の訴えの利益について，狭義の訴えの利益は消滅していないと判示している。この平成4年最判は，事業認可処分が認可処分後の一連の手続および処分の「前提」であること（下線）を，狭義の訴えの利益残存の理由としている。

「本件認可処分は，本件事業の施行者である八鹿町に対し，本件事業施行地域内の土地につき土地改良事業を施行することを認可するもの，すなわち，土地改良事業施行権を付与するものであり，本件事業において，本件認可処分後に行われる換地処分等の一連の手続及び処分は，本件認可処分が有効に存在することを前提とするものであるから，本件訴訟において本件認可処分が取り消されるとすれば，これにより右換地処分等の法的効力が影響を受けることは明らかである。そして，本件訴訟において，本件認可処分が取り消された場合に，本件事業施行地域を本件事業施行以前の原状に回復することが，本件訴訟係属中に本件事業計画に係る工事及び換地処分がすべて完了したため，社会的，経済的損失の観点からみて，社会通念上，不可能であるとしても，右のような事情は，行政事件訴訟法31条の適用に関して考慮されるべき事柄であって，本件認可処分の取消しを求める上告人の法律上の利益を消滅させるものではないと解するのが相当である。」

なお，都市計画法上の開発許可処分の取消訴訟において，開発許可に基づく開発工事が完了したあとの狭義の訴えの利益については，開発工事の完了により許可処分取消訴訟の狭義の訴えの利益は消滅するとした最判平成5・9・10民集47巻7号4955頁（市街化区域における事例），狭義の訴えの利益は消滅していないとした最判平成27・12・14民集69巻8号2404頁（市街化調整区域における事例），がある。

---

*4│回復可能な利益は失われたとされる場合

回復可能な利益は失われたと判断した最高裁の判決として，自動車運転免許停止処分について，処分期間の経過後，満1年間，無違反・無処分で経過した場合（最判昭和55・11・25民集34巻6号781頁，百選Ⅱ-168，〔判例34〕ほか判），教科書検定不合格処分について，学習指導要領の改正（という制度変更）があった場合（最判昭和57・4・8民集36巻4号594頁），保安林指定解除処分について，代替施設の建設により渇水や洪水の危険がなくなった場合（最判昭和57・9・9民集36巻9号1679頁，百選Ⅱ-171），等がある。

*5│土地改良事業認可処分

土地改良事業とは，農業の基本となる土地と水の利用を図るために行われる農用地の改良・開発・保全および集団化等に関する事業をいう。施行にあたって必要となる手続や要件は，土地改良法に規定されている。

*6│行訴法31条（1項）

処分が違法であったとしても，これを取り消すことにより公の利益に著しい障害を生ずる等の法の要件を満たす場合に，裁判所が請求を棄却することができると定める条文。「事情判決」と呼ばれる。

34 狭義の訴えの利益②
——営業停止期間の満了と訴えの利益　風営法処分基準事件

最高裁平成27年3月3日判決（民集69巻2号143頁）　▶百選Ⅱ-167

事案をみてみよう

　本件は，営業停止処分による営業停止期間の経過後に，当該停止処分の取消訴訟が認められるか（狭義の訴えの利益が残っているか）が問題となった事案である。

　Aは，ぱちんこ屋を営むXに対し，風俗営業等の規制及び業務の適正化等に関する法律（「法」）26条1項に基づき，営業停止処分（「本件処分」）をした。XはAの属する北海道（Y）を被告として，本件処分の取消訴訟を提起したが，訴訟係属中に停止期間の終了日が到来し，Xの営業停止期間は終了した。

　本件事案の争点は，取消訴訟の狭義の訴えの利益（停止期間経過後に，営業停止処分取消訴訟の訴えの利益が認められるか）であるが，その際に問題となったのが，Aが営業停止処分の基準として定めていた処分基準（「本件規程」）であった。この処分基準には，過去3年以内に営業停止処分を受けた風俗営業者に対して，処分（営業停止期間）が加重されるとの規定（「加重要件」）が置かれていた。第一審判決（札幌地判平成25・8・23民集69巻2号160頁），原審判決（札幌高判平成26・2・20民集69巻2号176頁）は，本件規程は法の委任に基づいて定められているものではなく，「本件処分の存在を理由として将来処分を加重する旨定める本件規程が存在することを理由として，原告に本件処分を取り消すことによって回復すべき法律上の利益があると認めることはできない」とし，営業停止期間の終了によって営業停止命令（処分）の効果は消滅したとして，処分取消訴訟の訴えの利益を認める余地はないと判示していた。

✓ 読み解きポイント

本件規程（処分基準）の存在を理由として，Xに，処分の取消しを求める狭義の訴えの利益は認められるだろうか。

判決文を読んでみよう

　「(a)行政手続法の規定の文言や趣旨等に照らすと，同法12条1項に基づいて定められ公にされている処分基準は，単に行政庁の行政運営上の便宜のためにとどまらず，不利益処分に係る判断過程の公正と透明性を確保し，その相手方の権利利益の保護に資するために定められ公にされるものというべきである。したがって，(b)行政庁が同項の規定により定めて公にしている処分基準において，先行の処分を受けたことを理由として後行の処分に係る量定を加重する旨の不利益な取扱いの定めがある場合に，

登場人物

X：原告。ぱちんこ屋（法2条1項7号〔現・4号〕）の営業者。A（公安委員会）より法26条1項に基づき営業停止処分を受ける。営業停止処分の取消訴訟を提起している間に，停止期間は経過してしまったが，訴えの利益は残っていると主張。

Y：被告。Aの属する地方公共団体（北海道）。

A：北海道函館方面公安委員会。なお，現在，日本の都道府県の中で「方面」公安委員会が置かれているのは北海道のみである。

*1｜法26条1項

風俗営業者等が当該営業に関し法令の規定に違反した場合において著しく善良の風俗または清浄な風俗環境を害するおそれ等があると認めるとき，公安委員会は，当該風俗営業者に対し，当該風俗営業の許可を取り消し，または6か月を超えない範囲内で期間を定めて当該風俗営業の全部もしくは一部の停止を命じることができる，とする規定。

*2｜処分基準

不利益処分に関する基準（行手続法2条8号ハ，12条）。本件規程は，Aが，行政手続法上の処分基準として定めたものである。

当該行政庁が後行の処分につき当該処分基準の定めと異なる取扱いをするならば，裁量権の行使における公正かつ平等な取扱いの要請や基準の内容に係る相手方の信頼の保護等の観点から，当該処分基準の定めと異なる取扱いをすることを相当と認めるべき特段の事情がない限り，そのような取扱いは裁量権の範囲の逸脱又はその濫用に当たることとなるものと解され，この意味において，当該行政庁の後行の処分における裁量権は当該処分基準に従って行使されるべきことがき束されており，先行の処分を受けた者が後行の処分の対象となるときは，上記特段の事情がない限り当該処分基準の定めにより所定の量定の加重がされることになるものということができる。

以上に鑑みると，(c)行政手続法12条1項の規定により定められ公にされている処分基準において，先行の処分を受けたことを理由として後行の処分に係る量定を加重する旨の不利益な取扱いの定めがある場合には，上記先行の処分に当たる処分を受けた者は，将来において上記後行の処分に当たる処分の対象となり得るときは，上記先行の処分に当たる処分の効果が期間の経過によりなくなった後においても，当該処分基準の定めにより上記の不利益な取扱いを受けるべき期間内はなお当該処分の取消しによって回復すべき法律上の利益を有するものと解するのが相当である。」

> **この判決が示したこと**
>
> 行政手続法の規定により定められ公にされている処分基準において，先行処分を理由とする後行（後続）処分の不利益的加重の規定がある場合には，先行処分にあたる処分の効果が期間の経過によりなくなった後においても，不利益な取扱いを受けるべき期間内は，先行処分の取消訴訟の（狭義の）訴えの利益が認められる（下線(c)）。

解説

I．営業停止期間の満了と狭義の訴えの利益

［判例33］〔解説〕で説明していたように，取消訴訟の対象である処分の効果が消滅している場合には，狭義の訴えの利益は失われるとされるのが原則である。したがって，期間の定めのある停止処分（営業停止処分や免許停止処分等）の取消訴訟においては，停止期間の満了によって処分の効果が消滅し，狭義の訴えの利益は失われることになると考えられる（昭和55年最判〔**ほか判**〕が，「本件原処分の効果は……期間の経過によりなくなつた」と述べている部分を参照）。

II．9条1項かっこ書——「回復すべき法律上の利益を有する者」

それでは，過去の処分（先行処分）が，一定の期間，後の処分（後続処分）の加重要件であること等が「法定」されている場合はどのように考えられるであろうか。

行訴法9条1項かっこ書は，取消訴訟の対象である処分の効果が期間の経過その他の理由によりなくなった後においても，なお処分の取消しによって「回復すべき法律上の利益を有する者」は，取消訴訟を提起することができると規定している。この規定によれば，先行処分が後続処分の加重要件であることが法定されている場合には，

---

*3｜加重要件

本件規程は，風俗営業者に対し営業停止命令を行う場合の停止期間について，各処分事由ごとにその量定における上限および下限ならびに標準となる期間を定めた上で，過去3年以内に営業停止命令を受けた風俗営業者に対しさらに営業停止命令を行う場合について，上記上限および下限にそれぞれ過去3年以内に営業停止命令を受けた回数の2倍の数を乗じた期間をその上限および下限とし，上記標準の2倍の期間をその標準とする（処分を加重する）旨を定めていた。

*4｜加重要件の「法定」

最判昭和55・1・25民集129号121頁（宅地建物取引業者の業務停止処分）では，「宅地建物取引業法中」に加重要件が定められていないことが，訴えの利益否定の理由とされている。他方，最判昭和58・4・5集民138号493頁（弁護士の業務停止処分）では，業務停止処分を受けてから3年間，弁護士会の会長選挙の被選挙権を与えないという弁護士会会規の規定を理由に，訴えの利益が肯定されている。

先行処分（停止処分）自体の効果は消滅していたとしても，これを争って先行処分を取り消しておくことによって，後続処分が加重されるという不利益を排除することが可能となるから，後続処分が加重される期間が経過するまでは訴えの利益は残るということになる（**ほか判**・昭和55年最判で「他に本件原処分を理由に被上告人を不利益に取り扱いうることを認めた法令の規定はないから」とされている部分に注目しよう）。

Ⅲ．加重要件が「処分基準」で定められていることについて

　本件を複雑にしているのは，先行処分の存在が後続処分の加重要件となることを定めているのが法令ではなく，「処分基準（本件規程）」であったことである。処分基準は，行政法学上は行政規則の1つとされ，「法規性」を否定されている（［判例16］［解説］ⅠおよびⅢを参照）。行政庁が処分基準どおりに処分をしなかったとしてもそのことのみを理由として処分が違法となるものではないとすると，処分基準で加重要件が定められていることに基づく不利益は「法律上の利益」とはいえないのではないかとも考えられる。本件の第一審判決・原審判決が狭義の訴えの利益を否定したのは，このような考え方に基づいていたものといえる。

　一方，本判決は，本件規程が行政手続法上定められる処分基準であることに着目し（下線(a)），また，裁量基準として裁量権行使における公正・平等な取扱いの要請，相手方の信頼保護の要請等が働くことに言及して（下線(b)），本件処分の狭義の訴えの利益が残存しているとの結論を導き（下線(c)），本件を地裁に差し戻している。

　本判決は，本件規程が行政手続法上定められる処分基準であることを重視し，その上で，加重要件・不利益的取扱いが法定されている場合についてのみ「法律上の利益」があるといえると判断してきた従来の裁判例の判断に，加重要件・不利益的取扱いが行政手続法上の処分基準によって定められている場合についても，「法律上の利益」があると解することができるとして，その判断を拡げた判決と位置付けることができよう。狭義の訴えの利益については，本解説と［判例33］のほか，［判例32］の＊9および＊11も参照されたい。

🔍 ほかの判例も読んでみよう

◎**最判昭和55年11月25日民集34巻6号781頁（百選Ⅱ-168）**[*6]

　「原審が適法に確定したところによれば，A県警察本部長は，昭和48年12月17日被上告人に対し自動車運転免許の効力を30日間停止する旨の処分〔本件原処分〕……をしたが，同日免許の効力停止期間を29日短縮した，被上告人は，本件原処分の日から満1年間，無違反・無処分で経過した，というのである。右事実によると本件原処分の効果は右処分の日1日の期間の経過によりなくなつたものであり，また，本件原処分の日から1年を経過した日の翌日以降，被上告人が本件原処分を理由に道路交通法上不利益を受ける虞がなくなつたことはもとより，他に本件原処分を理由に被上告人を不利益に取り扱いうることを認めた法令の規定はないから，行政事件訴訟法9条の規定の適用上，被上告人は，本件原処分及び本件裁決の取消によって回復すべき法律上の利益を有しないというべきである。」

---

*5｜行訴法9条1項かっこ書

「（処分又は裁決の効果が期間の経過その他の理由によりなくなつた後においてもなお処分又は裁決の取消しによって回復すべき法律上の利益を有する者を含む。）」。この規定により，狭義の訴えの利益を肯定した判例として，最大判昭和40・4・28民集19巻3号721頁（免職処分を受けた公務員が免職処分の取消訴訟の係属中に，市議会議員選挙に立候補した事例）がある。最高裁は，免職処分が取り消された場合には免職の日から立候補の日までの俸給請求権が残ることを理由として，訴えの利益を認めている（奥野健一裁判官補足意見を参照）。

*6｜昭和55年最判

運転免許停止処分の取消訴訟において，処分の効力が期間の経過により消滅した場合，当該処分を取り消すことにより名誉・信用等が回復されるとしても，それは事実上の利益にすぎない（訴えの利益が否定される）とした判決（破棄自判）。この判決は，「道路交通法上不利益を受ける」おそれのある期間内は訴えの利益は消滅しないことを前提にして判断を示したものと解されている。なお，運転免許については，免許更新の際にゴールド免許（優良運転者である旨の記載のある免許証）を交付されなかった者が，更新処分中，一般運転者とする部分の取消しを求めた事案（最判平成21・2・27民集63巻2号299頁）もある。

35 取消訴訟の審理①——主張制限

新潟空港訴訟

最高裁平成元年2月17日判決（民集43巻2号56頁） ▶百選Ⅱ-183

登場人物

X：上告人（第一審原告らのうちの1名）。新潟空港の周辺に居住。空港の騒音により，健康を害され，生活上の利益が侵害されると主張し，訴訟を提起。
Y：被上告人（第一審被告）。運輸大臣（当時）。新潟—小松—ソウル間の定期航空運送事業免許を日本航空に与える。

*1｜新潟空港

新潟県新潟市東区に所在。本件当時，空港の設置および管理は空港整備法で規定されていた（その後，空港法に名称変更）。新潟空港は，空港整備法では第二種空港（2条1項2号，設置・管理者は運輸大臣〔当時〕）であった。

*2｜航空運送事業免許

「航空運送事業」とは，他人の需要に応じ，航空機を使用して有償で旅客・貨物を運送する事業（航空法2条18項）である。航空運送事業を経営しようとする者は，航空法に基づき，運輸大臣の免許（現在は国土交通大臣の許可）を受けなければならない。

🔍 事案をみてみよう

本件は，新潟空港の周辺に居住するXらが，航空会社に対する定期航空運送事業免許の取消しを求めた事案である。本判決は，Xの原告適格を肯定したが，取消訴訟の主張制限（行訴法10条1項）によりXの主張を退けて，上告を棄却している（以下では，主張制限に関わる問題を中心にみていく）。

昭和54年12月，運輸大臣（当時。Y）は，日本航空に対し，新潟—小松—ソウル間の定期航空運送事業免許を与えた。空港周辺に居住するXらは，航空機の騒音により健康ないし生活上の利益が侵害されると主張し，事業免許の取消しを求めて出訴した。Xらはその請求原因として，航空法101条1項3号（当時）は，「事業計画が経営上及び航空保安上適切なものであること」を定期航空運送事業の免許基準（の1つ）と定めているが，新潟空港は違法な施設であり，航空法の規定にいう航空保安上適切なものでない等と主張していた。そして，新潟空港が違法な施設であることの理由として，①空港の着陸帯および滑走路を告示した供用開始期日以前から違法に供用していたこと，②空港の着陸帯は非計器用であるにもかかわらず，計器用に供用されていること，③免許が与えられた定期航空運送事業の従前の路線の利用客のほとんどはいわゆる「買春」を目的とする団体客であり公衆の公序良俗に反する利用に供するものであること，また，相互乗入れが原則である以上輸送力が著しく供給過剰になると考えられること，を挙げていた。

✓ 読み解きポイント

- Xの原告適格の有無の判断にあたって，判決は，処分の根拠法規が，「不特定多数者の具体的利益をそれが帰属する個々人の個別的利益としても保護すべき趣旨を含むか否か」をどのように決するべきと述べているか。
- Xが主張する上記①から③の理由は，行訴法10条1項との関係で，取消訴訟において主張することが認められるものだろうか。

📖 判決文を読んでみよう

「取消訴訟の原告適格について規定する行政事件訴訟法9条にいう当該処分の取消しを求めるにつき『法律上の利益を有する者』とは，当該処分により自己の権利若しくは法律上保護された利益を侵害され又は必然的に侵害されるおそれのある者をいう

のであるが，当該処分を定めた行政法規が，不特定多数者の具体的利益をもっぱら一般的公益の中に吸収解消させるにとどめず，それが帰属する個々人の個別的利益としてもこれを保護すべきものとする趣旨を含むと解される場合には，かかる利益も右にいう法律上保護された利益に当たり，当該処分によりこれを侵害され又は必然的に侵害されるおそれのある者は，当該処分の取消訴訟における原告適格を有するということができる……。そして，(a)当該行政法規が，不特定多数者の具体的利益をそれが帰属する個々人の個別的利益としても保護すべきものとする趣旨を含むか否かは，当該行政法規及びそれと目的を共通する関連法規の関係規定*5によって形成される法体系の中において，当該処分の根拠規定が，当該処分を通して右のような個々人の個別的利益をも保護すべきものとして位置付けられているとみることができるかどうかによって決すべきである。」

「本件記録によれば，Xが本件各免許の違法事由として具体的に主張するところは，要するに，(1) Yが告示された供用開始期日の前から本件空港の変更後の着陸帯乙及び滑走路乙を供用したのは違法であり，このような状態において付与された本件各免許は法〔航空法〕101 条 1 項 3 号の免許基準に適合しない，(2) 本件空港の着陸帯甲及び乙は非計器用であるのに，Yはこれを違法に計器用に供用しており，このような状態において付与された本件各免許は右免許基準に適合しない，(3) 日本航空株式会社に対する本件免許は，当該路線の利用客の大部分が遊興目的の韓国ツアーの団体客である点において，同条同項 1 号の免許基準に適合せず，また，当該路線については，日韓航空協定に基づく相互乗入れが原則であることにより輸送力が著しく供給過剰となるので，同項 2 号の免許基準に適合しない，というものであるから，(b)Xの右違法事由の主張がいずれも自己の法律上の利益に関係のない違法をいうものであることは明らかである。そうすると，本件請求は，Xが本件各免許の取消しを訴求する原告適格を有するとしても，行政事件訴訟法 10 条 1 項によりその主張自体失当として棄却を免れないことになる」。

↓ この判決が示したこと ↓

① 処分の根拠法規が，不特定多数者の具体的利益をそれが帰属する個々人の個別的利益としても保護すべきものとする趣旨を含むか否かは，「当該行政法規及びそれと目的を共通する関連法規の関係規定によって形成される法体系の中において，当該処分の根拠規定が，当該処分を通して……個々人の個別的利益をも保護すべきものとして位置付けられているとみることができるかどうか」によって決すべきである（下線(a)）。

② 取消訴訟においては，自己の法律上の利益に関係のない違法を主張することはできない。Xの主張する違法事由はいずれもXの法律上の利益には関係がなく，主張は失当である（下線(b)）。

---

*3 | 第三者の原告適格

処分の名宛人以外の者（第三者）が処分の取消し等を求める場合，その者に原告適格（処分を取り消すことについての「法律上の利益」）が認められるかが問題となる。原告適格については［判例30］〜［判例32］を，また，第三者の原告適格の解説は［判例30］〔解説〕Iを参照。本判決が第三者の原告適格について判示している点については［判例30］のほか判として紹介している。

*4 | 行訴法 10 条 1 項

「取消訴訟においては，自己の法律上の利益に関係のない違法を理由として取消しを求めることができない。」

*5 | 目的を共通にする関連法規の関係規定

行政事件訴訟法9条2項は，第三者の原告適格について，法令の趣旨および目的を考慮するにあたって「当該法令と目的を共通にする関係法令があるときはその趣旨及び目的をも参酌する」ものとすると定めている。9条2項のこの文言は，本判決の判示を踏まえて規定されたものと解されている。

解説

Ⅰ．第三者の原告適格（再論）

本件では，処分の相手方ではないX（第三者）の原告適格の有無が問題とされている（原告適格については，［判例30］～［判例32］を参照）。最高裁は本判決において，免許の根拠規定（航空法）のみに着目するのではなく，その関連法規としての「公共用飛行場周辺における航空機騒音による障害の防止等に関する法律」にも着目している。そして，この法律において，運輸大臣が騒音防止のための各種措置を講ずる権限を有することに触れ，（航空法の）定期航空運送事業免許の審査においては（運輸大臣は）この趣旨を踏まえる必要がある（免許の審査にあたって，運輸大臣は申請事業計画を騒音障害の有無および程度の点からも評価すべきである）という考え方を示し，新規路線免許により生じる航空機騒音によって社会通念上著しい障害を受ける者には，免許取消しを求める原告適格が認められるとしている。

Ⅱ．取消訴訟の主張制限──行訴法10条1項

本件の本案上の争点は，Xからの違法事由の主張が，行訴法10条1項との関係で認められるのかである。

行訴法10条1項は，取消訴訟の原告は「自己の法律上の利益に関係のない違法」を主張することはできないと規定している。この規定によれば，原告適格があると認められたとしても（訴訟要件を満たすとして本案審理に入ったとしても），原告が自己の法律上の利益に関係のある違法を主張できなければ請求は棄却されることになる。<u>本判決は，Xが主張する違法事由は，いずれも「自己の法律上の利益に関係のない違法」であるとして，行訴法10条1項によりその主張を失当としている</u>（下線(b)）。

Ⅲ．行訴法10条1項の「自己の法律上の利益」の考え方

行訴法10条1項の主張制限については，この規定を厳格に解すると，原告が主張できる違法事由が制限されてしまうのではないかとの危惧も示されている。10条1項の「法律上の利益」という言葉は，9条（原告適格）で用いられているのと同じ表現である。第三者が原告となる取消訴訟において，原告適格の判断については，（平成16年の行訴法改正により）9条2項が定められ，国民の権利利益の救済に資する丁寧な解釈が可能となるような手立てが講じられている。行訴法の条文上は10条1項に9条2項の準用等は定められてはいないが，学説においては，第三者が原告となる取消訴訟において，9条2項の「法律上の利益」の解釈において示された姿勢や判断を，10条1項の「法律上の利益」の解釈にも反映させるべきではないかとの考え方も示されている。

行訴法10条1項の主張制限が問題となった下級審判決には，横浜地判平成11・4・28判タ1027号123頁（川崎市開発許可処分取消事件差戻第一審判決）[*6]，東京高判平成13・7・4訟月49巻3号911頁（東海第2原発事件高裁判決）[*7]，東京地判平成20・5・29判時2015号24頁（三井グラウンド訴訟地裁判決）[*8]等がある。

[*6] 川崎市開発許可処分取消事件差戻第一審判決

被告（川崎市長）が行った開発許可処分の取消しを周辺住民が求めた事案の差戻第一審判決。判決は，都市計画法33条1項14号（あらかじめ開発行為の施行または工事の実施の妨げとなる権利を有する者の「相当数の同意を得ていること」を開発許可の基準とする規定）は，権利者個々人の権利を保護する趣旨を含むものと解することはできないとして，原告は行訴法10条1項により，当該規定違反の事実を主張することはできないとした。

[*7] 東海第2原発事件高裁判決

発電所周辺に居住する原告らが，原子炉設置許可処分の取消しを求めた訴訟。原告らが主張した，発電所における作業者の被爆の危険性に関する問題等は，「自己の法律上の利益に関係のない違法」であり訴訟の審理の対象から除かれるとされた。

[*8] 三井グラウンド訴訟地裁判決

東京都震災対策条例により避難場所に指定された土地を避難場所として利用することが予定されている地域に居住する住民らが，この土地を施行地区とする土地区画整理事業の施行認可等の取消しを求めた事案。判決は，原告らが主張した，道路交通環境の悪化等に関する違法，地域全体の住環境の悪化・景観の悪化・都市温暖化の観点からの環境面での悪化等を考慮していない違法は，原告らの法律上の利益には関係がない違法としている。

36 取消訴訟の審理② ——理由の追加・差替え　逗子市池子弾薬庫跡地情報公開請求事件

最高裁平成11年11月19日判決（民集53巻8号1862頁）　▶百選Ⅱ-180

🔍 事案をみてみよう

　本件は，行政庁が，処分時の理由とは別の新たな処分理由を，訴訟において追加することが許されるかが争点となった事案である。

　Xは，平成4年3月31日，逗子市情報公開条例（当時）に基づき，Yに対し，昭和59年および昭和60年の住民監査請求に関する一件記録について情報公開請求を行った。YはXに対し，同年4月21日付け書面により，本件請求に係る一件記録に含まれている関係人の事情聴取記録につき，「市又は国の機関が行う争訟に関する情報であり，公開することにより当該事務事業及び将来の同種の事務事業の目的をそう失し，また円滑な執行を著しく妨げるもの」であって，条例5条(2)ウ（争訟の方針に関する文書）の規定する非公開事由があるという理由を付記して，これらを公開しない旨の決定（「本件処分」）をした。Xは，本件各文書は本件条例所定の非公開文書にあたらないと主張し，本件処分の取消しを求めて訴訟を提起した。

　訴訟において，Yは，池子弾薬庫跡地内の係争地をめぐる住民訴訟および民事訴訟は本件条例5条(2)ウにいう「争訟」に該当するという処分時の理由に加えて，本件各文書は，住民監査請求に関する判断資料であり条例5条(2)アの「意思決定過程における情報」に該当するとの理由を追加した。

✓ 読み解きポイント

- 情報公開条例が，非公開決定（通知）に併せてその理由も通知すべき（理由付記を要する）としているのは，なぜだろうか。
- Yが訴訟手続の中において行った理由の追加は認められるだろうか。

📖 判決文を読んでみよう

　「本件条例9条4項前段が，前記のように非公開決定の通知に併せてその理由を通知すべきものとしているのは，本件条例2条が，逗子市の保有する情報は公開することを原則とし，非公開とすることができる情報は必要最小限にとどめられること，市民にとって分かりやすく利用しやすい情報公開制度となるよう努めること，情報の公開が拒否されたときは公正かつ迅速な救済が保障されることなどを解釈，運用の基本原則とする旨規定していること等にかんがみ，(a)非公開の理由の有無について実施機関の判断の慎重と公正妥当とを担保してそのし意を抑制するとともに，非公開の理

登場人物

X：逗子市情報公開条例を用いて情報公開請求を行ったが，その決定（非公開決定処分）を不服として，取消訴訟を提起。

Y：逗子市監査委員。逗子市情報公開条例の実施機関。訴訟において，対象文書は条例5条(2)アにも該当するとして，処分理由を追加した。

*1 | 逗子市

神奈川県の三浦半島の付け根に位置する市。古都保存法の指定都市とされている。池子は逗子市の北東部に位置する。池子弾薬庫は，昭和13年に大日本帝国海軍の倉庫として設置された。戦後，アメリカ陸軍に接収されアメリカ軍の弾薬庫として使用されていたが，昭和53年頃には事実上閉鎖状態となっていた。神奈川県，逗子市，横浜市は関係省庁やアメリカ大使館に対し池子弾薬庫の返還を求めて働きかけをし，部分的に返還されていたが，全面返還には至っていなかった。アメリカはこの弾薬庫跡地に家族住宅の建設を要望，これに対し，昭和58年に防衛施設庁が住宅建設を正式に表明した。この住宅建設の是非は，逗子市において大きな問題となった。

由を公開請求者に知らせることによって，その不服申立てに便宜を与えることを目的としていると解すべきである。そして，(b)そのような目的は非公開の理由を具体的に記載して通知させること（実際には，非公開決定の通知書にその理由を付記する形で行われる。）自体をもってひとまず実現されるところ，本件条例の規定をみても，右の理由通知の定めが，右の趣旨を超えて，一たび通知書に理由を付記した以上，実施機関が当該理由以外の理由を非公開決定処分の取消訴訟において主張することを許さないものとする趣旨をも含むと解すべき根拠はないとみるのが相当である。」

> ↓ **この判決が示したこと** ↓
>
> ① 非公開決定に理由付記が必要とされるのは，行政庁の判断の慎重と公正妥当を担保してその恣意を抑制すること，公開請求者の不服申立てに便宜を与えること，をその目的としている（下線(a)）。
> ② 処分の通知書に付記した理由以外の非公開の理由を，Yが訴訟において主張することは，許されないわけではない（下線(b)）。

☝ 解説

Ⅰ．理由の追加・差替え

取消訴訟の審理手続の中で，被告（行政）側が処分の理由を追加したり，差し替えたりすることは許されるのだろうか。これが「理由の追加・差替え」の問題である。

行訴法は，取消訴訟における被告の主張制限に関する規定を置いておらず，被告は処分時の認定事実等に限らず訴訟物につき存在した一切の事実上および法律上の根拠を主張できると解されている。この考え方からすると，取消訴訟において被告（行政）側が処分理由を追加することも，許されないものではないということになる。

一方，理由の追加・差替えにより処分の同一性が失われてしまうような場合には，そのような理由の追加・差替えは許されないと解されている（学説では，処分の同一性が失われているということはすなわち訴訟物が異なるということであり，だとすれば，新たに追加・差替えされた理由はもともとの訴訟物とは関係のない主張にあたることになってしまうといえるからと説明されている）。

Ⅱ．理由付記と理由の追加──本判決の考え方

処分の同一性が失われているとはいえない場合であっても，理由の追加・差替えが認められるかが問題となることがある。これは特に，行政手続の中で処分に理由を付記することが求められているケースで議論されている。一般に，理由付記は，行政庁の判断を慎重にさせ，その恣意を排除し，処分の相手方に不服申立ての便宜を与える趣旨でされるものと解されている。このため，行政処分に理由付記が要求されている場合に，行政庁が訴訟の段階で処分理由を追加的に主張したり，処分理由を変更するようなことがあれば，理由付記制度の意味が失われてしまうのではないかが議論になるのである。

---

*2｜**情報公開請求**
情報公開法・情報公開条例に基づく情報の開示・不開示（公開・非公開）の決定は，「申請に対する処分」であり，その不服を争う訴訟は抗告訴訟となる。行政判例には情報公開請求に関わる裁判例が多数存在している。

*3｜**池子弾薬庫跡地内の係争地をめぐる住民訴訟および民事訴訟**
「住民訴訟」とは昭和60年住民監査請求に基づく監査に不服があるとして提起された所有権移転登記の抹消手続等請求，「民事訴訟」とは池子弾薬庫跡地内の国の所有名義となった土地についての所有権確認等訴訟，である。

*4｜**取消訴訟の訴訟物**
通説・判例によれば，取消訴訟の訴訟物は処分の違法性一般（理由を問わず，当該処分が違法であるか否か）であるとされ，違法性を根拠付ける理由が複数あったとしても，訴訟物は1つと考えられている。最高裁判決として，最判昭和49・7・19民集28巻5号897頁（百選Ⅰ-6）。

*5｜**被告の主張に関する裁判例**
最高裁は，「一般に，取消訴訟においては，別異に解すべき特別の理由のない限り，行政庁は当該処分の効力を維持するための一切の法律上及び事実上の根拠を主張することが許されるものと解すべきである」（最判昭和53・9・19判時911号99頁）としている。

本件で問題となったのは，本件条例上理由付記が必要とされている非公開決定処分について，理由の追加が認められるかである。最高裁は，まず，情報公開制度において非公開決定に理由付記が必要とされている目的は，行政庁の判断の慎重と公正妥当を担保してその恣意を抑制すること，および請求者の不服申立てに便宜を与えることにあるとする（下線ⓐ）。その上で，上記の理由付記制度に基づく要請は，非公開決定に理由が具体的に記載されていること自体をもってひとまず実現されるといえ，条例の規定は，実施機関が処分時に挙げなかった理由を取消訴訟において主張することを許さない趣旨と解することはできない（下線ⓑ）として，非公開決定処分の取消訴訟において，行政庁が新たな理由を追加することを認めている。最高裁は，非公開事由の有無について具体的に審理判断を尽くさせるため，本件を原審に差し戻している。

　学説にも，理由付記の趣旨は処分時に理由を付記させることで担保されていると考えられること，裁判による紛争の一回的解決をもたらすことは原告にとっても利益となることという理由から，処分庁の理由の追加・差替えに肯定的な見解がある。もっとも，聴聞手続を経た処分や，審査請求手続を経た処分については，理由の追加・差替えを安易に認めるべきではないという考え方も示されている。

🔍 ほかの判例も読んでみよう

◎最判昭和56年7月14日民集35巻5号901頁（百選Ⅱ-179）

　青色申告に係る更正処分の処分通知書に付記された更正理由とは異なる理由を，行政庁が訴訟手続において新たに追加主張できるかが争点となった事案。最高裁は，「一般的に更正処分の取消訴訟において更正の理由とは異なるいかなる事実をも主張することができると解すべきかどうかはともかく」とした上で，本件については，行政庁の追加主張を認める判断を示した原審の判断を是認している（上告棄却）。

　「原審が適法に確定したところによれば，㈠　宅地の分譲販売等を業とする上告人は，本件係争事業年度において本件不動産を7600万9600円で取得しこれを7000万円で販売したものとして，右事業年度の法人税につき青色申告書による確定申告をした，㈡　これに対して，被上告人は，本件不動産の取得価額は6000万円であるとして，他の理由とともにこれを更正の理由として更正通知書に附記し，本件更正処分をした，㈢　ところが，被上告人は，本訴における本件更正処分の適否に関する新たな攻撃防禦方法として，仮に本件不動産の取得価額が7600万9600円であるとしても，その販売価額は9450万円であるから，いずれにしても本件更正処分は適法であるとの趣旨の本件追加主張をした，というのであつて，このような場合に被上告人に本件追加主張の提出を許しても，右更正処分を争うにつき被処分者たる上告人に格別の不利益を与えるものではないから，一般的に青色申告書による申告についてした更正処分の取消訴訟において更正の理由とは異なるいかなる事実をも主張することができると解すべきかどうかはともかく，被上告人が本件追加主張を提出することは妨げないとした原審の判断は，結論において正当として是認することができる。」

*6｜理由付記
行政手続法では「理由の提示」と規定されている。不利益処分の理由の提示については，［判例24］を参照。

*7｜昭和56年最判
判決文中，上告人とあるのが第一審原告（X，不動産業を営む株式会社），被上告人とあるのが第一審被告（Y，税務署長）。

Xは，ある物件について，譲渡価額7000万円，取得価額7600万9600円，譲渡損600万円弱と申告していたが，Yは，取得価額を6000万円（1000万円の譲渡益発生）として増額更正処分をした。Xはこの増額更正処分につき前置手続を経て取消訴訟を提起した。Yは取消訴訟において，当該物件の譲渡価額は9450万円であり，取得価額が7600万9600円であったとしてもなお譲渡益は1850万円弱になるとして，本件更正処分は適法であるとの追加抗弁をしていた。

37 その他の抗告訴訟①
——無効等確認訴訟

もんじゅ訴訟②

最高裁平成4年9月22日判決（民集46巻6号1090頁） ▶百選Ⅱ-174

登場人物
Xら：高速増殖炉もんじゅの周辺住民。
Y：内閣総理大臣。核原料物質、核燃料物質及び原子炉の規制に関する法律に基づく原子炉設置許可処分を行う権限を有する。
A：動力炉・核燃料開発事業団。もんじゅの建設および運転を計画した事業主体。

*1｜高速増殖炉
発電用の熱を炉心から取り出す冷却材としてナトリウムなど液状の金属を使う原子炉。水を使う通常の原発と異なり、核燃料から飛び出す中性子が減速しない。それを利用して核分裂を起こしにくいウラン238をプルトニウム239に変え、核燃料を増やすことができる。このように、発電しながら燃やした以上の核燃料を生み出すため、「夢の原子炉」と呼ばれた。一方で、冷却材として水の代わりに使用するナトリウムが空気中の水分に触れると爆発的に反応することから、安全性への懸念が根強い（もんじゅについては、廃炉とされることが平成28年末に決定した）。

*2｜「もんじゅ」とは
もんじゅについては、本事案における原告適格に係る判断含め、〔判例30〕も参照。

🔍 事案をみてみよう

　本件は、原子炉設置許可処分を争う無効確認訴訟と並行して原子炉の建設・運転差止めを求める民事訴訟が提起されていた中で、無効確認訴訟を提起することができるのか否かが争われた事案である。

　内閣総理大臣（Y）は、動力炉・核燃料事業団（A）に対し、核原料物質、核燃料物質及び原子炉の規制に関する法律に基づき、高速増殖炉もんじゅに係る原子炉設置許可処分（本件処分）を行った。そこで、もんじゅの建設・運転に反対していた周辺住民Xらは、Yを被告とする本件処分の無効確認訴訟（本件訴訟）と、Aを被告とする原子炉施設建設・運転の民事差止訴訟を提起した。なお、本件処分につき取消訴訟の出訴期間は徒過していた。

✓ 読み解きポイント

　本件訴訟については、同時に提起されていた民事差止訴訟との関係で、補充性要件を満たしているということができるだろうか。

📖 判決文を読んでみよう

　行政事件訴訟法36条の定める「処分の無効確認訴訟を提起し得るための要件の一つである、……(a)当該処分の効力の有無を前提とする現在の法律関係に関する訴えによって目的を達することができない場合とは、当該処分に基づいて生ずる法律関係に関し、処分の無効を前提とする当事者訴訟又は民事訴訟によっては、その処分のため被っている不利益を排除することができない場合はもとより、当該処分に起因する紛争を解決するための争訟形態として、当該処分の無効を前提とする当事者訴訟又は民事訴訟との比較において、当該処分の無効確認を求める訴えのほうがより直截的で適切な争訟形態であるとみるべき場合をも意味するものと解するのが相当である」。

　「Xらは本件原子炉施設の設置者であるAに対し、人格権等に基づき本件原子炉の建設ないし運転の差止めを求める民事訴訟を提起しているが、(b)右民事訴訟は、行政事件訴訟法36条にいう当該処分の効力の有無を前提とする現在の法律関係に関する訴えに該当するものとみることはできず、また、本件無効確認訴訟と比較して、本件設置許可処分に起因する本件紛争を解決するための争訟形態としてより直截的で適切なものであるともいえない」。

> **この判決が示したこと**
>
> ① 行政事件訴訟法36条の定める補充性要件が充たされる場合には，処分の無効を前提とする当事者訴訟または民事訴訟によってはその処分による不利益を排除することができない場合に加え，当該処分の無効を前提とする当事者訴訟または民事訴訟との比較において，当該処分の無効確認訴訟の方がより直截的で適切な争訟形態であるとみるべき場合も含む（下線(a)）。
>
> ② （①を前提として）本件において提起されていた民事差止訴訟は，(1)原子炉の建設・運転につき人格権に基づいて差止めを求める訴えであるから，処分の効力の有無を前提とする，現在の法律関係に関する訴えには該当せず，また，(2)無効確認訴訟と比較して，本件紛争を解決するための争訟形態としてより直截的で適切なものであるともいえない（下線(b)）。

解説

I．無効等確認訴訟とは

行政処分の効力を裁判で否定するためには，原則として取消訴訟による必要がある（取消訴訟の排他的管轄）。しかし，出訴期間を徒過する等して取消訴訟を適法に提起することができない場合でも，<u>当該処分の瑕疵が大きい場合</u>（通説では瑕疵が重大・明白である場合とする）には，これを無効[*4]と観念し，取消訴訟を経なくてもその効力を否定することができると解されている。

行政事件訴訟法は，無効な行政処分を争うための訴訟類型として，無効等確認訴訟[*5]について規定している。無効等確認訴訟には，出訴期間の制約がない。そのため，無効等確認訴訟は「時期に後れた取消訴訟」（取消訴訟を提起し損ねた原告を救済するための手段）ともいわれる。

II．行政事件訴訟法36条の構造と無効等確認訴訟の補充性

行政事件訴訟法36条は，無効等確認訴訟の原告適格を，①当該処分・裁決に続く処分により損害を受けるおそれのある者，もしくは②当該処分・裁決の無効等の確認を求めるにつき法律上の利益を有する者で，③現在の法律関係に関する訴えによって目的を達成することができないもの，という3要件[*6]により限定している。本件で問題となったのは，上記③の要件である。

さて，処分が無効であれば，その処分の法的効力はそもそも存在せず，それを原因とする法律関係の変動も最初から生じなかったことになる。したがって，<u>私人は，処分の無効を裁判所に判断してもらわなくとも，処分が無効であることを前提とした訴えによって現在の法律関係を争えばよく，そのような訴訟の方が，単に処分の無効等を「確認」するだけの無効等確認訴訟よりも紛争解決策としてより有効である場合が多い</u>。そこで，行政事件訴訟法36条は，無効等確認訴訟につき，要件③（補充性要件）を設定し，現在の法律関係について争ったのでは十分な救済が得られない場合に限り補充的に無効確認訴訟の提起が認められることとしたのである。

---

*3 | **動力炉・核燃料開発事業団**
高速増殖炉および新型転換炉の開発を専門とする特殊法人で，通称「動燃」。度重なる不祥事により，平成10年に核燃料サイクル開発機構として改組された後，平成17年には日本原子力研究所と統合され，独立行政法人日本原子力研究開発機構に再編された。また，同機構は平成27年に国立研究開発法人日本原子力研究開発機構に改称された。

*4 | **行政行為の無効**
〔判例09〕〔解説〕を参照。

*5 | **無効等確認訴訟の「等」とは**
行政事件訴訟法3条4項に規定する無効等確認訴訟とは，処分・裁決の存否またはその効力の有無の確認を求める訴訟である。無効確認訴訟ではなく，無効「等」確認訴訟とされているのは，そのためである。しかし，中心的に議論されるのは処分・裁決の無効確認を求める訴えである。

*6 | **3つの要件の関係**
この3つの要件の関係については，③の要件が①②の両方にかかるのか，それとも，③の要件は②にのみかかるのかという点で，2つの学説の対立がある。一元説では，①と②の要件の両方に③の要件がかかるとする。二元説では，③の要件は②にのみかかって①にはかからず，①についてはこれのみの要件充足で無効確認訴訟を提起できるとする。

この補充性要件の解釈については従来いくつかの見解が対立してきたが，最高裁判例には，現在の法律関係を争う訴訟と無効等確認訴訟のいずれが紛争解決にとって「より直截的で適切な争訟形態」といえるのか，という機能的側面から補充性要件を判断しようとする傾向が見受けられる。本判決が引用する**ほか判**・昭和62年最判はその先駆となる事例であり，本判決が行政事件訴訟法36条の定める補充性要件について示した一般論もその系譜に属している。

なお，本判決においては，昭和62年最判とは異なり，処分の無効確認訴訟と，処分の無効を前提としていない民事訴訟（人格権に基づく民事差止訴訟）の関係が問題となっている点に注意が必要である（本判決における「右民事訴訟は，行政事件訴訟法36条にいう当該処分の効力の有無を前提とする現在の法律関係に関する訴えに該当するものとみることはでき」ないという判示参照）。

🔍 ほかの判例も読んでみよう

◎**最判昭和62年4月17日民集41巻3号286頁（百選Ⅱ-173）**

土地改良法に基づく換地処分につき照応の原則に反するとして無効確認訴訟が提起された事案。ここでは，換地処分の無効確認訴訟が，換地処分の無効を前提とする現在の法律関係に関する民事訴訟（争点訴訟。行訴法45条1項参照）との関係で補充性要件を満たしているか否かが争点となった。

「換地処分の無効を前提とする従前の土地の所有権確認訴訟等の現在の法律関係に関する訴えは……紛争を解決するための争訟形態として適切なものとはいえず，むしろ当該換地処分の無効確認を求める訴えのほうがより直截的で適切な争訟形態というべきであ」る。

これはすなわち，換地処分の無効確認を求めたいと思っている原告が照応の原則違反を主張して換地処分を争う場合，当該者はより有利な内容の換地処分を求めて出訴しているのであり，そうすると，その結果如何によっては原告以外の換地処分関係者の所有土地にも影響が及ぶことになるので，個人対個人の民事訴訟で争うよりも，当該事業に関する権利関係を一気に解決することのできる無効確認訴訟の方がより直截的で適切な解決が実現できる，ということである。

---

*7 | 換地処分
土地改良事業や土地区画整理事業のために土地に存する権利関係が変わった場合，従前の土地の代わりに他の土地を与えたり，金銭をもって清算する行政処分のこと。土地区画整理事業における換地処分のイメージについては，[判例**28**]93頁の図も参照。

*8 | 照応の原則
従前の土地と換地は原則として位置，地質，水利，利用状況，環境等が釣り合っている必要があるとする原則（土地改良法53条参照）。

38 その他の抗告訴訟② —非申請型義務付け訴訟

飯塚市産廃処分場訴訟

福岡高裁平成23年2月7日判決（判時2122号45頁）

事案をみてみよう

本件は，福岡県飯塚市（旧筑穂町）の産業廃棄物の安定型処分場周辺に居住する住民ら（Xら）が，福岡県（Y）を相手として，Y知事が当該処分場に対する規制権限を行使することを求めて提起した，非申請型義務付け訴訟の事案である。[*1]

訴外Aは，平成14年より，倒産した業者から譲り受けた産業廃棄物の安定型処分場を操業してきた。当該処分場に対しては，平成13年より，廃棄物の処理及び清掃に関する法律（「廃棄物処理法」）の基準違反による厳重注意等がなされてきた。当該処分場の付近の井戸や川の水は，周辺住民によって飲料水や生活水として利用されており，平成16年には，裁判所によって本件処分場の使用・操業を差し止める仮処分決定がなされ（福岡地飯塚支決平成16・9・30判例集未登載），これを受けてAは，処分場の廃止に向けて残土による覆土を実施するとともに，破産手続開始を申し立てた（後に申立ては取り下げられた）。

こうしたなか，Xらは，本件処分場において，廃棄物処理法所定の産業廃棄物処理基準に適合しない処理が行われ，生活環境の保全上支障が生じ，また生じるおそれがあるとして，Yを相手に，主位的請求としてY知事による代執行（廃棄物処理法19条の8第1項），予備的請求としてY知事によるBに対する措置命令（廃棄物処理法19条の5第1項）の義務付けを求める非申請型義務付け訴訟を提起した。

読み解きポイント

- 処分の当事者ではない第三者が提起した，廃棄物処理法に基づく措置命令の義務付けを求める非申請型義務付け訴訟は，行訴法37条の2の定める各要件を満たしているか。[*2]
- 本件においてY知事の規制権限不行使についてはどのような判断がなされたか。

判決文を読んでみよう

（1）損害の重大性について

「本件処分場において産業廃棄物処理基準に適合しない産業廃棄物の処分が行われたことにより，鉛で汚染された地下水がXらを含む本件処分場の周辺住民の生命，健康に損害を生ずるおそれがあるものと認められる。そして，生命，健康に生じる損

登場人物

X：Aの操業する産業廃棄物処分場の周辺住民。処分場付近の井戸や川の水を飲料水ないし生活水として利用している。

Y：福岡県。県知事は，廃棄物の処理業者に対して廃棄物処理法に基づいて改善命令や措置命令を行う権限を有している。

A：平成14年より，倒産した業者から譲り受けた産業廃棄物の安定型処分場を操業してきた者。当該処分場においては鉛などを含む有害物質が違法に捨てられ，有害物質を含む排水が流出していた。

B：倒産したAの事業を引き継いだ者。

[*1] **産業廃棄物の安定型処分場**

産業廃棄物の最終処分場（埋立てを行う場所）の3類型の1つであり，廃棄物の性状が安定している産業廃棄物（廃プラスチック類等）を埋め立てる施設である。

[*2] **代執行の義務付けと措置命令の義務付け**

本判決においては，主位的請求である代執行の義務付けについては，請求棄却とされた。ここでは，予備的請求である廃棄物処理法19条の5第1項の措置命令の義務付けを求める非申請型義務付け訴訟に対する判断を取り上げる。

害は，その性質上回復が著しく困難であるから，(a)本件代執行又は本件措置命令がされないことにより『重大な損害』を生ずるおそれがあるというべきである。」

(2) 措置命令処分がされないことの違法性について

都道府県知事の措置命令の権限は，「当該産業廃棄物処分場の周辺住民の生命，健康の保護をその主要な目的の一つとして，適時にかつ適切に行使されるべきものである。」

「本件処分場において産業廃棄物処理基準に適合しない産業廃棄物の処分が行われたことにより，鉛で汚染された地下水がXらを含む本件処分場の周辺住民の生命，健康に損害を生ずるおそれがあること，Aは平成16年9月30日に仮処分決定を受けてから本件処分場の操業を停止しているのであるから，上記のような地下水の汚染は遅くとも6年以上前から進行していると推認されること，……上記損害を避けるために他に適当な方法がないことなどの事情が認められる。これらの事情を総合すると，(b)現時点において，Y知事が法に基づく上記規制権限を行使せず，本件措置命令をしないことは，上記規制権限を定めた法の趣旨，目的や，その権限の性質等に照らし，著しく合理性を欠くものであって，その裁量権の範囲を超え若しくはその濫用となると認められる。」

> ⇩ この判決が示したこと ⇩
>
> ① 本件処分場に廃棄された産業廃棄物が原因となって当該処分場周辺の地下水が汚染され，それによって周辺住民に対して重大な損害が生じるおそれがあることを認定した（下線(a)）。
> ② Y知事が廃棄物処理法に基づく措置命令を行わないことが裁量権の範囲を超えもしくはその濫用になるとして，違法であるとした（下線(b)）。

解説

I. 義務付け訴訟とは

義務付け訴訟は，行政庁が一定の処分または裁決をすべき旨を命じることを求める訴訟である（行訴法3条6項柱書）。義務付け訴訟は，法令に基づく申請がなされたか否かで，申請型義務付け訴訟（同項2号）と非申請型義務付け訴訟（同項1号）に分かれている（申請型義務付け訴訟は法令に基づく申請をした者に限り提起することができる）。申請型義務付け訴訟については行訴法37条の3，非申請型義務付け訴訟については行訴法37条の2が訴訟要件および本案勝訴要件を規定している。非申請型義務付け訴訟の方が申請型義務付け訴訟よりも訴訟要件が厳しく設定されている。

本件は，周辺住民等が第三者に対する行政庁の規制権限発動を求める非申請型義務付け訴訟である。非申請型義務付け訴訟であるため，行訴法37条の2が規定する要件をクリアする必要がある。同条は，訴訟要件として，①「一定の処分がされないことにより重大な損害を生ずるおそれがあり」（損害の重大性。行訴法37条の2第1項），かつ，②「その損害を避けるため他に適当な方法がないときに限り」提起することが

＊3｜申請型義務付け訴訟の要件

申請型義務付け訴訟の訴訟要件は，行訴法37条の3第1項～第4項および同第6項に規定されている。申請型義務付け訴訟については，申請に対する応答がなされていない場合に行われる「不作為型」と，申請に対して拒否処分がなされた場合に行われる「拒否処分型」の2種類がある。不作為型の場合は，不作為の違法確認訴訟を併合提起する必要があり，拒否処分型の場合は，拒否処分の取消訴訟（もしくは無効確認訴訟）を併合提起する必要がある。

申請型義務付け訴訟の本案勝訴要件については，行訴法37条の3第5項が，①併合提起された訴えの「請求に理由があると認められ」，かつ，②当該行政庁が当該行政処分を「すべきであること」が根拠法令上「明らか」と認められるか，またはその処分を「しないこと」が裁量権の逸脱・濫用と認められること，と定めている。

＊4｜その他の訴訟要件について

申請型・非申請型のいずれについても，行訴法3条6項・37条の2（非申請型）・37条の3（申請型）の定める各要件のほか，訴訟要件として，（狭義の）訴えの利益・被告適格・管轄裁判所といった要件も満たしている必要がある（被告適格と管轄裁判所については，取消訴訟の規定（行訴法11条・12条）が準用されている（行訴法38条1項。なお，申請型については，出訴期間と審査請求前置の定めはないものの，併合される訴訟との関係で注意が必要である））。

できるとし（補充性。同条1項），また，③「行政庁が一定の処分をすべき旨を命ずることを求めるにつき法律上の利益を有する者に限り」（原告適格。同条3項），提起することができると定める。また，同条は，本案勝訴要件として，「行政庁がその処分をすべきであることがその処分の根拠となる法令の規定から明らかであると認められ又は行政庁がその処分をしないことがその裁量権の範囲を超え若しくはその濫用となると認められるとき」に請求が認容される旨を規定する（同条5項）。

本判決では，特に，訴訟要件の1つである重大な損害の有無と，本案勝訴要件の充足の有無が問題とされた。

本判決では，本件控訴審段階での鑑定により基準を大幅に超過する鉛を含む地下水の存在が確認されたこと等から，地下水汚染による周辺住民の生命・健康への影響を踏まえて「重大な損害を生ずるおそれ」があると認定された。もっとも，福岡高裁が本来的に本案判断と考えられる事実認定の結果を踏まえて，訴訟要件である「重大な損害を生ずるおそれ」の有無を判断していることの是非については議論の余地がある。

本案勝訴要件の解釈については，本判決は，規制権限の不行使に係る国家賠償請求[*6]と類似の判断枠組みを用いて，いわゆる裁量権の消極的濫用を認めており，この点についても注目に値する。

Ⅱ．本判決の意義

本判決は，環境法分野において非申請型義務付け訴訟が認容された初めての事案である。従来，産業廃棄物の処分場をめぐる主たる争訟方法として想定されていたのは，処分場の設置許可の取消訴訟と事業者に対する民事差止訴訟であった。しかし，本件のように事業者に資力がない場合には，民事差止訴訟を通じて汚染の除去を実現することは困難であるため，措置命令を求める非申請型義務付け訴訟が認められた意義は大きい[*7]。

🔍 ほかの判例も読んでみよう

ここでは，申請型義務付け訴訟が用いられる代表的場面を2つ紹介する。

1．公文書の開示を求める訴訟

申請型義務付け訴訟が用いられる典型的なケースとしては，情報公開請求制度に基づき公文書の開示を求める義務付け訴訟がある（公文書非開示決定の取消しを求めると同時に，当該公文書の開示の義務付けを求める訴訟）。たとえば，さいたま地判平成18・4・26判例地方自治303号46頁，東京地判平成22・4・9判時2076号19頁など。

2．福祉施設の入所の義務付けを求める訴訟

申請型義務付け訴訟が用いられるもう1つの典型ケースが，福祉施設の入所の申請が拒否された場合に，当該施設への入所承諾の義務付けを求めて出訴するものである。

代表例としては，保育園への入園承諾義務付けが求められ，結果として保育園の入園を承諾すべき旨を命ずる判決が下された，東京地判平成18・10・25判時1956号62頁がある。[*8]

---

*5｜義務付けが求められる処分の特定について

非申請型義務付け訴訟が適法な訴えであると判断されるためには，さらに，当該訴訟を通じて義務付けが求められる処分の特定も求められる。本件においては，処分の特定性についても柔軟な解釈が採用されたと評価されている。

*6｜規制権限の不行使に係る国家賠償請求

［判例44］を参照。

*7｜本判決のその後

本判決は，最決平成24・7・3判例集未登載によって上告受理申立てが棄却されたことで確定した。本判決確定を受けて，Yは，平成25年5月16日に措置命令を発出したが，その後，命令内容が履行される見通しはないと判断し，行政代執行に踏み切っている。

*8｜仮の義務付けについて

行政事件訴訟法は，義務付け訴訟については，義務付け訴訟の本案判決前における仮の救済の制度（仮の義務付けの制度。行訴法37条の5）を用意しているが，ほか判2の平成18年東京地判の事案では，保育園への入園を仮に承諾することを求める「仮の義務付け」を求める請求も認容されている（東京地決平成18・1・25判時1931号10頁）。

39 その他の抗告訴訟③——差止訴訟　教職員国旗国歌訴訟

最高裁平成24年2月9日判決（民集66巻2号183頁）　　▶百選Ⅱ-200

登場人物

Xら：都立高校教員。
Y_1：東京都教育委員会。東京都内の教育に関する事務を所掌する行政委員会である。
Y_2：東京都。

*1｜通達

行政機関内部において，上級機関が下級機関に対し，指揮監督関係に基づきその機関の所掌事務について示達するため発出する命令。通達についての詳細は，〔判例16〕*1や同判例の〔解説〕を参照。

*2｜平成16年の行訴法改正と本件

本件に係る各訴訟は行訴法改正を挟んで提訴された。本件最高裁判決は，旧行訴法のもとでY_1を被告として提起された差止訴訟は，改正法の施行に伴って，被告をY_1としたまま改正行訴法において法定抗告訴訟として明文化された差止訴訟に転化したと判断した。

事案をみてみよう

　本件は，都立高校の教員Xらが，通達の内容に基づく校長の職務命令に従わないことを理由として自らに懲戒処分その他処遇上の不利益が行われることを予防するために，懲戒処分の差止訴訟等を提起した事案である。

　東京都教育委員会（Y_1）の教育長は，入学式・卒業式等に際し，教職員が国旗に向かい起立して国歌を斉唱し，ピアノ伴奏を行うこと等を求める通達（「本件通達」）を都立学校の各校長宛てに発出した。これを受け，各校長は通達に沿う職務命令を発し，違反者を懲戒処分にした。処分の方針は，1回目は戒告，2・3回目は減給，4回目以降は停職とし，ほかに処分歴のある教職員はより重い処分とするものであったが，免職処分はされていない。そこで，Xらが，①国旗起立および国歌斉唱義務（ピアノの伴奏義務を含む）の不存在確認および②当該義務違反を理由とする懲戒処分の差止訴訟を提起し，さらに国家賠償を請求した。

　なお，Xらによる提訴は，平成16年の行訴法改正を挟んで4回に分けて行われた。その関係で，Xらのうち同法改正前に提訴した者にあっては被告をY_1とし，同法改正後に提訴した者にあっては被告をY_2としている。

　ここでは，国家賠償請求については省略し，上記各訴えの適法性に係る判旨に限定して取り上げる。

> ## ✓ 読み解きポイント
>
> - Xらの提起した懲戒処分の差止訴訟は，行訴法が規定する差止訴訟の訴訟要件を満たした適法な訴えといえるだろうか。
> - 無名抗告訴訟としての義務不存在確認訴訟は適法な訴えといえるだろうか。
> - 公法上の当事者訴訟としての義務不存在確認訴訟は適法な訴えといえるだろうか。

判決文を読んでみよう

(1) 懲戒処分の差止訴訟について

　「本件では……免職処分以外の懲戒処分（停職，減給又は戒告の各処分）がされる蓋然性があると認められる一方で，免職処分がされる蓋然性があるとは認められない。そうすると，本件差止めの訴えのうち免職処分の差止めを求める訴えは，当該処分が

される蓋然性を欠き，不適法というべきである。」

「⒜差止めの訴えの訴訟要件としての……『重大な損害を生ずるおそれ』があると認められるためには，処分がされることにより生ずるおそれのある損害が，処分がされた後に取消訴訟等を提起して執行停止の決定を受けることなどにより容易に救済を受けることができるものではなく，処分がされる前に差止めを命ずる方法によるのでなければ救済を受けることが困難なものであることを要すると解するのが相当である。」

「本件通達を踏まえて懲戒処分が反復継続的かつ累積加重的にされる危険が現に存在する状況の下では，事案の性質等のために取消訴訟等の判決確定に至るまでに相応の期間を要している間に，毎年度２回以上の各式典を契機として上記のように⒝懲戒処分が反復継続的かつ累積加重的にされていくと事後的な損害の回復が著しく困難になることを考慮すると，本件通達を踏まえた本件職務命令の違反を理由として一連の累次の懲戒処分がされることにより生ずる損害は，処分がされた後に取消訴訟等を提起して執行停止の決定を受けることなどにより容易に救済を受けることができるものであるとはいえず，処分がされる前に差止めを命ずる方法によるのでなければ救済を受けることが困難なものであるということができ，その回復の困難の程度等に鑑み，本件差止めの訴えについては上記『重大な損害を生ずるおそれ』があると認められるというべきである。」

「本件では懲戒処分の取消訴訟等及び執行停止との関係でも補充性の要件を欠くものではない」。

⑵　無名抗告訴訟としての義務不存在確認訴訟について

「本件においては，……法定抗告訴訟として本件職務命令の違反を理由としてされる蓋然性のある懲戒処分の差止めの訴えを適法に提起することができ，その本案において本件職務命令に基づく公的義務の存否が判断の対象となる以上，⒞本件職務命令に基づく公的義務の不存在の確認を求める本件確認の訴えは，上記懲戒処分の予防を目的とする無名抗告訴訟としては，法定抗告訴訟である差止めの訴えとの関係で事前救済の争訟方法としての補充性の要件を欠き，他に適当な争訟方法があるものとして，不適法というべきである。」

⑶　公法上の当事者訴訟としての義務不存在確認訴訟について

「Ｘらは，第一次的には無名抗告訴訟であると主張しつつ，仮に無名抗告訴訟としては不適法であるが公法上の当事者訴訟としては適法であるならば後者とみるべきである旨主張する」。

「本件においては，前記……のとおり，本件通達を踏まえ，毎年度２回以上，都立学校の卒業式や入学式等の式典に際し，多数の教職員に対し本件職務命令が繰り返し発せられており，これに基づく公的義務の存在は，その違反及びその累積が懲戒処分の処分事由及び加重事由との評価を受けることに伴い，勤務成績の評価を通じた昇給等に係る不利益という行政処分以外の処遇上の不利益が発生し拡大する危険の観点からも，都立学校の教職員として在職中の上記Ｘらの法的地位に現実の危険を及ぼすものということができる。このように⒟本件通達を踏まえて処遇上の不利益が反復継

＊３│無名抗告訴訟
行訴法３条において規定される６種の抗告訴訟（処分の取消訴訟，裁決の取消訴訟，無効等確認訴訟，不作為の違法確認訴訟，義務付け訴訟，差止訴訟。これらを合わせて法定抗告訴訟という）以外の抗告訴訟。同法は，抗告訴訟の種類を６種の法定抗告訴訟に限定するものではなく，これら以外の無名の抗告訴訟が成立することを認めており，どのような種類の無名抗告訴訟が認められるかは学説・判例の発展に委ねていると解されている。

続的かつ累積加重的に発生し拡大する危険が現に存在する状況の下では，毎年度2回以上の各式典を契機として上記のように処遇上の不利益が反復継続的かつ累積加重的に発生し拡大していくと事後的な損害の回復が著しく困難になることを考慮すると，本件職務命令に基づく公的義務の不存在の確認を求める本件確認の訴えは，行政処分以外の処遇上の不利益の予防を目的とする公法上の法律関係に関する確認の訴えとしては，その目的に即した有効適切な争訟方法であるということができ，確認の利益を肯定することができるものというべきである。したがって，Y_2 に対する本件確認の訴えは，上記の趣旨における公法上の当事者訴訟としては，適法というべきである。」

⬇ この判決が示したこと ⬇

① 免職処分以外の懲戒処分の差止訴訟について，差止訴訟の訴訟要件である処分の蓋然性，損害の重大性，補充性を認めた（特に損害の重大性を認めた判断部分が重要である）（下線(a)(b)）。
② 懲戒処分の予防を目的とする無名抗告訴訟としての義務不存在確認訴訟について，法定抗告訴訟である懲戒処分の差止訴訟との関係で補充性を否定し，不適法な訴えであると判断した（下線(c)）。
③ 公法上の当事者訴訟としての義務不存在確認訴訟は，行政処分以外の処遇上の不利益の予防を目的とする公法上の法律関係に関する確認の訴えとして適法であると判断した（下線(d)）。

☝ 解説

I. 懲戒処分の差止訴訟

平成16年改正前の行訴法のもとでは，差止訴訟は予防訴訟・予防的不作為訴訟とも呼ばれ，行政庁による公権力発動の差止めを求める訴えとして，無名抗告訴訟の一種として位置付けられていた。平成16年の行訴法改正では，処分・裁決の差止訴訟が明文化されることになり，差止訴訟は事前救済のパターンの1つとして，法定抗告訴訟としての位置付けが与えられることになった。

行訴法37条の4は，差止訴訟が認容されるためにクリアすべき訴訟要件と本案勝訴要件について定めている。[*4]

差止訴訟の訴訟要件として，同条1項は，積極要件（「一定の処分又は裁決がされることにより重大な損害を生ずるおそれがある場合」は訴えが認められる）と，消極要件（「その損害を避けるため他に適当な方法があるとき」は訴えが認められない）を定めている。また，同条3項は，差止訴訟の原告適格に関し，取消訴訟の原告適格と同様の内容を定めている。

同条5項は，本案勝訴要件として，「その差止めの訴えに係る処分又は裁決につき，行政庁がその処分若しくは裁決をすべきでないことがその処分若しくは裁決の根拠となる法令の規定から明らかであると認められ又は行政庁がその処分若しくは裁決をすることがその裁量権の範囲を超え若しくはその濫用となると認められるとき」と定めている。

---

*4 | **差止訴訟の訴訟要件について**

行訴法3条7項は，差止訴訟を，「行政庁が一定の処分又は裁決をすべきでないにかかわらずこれがされようとしている場合において，行政庁がその処分又は裁決をしてはならない旨を命ずることを求める訴訟」と定義している。したがって，差止訴訟の対象は，処分または裁決である必要がある（取消訴訟と同様。権力的事実行為が含まれる点も同じである）。また，上記定義から，原告は「一定の」処分等の差止めを求める必要があること（処分等の特定性），処分等が「されようとしている」必要があること（処分等がされる蓋然性）も導かれる。

さらに，差止訴訟を適法に提起するためには，行訴法37条の4に係る各要件に加え，（狭義の）訴えの利益・被告適格・管轄裁判所といった要件も満たしている必要がある点に留意が必要である（被告適格と管轄裁判所については，取消訴訟の規定（行訴法11条・12条）が準用されている（行訴法38条1項））。

本判決は，差止訴訟の訴訟要件の1つである「重大な損害を生ずるおそれがある場合」を最高裁が肯定した初めての事案である。本判決は，「重大な損害を生ずるおそれ」の有無を認定するにあたり，「処分がされた後に取消訴訟等を提起して執行停止の決定を受けることなどにより容易に救済を受けることができるものではな」いとの緩やかな基準を示しており[*5]（下線ⓐ），意義が大きい。

Ⅱ．無名抗告訴訟としての義務不存在確認訴訟

本判決は，職務命令に基づく公的義務の不存在確認訴訟は，懲戒処分の予防を目的とする無名抗告訴訟としての義務不存在確認訴訟であるとした。そのうえで，本判決は，処分の差止訴訟には補充性の要件が定められているため，本件における無名抗告訴訟としての義務不存在確認訴訟についても，補充性が要件として求められるとした[*6]。そして，本件においては，Ⅰのとおり懲戒処分（免職処分を除く）の差止訴訟を適法に提起することができ，懲戒処分の差止訴訟の本案審理において，職務命令に基づく公的義務の存否は判断対象となることから，無名抗告訴訟としての義務不存在確認は，懲戒処分の差止訴訟との関係で補充性を欠くと判断した（下線ⓒ）。

Ⅲ．公法上の当事者訴訟としての義務不存在確認訴訟[*7]

本判決は，処分以外の処遇上の不利益（勤務成績の評価を通じた昇給等に係る不利益）の予防を目的とする訴訟は，公法上の法律関係に関する確認の訴え（公法上の当事者訴訟の一種）として確認の利益が認められ，適法であると判断した（下線ⓓ）。処分の差止訴訟と，当事者訴訟としての確認訴訟との分担関係については，懲戒処分それ自体の差止めを事前救済として争うか，義務違反の結果生じる懲戒処分以外の不利益の予防を目的とするかによって，いずれの訴訟類型を使用すべきかとする判断基準が示されることになった。[*8][*9]

🔍 ほかの判例も読んでみよう

「重大な損害」要件をはじめ，差止訴訟の各種訴訟要件を満たしていると判断した上で，本案判断を行った最近の事例として，第4次厚木基地訴訟最高裁判決（最判平成28・12・8民集70巻8号1833頁，百選Ⅱ-145）がある。この事案では，基地周辺の住民らが，国に対して，抗告訴訟として，主位的に厚木基地における一定の態様による自衛隊機および米軍機の運航の差止めを求めた（[判例25] ほか判も参照されたい）。

また，鞆の浦の差止訴訟については，[判例40] ほか判を参照されたい。

[*5] 本件における「重大な損害」

本判決において，最高裁は，懲戒処分が反復継続的かつ累積加重的にされていくと事後的な損害の回復が著しく困難になることを重視して，本件について「重大な損害」要件該当を認めた（下線ⓑ）。

[*6] 法定抗告訴訟と無名抗告訴訟の関係

法定抗告訴訟としての差止訴訟と無名抗告訴訟としての確認訴訟の関係については，最判令和元・7・22民集73巻3号245頁（百選Ⅱ-201）も参照のこと。

[*7] 公法上の当事者訴訟

[判例41]〔解説〕を参照。

[*8] 本判決が，起立斉唱義務等の不存在確認訴訟のうち，処分以外の不利益の予防を目的とするものに限って実質的当事者訴訟としたのは，懲戒処分については抗告訴訟としての差止訴訟が適法に提起されていたので，当該懲戒処分との関係では確認の利益を認めることができなかったためであるという指摘もある。

[*9] 少なくとも本判決では，処分による不利益と処分以外の処遇上の不利益の両方の予防を目的とする1つの確認訴訟は想定されていない。一方，学説においては，処分による不利益の予防とそれ以外の処遇上の不利益の予防のいずれを目的としているかにかかわらず，義務の不存在確認訴訟を一体として実質的当事者訴訟ととらえる見解も有力である。

40 仮の救済 — 弁護士懲戒処分執行停止事件

最高裁平成19年12月18日決定（判時1994号21頁） ▶百選Ⅱ-192

登場人物

X：弁護士。所属する弁護士会から本件懲戒処分を受ける。原審認定の事実によれば、Xは、妻のほか実母・3人の子どもの生活をもっぱらXの収入のみで支えていた。

Y：日弁連。本件懲戒処分に関する審査請求に対する裁決を下す権限を有している。

*1｜弁護士会
一般的には、弁護士を構成員として形成される団体をいう。日本における弁護士会は、弁護士法31条2項を根拠として設立され、弁護士の指導・連絡・監督などの事務を行う弁護士にとっての強制加入団体である。

*2｜日弁連
正式名称は「日本弁護士連合会」、日本全国にある弁護士会の連合会である。日本では、弁護士・外国事務弁護士として活動する場合、事務所を置く地域の弁護士会を通じて日弁連への登録が義務付けられている。日弁連は、弁護士法59条1項によると、同法56条の規定により弁護士会がした懲戒の処分について審査請求があったときは、日本弁護士連合会の懲戒委員会に事案の審査を求め、その議決に基づき、裁決をしなければならないとされている。

🔍 事案をみてみよう

本件は、弁護士に対して行われた懲戒処分の効力の停止を求める旨の執行停止の申立てが認められるか否かが争われた事案である。

弁護士であるXが、平成18年11月に、その所属弁護士会より、業務停止3か月の懲戒処分（「本件処分」）を受け、日弁連（Y）に審査請求をしたところ、Yは、棄却裁決（「本件裁決」）をした。Xは、本件裁決の取消訴訟を提起するとともに、本件処分の効力の停止を求める旨の執行停止の申立てを行った。原審は本件処分の効力を停止する決定をしたため、Yが抗告した。

> ✅ **読み解きポイント**
>
> Xに対して行われた本件処分の執行の停止を求める訴えは、行政事件訴訟法が規定する、執行停止が認められるための要件（「重大な損害」要件）を満たしているだろうか。

📖 決定文を読んでみよう

Xは、「その所属する弁護士会から業務停止3月の懲戒処分を受けたが、^(a)当該業務停止期間中に期日が指定されているものだけで31件の訴訟案件を受任していたなど本件事実関係の下においては、行政事件訴訟法25条3項所定の事由を考慮し勘案して、上記懲戒処分によってXに生ずる社会的信用の低下、業務上の信頼関係の毀損等の損害が同条2項に規定する『重大な損害』に当たるものと認めた原審の判断は、正当として是認することができる」。

> ⬇ **この決定が示したこと** ⬇
>
> 弁護士の懲戒処分（3か月の業務停止）により生じる「社会的信用の低下、業務上の信頼関係の毀損等の損害」は、行訴法25条2項に定める「重大な損害」に該当する（下線(a)）。

解説

I. 取消訴訟における仮の救済——執行停止

　訴訟が提起されると、終局判決が確定するまで原告の権利を保全する必要が生じる。そのために設けられているのが仮の権利保護（仮の救済）の仕組みであり、民事事件については、民事保全法に基づく仮処分などの仮の救済制度が用意されている。一方、行訴法44条は、行政庁の処分その他公権力の行使にあたる行為については、民事保全法の定める仮処分を排除している。これは、比較的容易に認められる仮処分によって行政の円滑な執行が阻害されないようにすることを目的としている。

　もっとも、取消訴訟の原告にとっても仮の救済は必要であり、行政事件訴訟法は、仮処分制度に代替するものとして執行停止制度について規定している。すなわち、処分の取消訴訟が提起されても原則として当該処分の執行は停止しないが（行訴法25条1項）、原告が特に仮の権利保護を求める場合に、一定の要件のもとで執行停止を認める仕組みが設けられているのである（同条2項以下。なお、執行停止の仕組みは、無効等確認訴訟についても準用されている。38条3項）。

　現行（平成16年改正後）の行訴法25条2項は、取消訴訟の執行停止は「処分、処分の執行又は手続の続行により生ずる重大な損害を避けるため緊急の必要があるとき」にすることができる旨規定している（もっとも、この要件を満たす場合でも、「公共の福祉に重大な影響を及ぼすおそれがあるとき、又は本案について理由がないとみえるとき」には執行停止することができない。同条4項）。

　上記のうち、「重大な損害」という要件は、平成16年の行訴法改正において旧規定の要件であった「回復の困難な損害」を緩和したものである。また、平成16年行訴法改正では、この「重大な損害」の判断について、「損害の回復の困難の程度を考慮するものとし、損害の性質及び程度並びに処分の内容及び性質をも勘案するものとする」という解釈基準が新設された（同条3項）。

　従前の「回復の困難な損害」という文言は、金銭賠償による補塡が不可能とはいえない損害、あるいは、処分の結果として通常ないし当然に生じる損害について、執行停止を否定する役割を果たすことがあり、要件として厳格に過ぎるきらいがあった。執行停止に関する平成16年行訴法改正の趣旨は、「重大な損害」とすることによって、損害の性質や程度をも勘案して比較的柔軟に執行停止を認めるようにすることにあった。

II. 弁護士の懲戒処分と執行停止

　本件決定は、平成16年の行訴法改正後、「重大な損害」の存否について最高裁が判断を行ったリーディングケースである。金銭賠償による補塡の可能性がないとはいえない弁護士業務停止の懲戒処分について、当該処分によって生じうる社会的信用の失墜、業務上の信頼関係の毀損等を「重大な損害」に該当すると判断しており、執行停止に関する平成16年の行訴法改正の意図を適切に汲んだ判断であるといえよう。

*3 | 民事保全法に基づく仮処分

判決による解決または強制執行が可能となるまで、債権者に生じる著しい損害または急迫の危険を避けるために、権利の実現に支障が生じないようにする暫定的措置のこと（仮処分の対象となるのは金銭債権以外の債権。金銭債権については仮差押えが行われる）。

Ⅲ．仮の義務付け・仮の差止めについて

平成16年の行訴法改正で明文化されることになった義務付け訴訟・差止訴訟においては，取消訴訟とは異なる仮の救済の仕組みが必要となる[*4]。そこで，行訴法は，仮の義務付け・仮の差止めの仕組みを置いている。

行訴法37条の5第1項は，仮の義務付けに係る積極要件として，①「義務付けの訴えに係る処分又は裁決がされないことにより生ずる償うことのできない損害を避けるため緊急の必要があ」ること，②「本案について理由があるとみえる」ことを規定する。また，同条3項は，消極要件として，③「公共の福祉に重大な影響を及ぼすおそれがあるとき」には仮の義務付けをすることはできない旨を定めている。

行訴法37条の5第2項は，仮の差止めについて，手続要件として「差止めの訴えの提起があつた場合」，積極要件として「差止めの訴えに係る処分又は裁決がされることにより生ずる償うことのできない損害を避けるため緊急の必要があ」ることと，「本案について理由があるとみえるとき」，同条3項は，消極要件として「公共の福祉に重大な影響を及ぼすおそれがあるとき」，とそれぞれ定めている。基本的に，仮の義務付けの要件と仮の差止めの要件は同じである。

仮の義務付けが認容された代表例としては，保育園入園承諾義務付け請求事件（［判例38］**ほか判2**を参照），仮の差止めが問題となった有名事案としては，鞆の浦における仮の差止請求事案がある（**ほか判**参照）。

🔍 ほかの判例も読んでみよう

◎広島地決平成20年2月29日判時2045号98頁
（鞆の浦埋立免許仮の差止め請求事件）[*5]

広島県福山市の鞆地区住民らが，県知事が県および市からの本件公有水面の埋立免許付与申請に対して，公有水面埋立法2条に基づいて免許を付与することの差止めを求めた事案。仮の差止めが求められた広島地裁決定においては，景観利益に基づいて住民らの原告適格を肯定したものの，緊急の必要性がないことを理由に申立てを却下した。

なお，本訴に対する判断である広島地判平成21・10・1判時2060号3頁［判例30］*6は，住民らについて景観利益の存在を理由として原告適格を認めた上で，事業者が本件事業の必要性および公共性の根拠とする各点は，「調査，検討が不十分であるか，又は，一定の必要性，合理性は認められたとしても，それのみによって本件埋立それ自体の必要性を肯定することの合理性を欠くものであ」り，県知事が本件埋立許可免許を行うことは裁量権の範囲を超えた場合にあたるとして，免許の差止めを命じた。[*6]

---

*4 義務付け訴訟・差止訴訟における仮の救済の仕組み

まだ処分がなされていない段階において救済を求める義務付け訴訟・差止訴訟においては，処分の執行停止は原告の権利保全の仕組みとして機能しないため，執行停止とは別に仮の救済の仕組みを整備することが必要となる。

*5 鞆の浦

福山市にある鞆の浦は，近世の港の特徴（常夜灯，雁木，波止，焚場，船番所）をすべて残した希少な港であるとされ，その周辺は国の名勝「鞆公園」に指定され，瀬戸内海国立公園としても保護されており，歴史的・文化的・自然的景観を有している。アニメ映画「崖の上のポニョ」の舞台となったことでも有名である。

*6

第一審判決後，県・市は控訴したが，県は鞆地区地域振興住民協議会を設置し，19回にわたり，推進派・反対派両方の住民と意見交換を行った。その上で，県知事は，事業の撤回を表明し，県の埋立免許申請の取下げを行うと同時に，本件訴訟の取下げも行って，訴訟は終結した。

41 当事者訴訟

在外国民選挙権訴訟

最高裁平成17年9月14日大法廷判決（民集59巻7号2087頁） ▶百選Ⅱ-202・220

事案をみてみよう

本件は，在外国民に国政選挙での選挙権行使の全部または一部を認めないことは憲法違反であるとして，実質的当事者訴訟[*1]と国家賠償請求訴訟とが提起された事案である（以下では，実質的当事者訴訟に関する点について解説する。国家賠償請求訴訟（立法不作為の違法）については，［判例43］ほか判解説部分を参照）。

平成10年に公職選挙法が改正され，在外選挙制度が創設された際，在外選挙の対象となる選挙は，当分の間（改正後の公職選挙法附則8項），衆議院比例代表選出議員の選挙および参議院比例代表選出議員の選挙に限ることとされていた（衆議院小選挙区選出議員の選挙および参議院選挙区選出議員の選挙はその対象とされていなかった）。在外国民であるXらは，在外国民であることを理由として選挙権の行使の機会を認めないことは違憲であると主張して，国（Y）を被告として訴訟を提起し，主位的に公職選挙法の違法確認，予備的に選挙権を有することの確認を求めた。[*2][*3]

読み解きポイント

- 「改正前の公職選挙法が違法であることの確認を求める訴え」は認められるか。
- 「改正後の公職選挙法が違法であることの確認を求める訴え」は認められるか。
- 最高裁は原告らの訴えをどのようなものと解しているだろうか。

判決文を読んでみよう

「本件の主位的確認請求に係る訴えのうち，(a)本件改正前の公職選挙法が……Xらに衆議院議員の選挙及び参議院議員の選挙における選挙権の行使を認めていない点において違法であることの確認を求める訴えは，過去の法律関係の確認を求めるものであり，この確認を求めることが現に存する法律上の紛争の直接かつ抜本的な解決のために適切かつ必要な場合であるとはいえないから，確認の利益が認められず，不適法である。」[*4]

「本件の主位的確認請求に係る訴えのうち，(b)本件改正後の公職選挙法が……Xらに衆議院小選挙区選出議員の選挙及び参議院選挙区選出議員の選挙における選挙権の行使を認めていない点において違法であることの確認を求める訴えについては，他により適切な訴えによってその目的を達成することができる場合には，確認の利益を欠き不適法であるというべきところ，本件においては……予備的確認請求に係る訴えの

登場人物

Xら：原告。日本国外に居住しているため，住民基本台帳の記録がない（在外国民）。平成12年5月1日（改正公職選挙法の施行日）以前に衆議院議員選挙，参議院選挙が行われた場合にはこれらの選挙についてすべての選挙権の行使ができず，同日以降に選挙が行われた場合にも衆議院小選挙区選出議員および参議院選挙区選出議員の選挙について選挙権が行使できないこととなる。
Y：被告。国。

[*1] 実質的当事者訴訟

行政事件訴訟法4条後段の，「公法上の法律関係に関する確認の訴えその他の公法上の法律関係に関する訴訟」。裁判例として，［判例15］，［判例39］等。

[*2] 主位的請求・予備的請求

複数の請求を同一の訴訟手続で審理する（訴えの客観的併合）場合に，法律上両立しない複数の請求に順序が付される。先順位の請求が主位的請求，後順位の請求が予備的請求。

方がより適切な訴えであるということができるから，上記の主位的確認請求に係る訴えは不適法であるといわざるを得ない。」

「本件の予備的確認請求に係る訴えは，公法上の当事者訴訟のうち公法上の法律関係に関する確認の訴えと解することができるところ，その内容をみると，公職選挙法附則8項につき所要の改正がされないと，在外国民である……(c)Xらが，今後直近に実施されることになる衆議院議員の総選挙における小選挙区選出議員の選挙及び参議院議員の通常選挙における選挙区選出議員の選挙において投票をすることができず，選挙権を行使する権利を侵害されることになるので，そのような事態になることを防止するために，Xらが，同項が違憲無効であるとして，当該各選挙につき選挙権を行使する権利を有することの確認をあらかじめ求める訴えであると解することができる。

(d)選挙権は，これを行使することができなければ意味がないものといわざるを得ず，侵害を受けた後に争うことによっては権利行使の実質を回復することができない性質のものであるから，その権利の重要性にかんがみると，具体的な選挙につき選挙権を行使する権利の有無につき争いがある場合にこれを有することの確認を求める訴えについては，それが有効適切な手段であると認められる限り，確認の利益を肯定すべきものである。」

> **↓ この判決が示したこと ↓**
>
> ① 過去の法律関係の確認請求は，現在の法律上の紛争の直接かつ抜本的な解決のために適切かつ必要な場合であるといえないときには，確認の利益を欠き不適法となる（下線(a)）。
> ② 求められている確認請求の内容が，他のより適切な訴えによってその目的を達成することができる場合には，確認の利益を欠き不適法となる（下線(b)）。
> ③ Xらが，公職選挙法（附則）は違憲無効であるとして，今後直近に実施されることになる衆議院議員の総選挙における小選挙区選出議員の選挙および参議院議員の通常選挙における選挙区選出議員の選挙において，選挙権を行使する権利を有することの確認を求める訴えは，公法上の法律関係に関する確認の訴えと解することができる（下線(c)(d)）。

解説

I. 当事者訴訟とは

行訴法4条は，当事者訴訟について定めている。当事者訴訟とは，抗告訴訟と並び，行政事件訴訟法の定める主観訴訟の1つである。行訴法4条の定める当事者訴訟には，形式的当事者訴訟（4条前段）[*5]と，実質的当事者訴訟（4条後段）がある。

実質的当事者訴訟とは，抗告訴訟以外の「公法上の法律関係に関する訴訟」であり，公法関係の訴訟という点で「私法上の法律関係に関する訴訟（民事訴訟）」と区別されるものとなる。実質的当事者訴訟に該当するとされる訴訟には（本件のような）確認訴訟のほか，給付訴訟（たとえば，公務員の退職手当支払請求訴訟，憲法29条3項に基づく損失補償請求訴訟，国籍の確認を求める訴訟），もある。

---

*3｜Xらの請求
Xらの請求は，①改正前の公職選挙法がXらに国政選挙における選挙権の行使を認めていない点で違法であることの確認，②改正後の公職選挙法がXらに衆議院小選挙区および参議院選挙区選出議員の選挙において選挙権の行使を認めていない点で違法であることの確認（以上主位的請求），③Xらが両院の選挙区選出議員の選挙において選挙権を行使する権利を有することの確認（以上予備的請求），であった。

*4｜確認の利益
確認訴訟における訴訟要件。その内容については〔解説〕IIを参照。

*5｜4条前段・後段
4条は，条文途中にある「及び」の前後で前段と後段，と読み分けられている。
形式的当事者訴訟の例として，土地収用委員会の収用裁決で決定された補償額について争いがある場合に，土地所有者と起業者との間で争う訴訟（土地収用法133条3項）等がある。**ほか判**を参照。

Ⅱ. 実質的当事者訴訟としての確認訴訟

平成16年の行訴法改正後，実質的当事者訴訟としての確認訴訟の活用が議論されており，本判決は，上記改正を受けて，最高裁が，Xらの訴えを実質的当事者訴訟（公法上の法律関係の確認訴訟）の形式で認めたものとして注目されたものである。

確認訴訟の訴訟要件（確認の利益）は，民事訴訟における議論を参考として，①方法選択の適否（確認の訴えを用いることの適否），②即時解決の必要（解決すべき紛争の成熟性），③確認対象の選択の適否，と整理されている。過去の法律関係の確認（本件でいえば，改正前公職選挙法が違法であることの確認）や，個別具体性を欠く法律関係の確認（本件でいえば，改正公職選挙法そのものが違法であることの確認）は，この「確認の利益」を欠くものと判断される（下線(a)(b)）。本判決の注目点は，Xらの予備的請求について，Xらの請求の内容を敷衍し，その確認対象を「今後直近に実施される選挙」と限定した上で，訴えを認めた点にある*6（下線(c)(d)）。

🔍 ほかの判決も読んでみよう

◎最判平成25年10月25日判時2208号3頁（徳島県収用委員会裁決事件）

土地収用法に基づく収用委員会の裁決は処分（行訴法3条2項）であり，これに不服のある者は抗告訴訟で裁決を争うこととなるが，土地収用法は，収用委員会の裁決のうち，損失の補償に関する訴えは「損失補償に関する訴え」（同法133条2項・3項，*7 形式的当事者訴訟）を提起するものとしている。本件は，里道の拡幅工事に伴い，工事により新設された道路に接する土地の所有者が，損失の補償について裁決の申請（道路法70条4項に基づく土地収用法94条）をしたところ，申請却下の裁決を受けたため，裁決の取消しを求めた事案である。原審（高松高判平成24・2・23判例地方自治379号55頁）は，本件裁決は損失の補償に関する事項についてしか判断していないので，損失補償に関する訴え（上記）によるべきであるとしたが，最高裁は，原告は裁決の取消訴訟を提起できるとの判断を示している（本件は，地裁に差し戻しとされている）。

「土地収用法に基づく収用委員会の裁決は……『処分』に該当するものであるから，上記裁決の名宛人は，……収用委員会の裁決の取消訴訟を提起することができる。……土地収用法133条2項及び3項〔が〕……収用委員会の裁決の取消訴訟とは別個に損失の補償に関する訴えを規定していることからすれば，同法において，収用委員会の裁決のうち損失の補償に関する事項については損失の補償に関する訴えによって争うべきものとされているのであって，上記裁決の取消訴訟において主張し得る違法事由は損失の補償に関する事項以外の違法事由に限られるものと解される……。もっとも，これは収用委員会の裁決の取消訴訟において主張し得る違法事由の範囲が制限されるにとどまり，上記裁決の名宛人としては，裁決手続の違法を含む損失の補償に関する事項以外の違法事由を主張して上記裁決の取消しを求め得るのであるから，……収用委員会の裁決の判断内容が損失の補償に関する事項に限られている場合であっても，上記裁決の取消訴訟を提起することが制限されるものではない。」

---

*6 | 本判決の結論と確認訴訟の裁判例

最高裁は本判決において，公職選挙法附則8項の規定のうち，在外国民の投票権を制限する部分は，遅くとも本判決言渡し後に初めて行われる衆議院議員の総選挙または参議院議員の通常選挙の時点においては違憲であるとし，Xらは次回の選挙において，在外選挙人名簿に基づいて投票できる地位にあることを認めている。本判決のほか，確認訴訟の裁判例として，最大判令4・5・25民集76巻4号711頁（国外に居住している国民に，次回の最高裁判所の裁判官の任命に関する国民審査において審査権の行使をさせないことの違法確認訴訟），等。また，処分以外の処遇上の不利益の予防を目的とする訴訟として，〔判例39〕〔解説〕Ⅲも参照。なお，最判令和元・7・22民集73巻3号245頁（百選Ⅱ-201）は，自衛隊法に基づく防衛出動命令に服従する義務がないことの確認の訴えを，無名抗告訴訟と解するとしている（破棄差戻し）。

*7 | 土地収用法133条2項・3項

「② 収用委員会の裁決のうち損失の補償に関する訴えは，裁決書の正本の送達を受けた日から6月以内に提起しなければならない。」
「③ 前項の規定による訴えは，これを提起した者が起業者であるときは土地所有者又は関係人を，土地所有者又は関係人であるときは起業者を，それぞれ被告としなければならない。」

42 国家賠償法1条①
——公権力の行使
横浜市立中山中学校プール事故事件

最高裁昭和62年2月6日判決(判時1232号100頁) ▶百選Ⅱ-209

登場人物
X:中学生。体育の授業中にプールの飛び込みに失敗し、頸椎を骨折し、四肢麻痺等の後遺症が残った。
A:Yの設置する市立中学校の教師。体育の授業でプールの飛び込みを指導していた。
Y:横浜市。Xの通う中学校の設置者。

*1 | 国家賠償法1条1項
「国又は公共団体の公権力の行使に当る公務員が、その職務を行うについて、故意又は過失によつて違法に他人に損害を加えたときは、国又は公共団体が、これを賠償する責に任ずる。」

事案をみてみよう

本判決は、公立学校における教師の教育活動が国家賠償法1条1項にいう「公権力の行使」に含まれると判断したものである。

市立中学校に通うXは、体育の授業中、教師Aの指導に従い、プールにおいて飛び込みを練習していたところ、空中でバランスを失い、ほぼ垂直の角度で頭部から入水したため、プールの底に頭を激突させて頸椎を骨折し、その結果、四肢麻痺等の後遺症が残った。Xは、Aの指導に注意義務違反があり、それにより損害を被ったとして、学校の設置者である横浜市(Y)に対して国家賠償法1条1項に基づき損害の賠償を請求した。*1

✓ 読み解きポイント

公立学校における教師の教育活動は国家賠償法1条1項にいう「公権力の行使」にあたるか。

判決文を読んでみよう

「国家賠償法1条1項にいう『公権力の行使』には、公立学校における教師の教育活動も含まれるものと解するのが相当であ」る。

⬇ この判決が示したこと ⬇

公立学校における教師の教育活動は国家賠償法1条1項にいう「公権力の行使」に含まれる。

解説

Ⅰ. 国家賠償法に基づく損害賠償請求

戦前、国・公共団体に対する損害賠償請求は制限されていた。それを否定する趣旨で、憲法17条は「何人も、公務員の不法行為により、損害を受けたときは、法律の定めるところにより、国又は公共団体に、その賠償を求めることができる」と定めた。そこでは、「法律の定めるところにより」とあり、損害賠償請求のための根拠は別に法律で定めることが予定されていた。それを受けて制定されたのが国家賠償法である。

国家賠償法に基づく損害賠償請求には，大きく分けて，1条によるものと2条によるものがあるが，本件において問題となったのは，このうちの1条に関するものである。国家賠償法1条は公務員による加害行為に対する損害賠償請求について定めているが，私人が国または公共団体の公務員の加害行為により違法に損害を被った場合，常に国家賠償法1条に基づいて損害賠償請求をすることになるかというとそうではない。国家賠償法1条は，国または公共団体の公務員の加害行為のうち一部のものについての損害賠償請求だけを対象としており，それ以外のものは，私人によって損害を与えられた場合と同じく，民法に基づいて損害賠償請求をすることになっている。そうすると，国家賠償法に基づいて損害賠償請求をすべきなのはどのような場合かが問題となる。

　この点，一般に，国または公共団体の公務員が行った加害行為が，「公権力の行使」と評価されるものであれば，民法ではなく，国家賠償法1条が適用されるものと解されている。そうすると，問題の加害行為が「公権力の行使」にあたるかが重要な意味を持つことになる。

II. 国家賠償法1条にいう「公権力の行使」の意義

　この「公権力の行使」の内容について，「最広義説」，「広義説」，「狭義説」という3つの説がある。「最広義説」は，公務員を通じて実施される国または公共団体の活動であればすべて「公権力の行使」であるとする説である。次に「広義説」は，公務員を通じて実施される国または公共団体の活動から，純粋な私経済的活動や国家賠償法2条の対象となる公の営造物の設置または管理を除いたものを「公権力の行使」とする説である。最後に，「狭義説」は，命令や強制といった伝統的に権力的な活動とされてきたものを「公権力の行使」とする説である。立法者は，狭義説をとっていたとされるが，現在の判例は，広義説で固まっている。この広義説によると，狭義説では対象とならない，行政指導などの命令や強制にあたらない行為も幅広く国家賠償請求の対象とされることになることから，国家賠償請求訴訟は，処分性について限定的に解され，救済範囲が狭かった取消訴訟に代わって，広く行政活動の違法を争うための訴訟として活用されてきた。また，行政活動に限らず，議会の立法や裁判所の裁判も対象としている。

　もっとも，広義説を取った場合，純粋な私経済的活動にあたるかにより，「公権力の行使」にあたるかが決定されるので，本件で問題となった国公立学校の教育活動や国公立病院の医療活動のように，私立学校，私立病院の活動との性質の違いが微妙な場合には，純粋な私経済的活動にあたるのかあたらないのかが問題となる。本判決は，こうした問題について，公立学校の教師の教育活動は「公権力の行使」にあたると判断したものである。なお，国公立病院の医療活動については民法が適用されるとする立場が固まっている。

*2 | 民法に基づく損害賠償請求

加害者に対して損害賠償請求をする場合には民法709条，加害者の使用者に損害賠償請求をする場合には民法715条によることになる。
・民法709条
「故意又は過失によって他人の権利又は法律上保護される利益を侵害した者は，これによって生じた損害を賠償する責任を負う。」
・民法715条1項
「ある事業のために他人を使用する者は，被用者がその事業の執行について第三者に加えた損害を賠償する責任を負う……。」

なお，民法が適用される場合と国家賠償法が適用される場合の違いとして，国家賠償法が適用される場合，加害者個人に対する損害賠償請求が否定されるという点が挙げられる。国家賠償法1条の適用がある場合には，加害者たる公務員は行政機関としても個人としても責任を負わないとするのが最高裁の立場である（最判昭和30・4・19民集9巻5号534頁，百選II-228）。

*3 | 議会の立法や裁判所の裁判と国家賠償

具体的な判例については[判例43]ほか判を参照されたい。

*4 | 国公立病院の医療活動

民法に基づく損害賠償請求を認めた最高裁判決として，最判昭和44・2・6民集23巻2号195頁（水虫レントゲン事件）などがある。

43 国家賠償法1条② ——違法性

奈良税務署長事件

最高裁平成5年3月11日判決（民集47巻4号2863頁）　▶百選Ⅱ-213

登場人物

X：紙箱製造加工業者。奈良税務署長の更正に対して取消訴訟を提起し、一部取消判決を勝ち取った。続いて、違法な更正により損害を被ったとして国家賠償請求訴訟を提起した。

Y：国。国の行政庁である奈良税務署長の行った更正が違法であったことを理由にXより国家賠償請求訴訟を提起された。

A：奈良税務署長。更正を行ったがXに取消訴訟を提起され、一部取消判決を受けた。

*1*2　確定申告・更正

所得税については、国が納税額を計算した上で納税義務者に賦課し、税金を徴収する（これを賦課徴収制度という）のではなく、納税義務者が自ら所得金額（収入金額から必要経費等を差し引いたもの）から税額を計算し、その結果を申告して、これを納税するという申告納税制度が採用されている。納税義務者は、申告することが義務付けられているが、計算間違い等の理由で、正確に申告がなされないことがある。それを税務署長が修正するのが更正という行政処分である（「更正処分」ともいう）。

📖 事案をみてみよう

本判決は、国家賠償法1条1項にいう「違法性」に関して判断したものである。

紙箱の製造加工業者であるXは、昭和46年、47年、48年の各年分（「本件係争各年分」）の事業所得について、A（奈良税務署長）に対し、確定申告[*1]（46年分は修正申告）を行った。Xの過少申告を疑ったAは、Xの本件係争各年分の所得税の調査のため、数回にわたり部下の税務職員をX方に赴かせ、帳簿書類の提示を求めさせたが、Xはこれを拒否した。税務職員は、以降も数回にわたり、調査への協力を求めたが拒否したので、結局調査をすることができなかった。そこで、Aは、Xの得意先、取引銀行を調査して、本件係争各年分のXの収入金額を把握し、本件各更正[*2]をした。

Xは、本件各更正に対して、取消訴訟（「本件取消訴訟」）を提起したところ、第一審では請求棄却の判決を受けたが、控訴審では一部取消判決（「本件取消判決」）を得た。これは、Aが本件各更正をするにあたり、収入金額につきXの申告額を上回る額を認定しつつ、必要経費につきXの申告書どおりの額を控除するにとどまったため所得金額を過大に認定してしまったためであった。同判決は、上告がなく確定した。

Xは、さらにAの各更正が違法であるとして国（Y）を被告として国家賠償請求訴訟を提起した。

✅ 読み解きポイント

国家賠償法1条1項に基づき国家賠償請求をした場合に、問題の行為が「違法」と評価されるのはどのような場合か。その行為が、法令に違反し、取消訴訟において取り消されるべきものというだけでは足りないか。

📖 判決文を読んでみよう

「税務署長のする所得税の更正は、(a)所得金額を過大に認定していたとしても、そのことから直ちに国家賠償法1条1項にいう違法があったとの評価を受けるものではなく、税務署長が資料を収集し、これに基づき課税要件事実を認定、判断する上において、(b)職務上通常尽くすべき注意義務を尽くすことなく漫然と更正をしたと認め得るような事情がある場合に限り、右の評価を受けるものと解するのが相当である。」

> ↓ **この判決が示したこと** ↓
>
> 法令に違反して更正を行ったとしても、それだけで直ちに国家賠償法1条1項にいう違法があったと評価を受けるものではなく、さらに職務上の注意義務違反の存在が要求される（下線(a)(b)）。

解説

Ⅰ．国家賠償法上の違法性に関する学説

　国家賠償法1条1項は、「国又は公共団体の公権力の行使に当る公務員が、その職務を行うについて、故意又は過失によって違法に他人に損害を加えたときは、国又は公共団体が、これを賠償する責に任ずる」と定めており、国等が賠償責任を負う場合の要件の1つとして、損害を与えた加害行為たる公権力の行使（許可や命令、行政指導等）が「違法」になされたことを要求している。ここで、どういった場合に、その加害行為が違法と認められるのかが問題となる。

　まず、国家賠償訴訟も取消訴訟と同じく、法令に違反する行政活動を是正する機能を持つべきであるとする考えから、国家賠償法における違法も取消訴訟における違法と同じく法令違反であるとする説がある。この説は、違法性が取消訴訟における違法と同一であることから、違法性同一説（あるいは、違法概念が1つであることから違法性一元説）などと呼ばれる。また、国家賠償法1条1項が対象とする、公権力の行使の場面における法令違反は、つまりは、その公権力の行使について法令が定めた公権力を発動する要件が欠けている（欠如している）ということであるから、公権力発動要件欠如説と呼ばれることもある。

　それに対して、国家賠償法における違法は、取消訴訟における違法とは異なるものとする説もある。この説は、国家賠償法における違法と取消訴訟における違法は別物である（相対的である）とすることから、違法性相対説（あるいは、違法概念が2つあることから違法性二元説）などと呼ばれる。

Ⅱ．国家賠償法上の違法性に関する判例

　最高裁の判決においても、法令違反だけでは国家賠償法上違法にならないとするものがみられた。ただし、違法性同一説に立つ学説は、これらの判決に対して、立法行為や裁判といった、通常の公権力の行使に当てはまるものではないものについて、その特殊性から違法となる場合を限定したものと位置付け、そうした特殊性を有しない通常の行政処分については当てはまらないとしていた。

　さて、本判決の事案では、所得金額を過大に認定しているのであるから、更正は法令違反である。しかし、最高裁は、それだけでは、国家賠償法1条1項にいう違法にはならないとし（下線(a)）、さらに、職務上尽くすべき注意義務を尽くすことなく漫然とその行為を行ったことが必要であるとし、法令違反に加えて、注意義務違反がないと違法にならないとしている（下線(b)）。これは、先ほどの違法性相対説（違法性二

*3｜**立法行為の違法**
立法行為に関する判例は、**ほか判**を参照。

*4｜**裁判の違法**
最判昭和57・3・12民集36巻3号329頁、百選Ⅱ-221）は、次のように判示している。
「裁判官がした争訟の裁判に上訴等の訴訟法上の救済方法によって是正されるべき瑕疵が存在したとしても、これによって当然に国家賠償法1条1項の規定にいう違法な行為があったものとして国の損害賠償責任の問題が生ずるわけのものではなく、右責任が肯定されるためには、当該裁判官が違法又は不当な目的をもって裁判をしたなど、裁判官がその付与された権限の趣旨に明らかに背いてこれを行使したものと認めうるような特別の事情があることを必要とすると解するのが相当である。」

元説)の立場に立ったものと一般的に評価されており,職務上の注意義務違反を要求するこの考え方について,学説では,職務行為基準説などと呼ばれることが多い。ただし,立法行為や裁判のような特殊な事情がない通常の行政処分について,このような立場を採ったことに対しては,先ほどの学説の立場からは批判があるところである。

🔍 ほかの判例も読んでみよう

立法行為の違法については,ある法律が裁判所によって憲法に違反するものとされても,そのことが直ちに当該法律を制定する行為を国家賠償法の適用上,違法とするものではないとする一連の判決がある。

◎最判昭和60年11月21日民集39巻7号1512頁(在宅投票事件)

「国家賠償法1条1項は,国又は公共団体の公権力の行使に当たる公務員が個別の国民に対して負担する職務上の法的義務に違背して当該国民に損害を加えたときに,国又は公共団体がこれを賠償する責に任ずることを規定するものである。したがつて,国会議員の立法行為(立法不作為を含む。以下同じ。)が同項の適用上違法となるかどうかは,国会議員の立法過程における行動が個別の国民に対して負う職務上の法的義務に違背したかどうかの問題であつて,当該立法の内容の違憲性の問題とは区別されるべきであり,仮に当該立法の内容が憲法の規定に違反する廉があるとしても,その故に国会議員の立法行為が直ちに違法の評価を受けるものではない。」

「国会議員は,立法に関しては,原則として,国民全体に対する関係で政治的責任を負うにとどまり,個別の国民の権利に対応した関係での法的義務を負うものではないというべきであつて,国会議員の立法行為は,立法の内容が憲法の一義的な文言に違反しているにもかかわらず国会があえて当該立法を行うというごとき,容易に想定し難いような例外的な場合でない限り,国家賠償法1条1項の規定の適用上,違法の評価を受けないものといわなければならない。」

この基準は大変厳しいもので実際にこの基準を満たし,立法行為が違法と評価される場合があるのか疑問視されていた。しかし,その後,最高裁は,在外国民選挙権訴訟(最大判平成17・9・14民集59巻7号2087頁[判例**41**],百選Ⅱ-220)において,次のように判示して立法不作為の違法を認めている。そこでは,在宅投票事件を引用し,趣旨を異にするものではないとしているが,違法と評価される例外的な場合について実質的に緩和した基準を採用したものと評価されている。

「立法の内容又は立法不作為が国民に憲法上保障されている権利を違法に侵害するものであることが明白な場合や,国民に憲法上保障されている権利行使の機会を確保するために所要の立法措置を執ることが必要不可欠であり,それが明白であるにもかかわらず,国会が正当な理由なく長期にわたってこれを怠る場合などには,例外的に,国会議員の立法行為又は立法不作為は,国家賠償法1条1項の規定の適用上,違法の評価を受けるものというべきである。」

なお,立法行為の違法性については,その後,再婚禁止期間制限事件(最大判平成27・12・16民集69巻8号2427頁),在外日本人国民審査権事件(最大判令和4・5・25民集76巻4号711頁)などにおいても判断されている。

44 国家賠償法1条③——不作為の違法　宅建業法事件

最高裁平成元年11月24日判決（民集43巻10号1169頁）　▶百選Ⅱ-216

🔍 事案をみてみよう

　本件は、行政庁が有する許認可権限の行使、規制権限の不行使がいかなる場合に国家賠償法上違法と評価されるのかが問題となった事業である。

　Aは、宅地建物取引業（「宅建業」）法に基づき、宅建業者の免許を付与され、更新を受けていた。しかし、その実質上の経営者Bは、営業を続ける中で、経営が苦しくなり、取引物件の所有者への代金の支払や、顧客に対する物件の所有権の移転等の不履行も多くなっていた。そうした中、Bは、他人所有の本件土地建物を後に取得するつもりでA所有としてXに売却し、代金の支払を受けたが、これを他に流用したため本件土地建物の所有権を取得できなかった。その結果、Xは本件土地建物を取得できず、損害を被った。そこでXは、京都府知事が、要件を満たさないにもかかわらずAに対して免許を付与、更新し、あるいは、宅建業法に基づき、業務の停止、免許の取消し等の監督権限を行使することができたのに行使せず、その結果、Aが営業を続け、損害を被ったとして、京都府に対して国家賠償請求訴訟を提起した。

登場人物

A：Bが実質的に経営する不動産会社。京都府知事より、宅建業の免許の付与・更新を受けていた。取引先Xに損害を与えた。

B：不動産会社Aの実質上の経営者。

X：Aの行為により損害を被った者。京都府知事が、免許の付与、更新をしたため、また監督権限を行使しなかったために損害を被ったとして、京都府に対して損害賠償請求をする。

京都府知事：宅建業者の免許・監督権限を持つ。

✓ 読み解きポイント

- 京都府知事がAに対して法律の定める基準に適合しない免許付与・更新を行い、それによりXが損害を被った場合、当該行為はXとの関係で国家賠償法上違法な行為となるか。
- 法律上付与されている監督権限の行使に裁量が認められている場合、その権限を行使しなかったことが国家賠償法上違法とされるのはどのような場合か。

📖 判決文を読んでみよう

　宅建業「法がかかる免許制度を設けた趣旨は、直接的には、宅地建物取引の安全を害するおそれのある宅建業者の関与を未然に排除することにより取引の公正を確保し、宅地建物の円滑な流通を図るところにあり、監督処分権限も、この免許制度及び法が定める各種規制の実効を確保する趣旨に出たものにほかならない。……免許制度も、究極的には取引関係者の利益の保護に資するものではあるが、前記のような趣旨のものであることを超え、(a)免許を付与した宅建業者の人格・資質等を一般的に保証し、ひいては当該業者の不正な行為により個々の取引関係者が被る具体的な損害の防止、救済を制度の直接的な目的とするものとはにわかに解し難く、かかる損害の救済は一

般の不法行為規範等に委ねられているというべきであるから，知事等による免許の付与ないし更新それ自体は，法所定の免許基準に適合しない場合であっても，当該業者との個々の取引関係者に対する関係において直ちに国家賠償法1条1項にいう違法な行為に当たるものではないというべきである」。

業務の停止ないし免許の取消しという「処分の選択，その権限行使の時期等は，知事等の専門的判断に基づく合理的裁量に委ねられているというべきである。したがって，当該業者の不正な行為により個々の取引関係者が損害を被った場合であっても，(b)具体的事情の下において，知事等に監督処分権限が付与された趣旨・目的に照らし，その不行使が著しく不合理と認められるときでない限り，右権限の不行使は，当該取引関係者に対する関係で国家賠償法1条1項の適用上違法の評価を受けるものではないといわなければならない」。

> ⇩ **この判決が示したこと** ⇩
>
> ① 免許制度が，取引関係者が被る具体的な損害の防止，救済を直接的な目的としていない場合には，免許付与行為等が法律に違反するものであっても，取引関係者との関係では直ちに国家賠償法上違法な行為にあたらない（下線(a)）。
>
> ② 監督権限の行使に裁量が認められる場合，その不行使は，権限が与えられた趣旨・目的に照らして著しく不合理と認められるときでなければ，損害を受けた取引関係者との関係で国家賠償法の適用上違法の評価を受けない（下線(b)）。

👉 解説

宅建業法が定める宅建業者の免許制度のもとで，京都府知事は，法律が定める基準に適合した業者に対してのみ免許を付与，更新し，また法律が定める基準を守らない業者に対しては，業務停止や免許取消しといった監督権限を行使する責務を負っている。本件は，XがAの活動により損害を被ったところ，Xとしては，京都府知事が，Aに対して免許の付与，更新（あわせて「免許の付与等」とする）をしなければ，あるいは監督権限を行使していれば，損害を被ることを免れることができたと考え，京都府に対して損害賠償請求を行ったものである。そこでは，免許の付与等と監督権限の不行使がどのような場合に国家賠償法上違法と評価されるかが問題となった。

まず，免許の付与等についてみる。国家賠償法上，公権力の行使にあたる行為が，いかなる場合に違法と評価されるかについては争いがある（[判例**42**]〔解説〕参照）。しかし，本件ではこうした違法性自体の問題とは別に，国家賠償法上違法と評価されるためには宅建業法が個々の取引関係者の利益を直接に保護していることを要するとしている点に注意する必要がある。ここで，最高裁は，宅建業法の免許制度は，究極的には取引関係者の利益の保護に資するものではあるが，免許を付与した宅建業者の人格・資質等を一般的に保証し，当該業者の不正な行為により個々の取引関係者が被る具体的な損害の防止，救済を制度の直接的な目的とするものとは解せないので，本件免許の付与等は，個々の取引関係者との関係において直ちに違法な行為とならない

としている（下線(a)）。つまり，法律の定める基準に適合しない免許の付与等が原因でXが損害を被ったとしても，直ちに国家賠償法上違法と評価されるのではなく，違法と評価されるには，免許の付与等が適法になされることによるXの利益を法律が直接に保護している必要があるとしているのである。この判示は，取消訴訟の原告適格における「法律上保護された利益」と「反射的利益」の区別を思い起こさせる（［判例30］〔解説〕Ⅱ，ほか判・主婦連ジュース訴訟判決を参照）が，国家賠償法上の違法性に対してこのような限定を行うことに対しては批判もある。[*1]

次に，監督権限の不行使についてみていく。監督権限のような規制権限の不行使の違法が問題となる場合の障害として，「行政便宜主義」の問題がある。行政便宜主義とは，規制権限の行使について裁量が認められることを理由にその不行使の違法性を否定する考え方であり，その克服のために学説や下級審裁判例はさまざまな理論を提示してきた。[*2]本判決において，最高裁は，結論としては違法とはしていないが，監督権限の行使が裁量に委ねられているとしつつ，具体的事情のもとで，知事等に監督処分権限が付与された趣旨・目的に照らし，その不行使が著しく不合理と認められる場合に規制権限の不行使が違法となる余地を認め，注目された（下線(b)）。

🔍 ほかの判例も読んでみよう

最高裁は，クロロキン薬害訴訟（最判平成7・6・23民集49巻6号1600頁，百選Ⅱ-217）において，本判決に続き，規制権限の不行使が違法となる余地を認めたが，結論としては違法性を否定した。その後平成16年に規制権限の不行使を実際に違法とする2つの最高裁判決が登場した。[*3]その1つが次に示す筑豊じん肺訴訟である。

◎**最判平成16年4月27日民集58巻4号1032頁（筑豊じん肺訴訟）**

鉱山保安「法の目的，上記各規定の趣旨にかんがみると，同法の主務大臣であった通商産業大臣の同法に基づく保安規制権限，特に同法30条の規定に基づく省令制定権限は，鉱山労働者の労働環境を整備し，その生命，身体に対する危害を防止し，その健康を確保することをその主要な目的として，できる限り速やかに，技術の進歩や最新の医学的知見等に適合したものに改正すべく，適時にかつ適切に行使されるべきものである。」「以上の諸点に照らすと，通商産業大臣は，遅くとも，昭和35年3月31日のじん肺法成立の時までに，前記のじん肺に関する医学的知見及びこれに基づくじん肺法制定の趣旨に沿った石炭鉱山保安規則の内容の見直しをして，石炭鉱山においても，衝撃式さく岩機の湿式型化やせん孔前の散水の実施等の有効な粉じん発生防止策を一般的に義務付ける等の新たな保安規制措置を執った上で，鉱山保安法に基づく監督権限を適切に行使して，上記粉じん発生防止策の速やかな普及，実施を図るべき状況にあったというべきである。そして，上記の時点までに，上記の保安規制の権限（省令改正権限等）が適切に行使されていれば，それ以降の炭坑労働者のじん肺の被害拡大を相当程度防ぐことができた……。」「本件における以上の事情を総合すると，昭和35年4月以降，鉱山保安法に基づく上記の保安規制の権限を直ちに行使しなかったことは，その趣旨，目的に照らし，著しく合理性を欠くものであって，国家賠償法1条1項の適用上違法というべきである。」

[*1] **批判もある**
法律の保護範囲内かどうかは損害要件の問題であるとの主張がある。なお，法律の保護範囲かどうかが主要な争点となったものとして，最判平成25・3・26裁判所時報1576号8頁（百選Ⅱ-215）がある。

[*2] **さまざまな理論**
代表的な理論として，一定の場合において，裁量権は収縮してゼロとなり，規制権限の行使が義務付けられるとする「裁量権収縮論」，裁量権の行使につき，積極的濫用だけでなく消極的濫用を認める，裁量権消極的濫用論などがある。

[*3] **もう1つの最高裁判決**
もう1つの最高裁判決である水俣病関西訴訟（最判平成16・10・15民集58巻7号1802頁，百選Ⅱ-219）は，水俣病による健康被害拡大を防止するために，大臣が水質保全法と工場排水規制法（あわせて水質二法と呼ばれる）上の規制権限を行使しなかったことと，県知事が漁業調整規則に基づく規制権限を行使しなかったことについて，いずれも違法と判断している。さらに，泉南アスベスト訴訟（最判平成26・10・9民集68巻8号799頁，百選Ⅱ-218）においても，最高裁は，アスベスト（石綿）の粉じん被害防止のため，大臣が規制権限を行使しなかったことを違法としている。

45 国家賠償法2条①——道路

高知落石事件

最高裁昭和45年8月20日判決（民集24巻9号1268頁） ▶百選Ⅱ-230

登場人物
A：国道56号線を通行していた貨物自動車の助手席に乗っていたところ、落石にあって死亡。
Xら：Aの両親。
Y₁：国。本件国道の道路管理者。
Y₂：高知県。本件国道に関する費用負担者。

＊1｜当時の本件道路
山岳の中腹を切り取って設置した、幅員約6メートルの砂利道であった。本件事故発生を受け、本件道路については大規模な落石対策工事が実施されることになった。

👓 事案をみてみよう

　本件は、高知県内の国道で起こった落石事故について国家賠償責任が成立するか否かが争われた事案である。

　事件が起きたのは、国道56号線の一部である本件道路[＊1]（高知県内の約2キロメートルの区間）である。本件道路は、本件事故以前からしばしば落石があり、何回か崩土もあったため、高知県（Y₂）は、過去に、「落石注意」の標識や竹竿の先に赤い布切れをつけたものを立てる等の措置を講じたことがあった。

　昭和38年6月13日、崩れやすい土壌の自然風化に、降り続いた雨が誘因となって、土砂とともに大小約20個の岩石が本件道路に落下し、そのうちの1つが貨物自動車助手席上部に落下し、青年（A、当時16歳）が死亡した。そこで、XらがY₁とY₂を相手に国家賠償法（「国賠法」）2条1項に基づいて損害賠償を請求して出訴した。

　第一審および原審ともにXらが勝訴したので、国（Y₁）・Y₂が上告した。

✅ 読み解きポイント

- 国賠法2条にいう、公の営造物の設置または管理の瑕疵がある場合とは、公の営造物がどのような状態にあることをいうのだろうか。
- 国道において土砂の崩落が原因になって事故が生じた場合、道路管理者である国や費用負担者である県が責任を免れることのできる場合はあるのだろうか。

📖 判決文を読んでみよう

　「⁽ᵃ⁾国家賠償法2条1項の営造物の設置または管理の瑕疵とは、営造物が通常有すべき安全性を欠いていることをいい、⁽ᵇ⁾これに基づく国および公共団体の賠償責任については、その過失の存在を必要としない」。

　本件道路は「極めて重要な道路であるところ、本件道路には従来山側から屡々落石があり、さらに崩土さえも何回かあつたのであるから、……本件道路を通行する人および車はたえずその危険におびやかされていたにもかかわらず、……本件道路の右のような危険性に対して防護柵または防護覆を設置し、あるいは山側に金網を張るとか、常時山地斜面部分を調査して、落下しそうな岩石があるときは、これを除去し、崩土の起こるおそれのあるときは、事前に通行止めをする等の措置をとつたことはない」。

　「かかる事実関係のもとにおいては、⁽ᶜ⁾本件道路は、その通行の安全性の確保にお

いて欠け，その管理に瑕疵があつたものというべきである旨，本件道路における落石，崩土の発生する原因は道路の山側の地層に原因があったので，本件における道路管理の瑕疵の有無は，本件事故発生地点だけに局限せず，……本件道路全般についての危険状況および管理状況等を考慮にいれて決するのが相当である旨，そして，(d)本件道路における防護柵を設置するとした場合，その費用の額が相当の多額にのぼり，Y_2としてその予算措置に困却するであろうことは推察できるが，それにより直ちに道路の管理の瑕疵によって生じた損害に対する賠償責任を免れうるものと考えることはできないのであり，その他，(e)本件事故が不可抗力ないし回避可能性のない場合であることを認めることができない旨の原審の判断は，いずれも正当」である。

> **⇩ この判決が示したこと ⇩**
>
> ① 国賠法2条にいう公の営造物の設置または管理の瑕疵とは，営造物が通常有すべき安全性を欠いていることをいう（下線(a)）。
> ② 国賠法2条に基づく賠償責任の成立にあたっては，国または地方公共団体の過失の存在は必要がない（下線(b)）。
> ③ 本件道路における管理の瑕疵の有無については，本件道路全般の管理状況が問われるべきである（下線(c)）。
> ④ 本件道路における管理の瑕疵の有無については，事故予防のための予算が不足していたことは直ちに免責事由にならない（下線(d)）。
> ⑤ 国賠法2条に基づく賠償責任は完全な結果責任ではなく，不可抗力ないし回避可能性がなかった場合には免責されうる（下線(e)）。

☝ 解説

I．国賠法2条にいう「公の営造物の設置管理の瑕疵」

　国賠法2条は，公の営造物の設置・管理の瑕疵が原因となって発生した損害について，国や公共団体が賠償責任を負うことを定めている。この営造物責任は，民法717条の定める工作物責任の特則である。国賠法1条の場合とは異なり，工作物責任については，戦前（国賠法が制定される前）から，民法に基づき，国・公共団体の損害賠償責任が認められてきた（徳島市立小学校遊動円棒事件〔大判大正5・6・1民録22輯1088頁〕）。そこで，国賠法2条が民法717条とは別に営造物責任について定めている意義（民法717条との違い）としては，①国賠法2条1項の「公の営造物」は民法717条の「土地の工作物」よりも広い概念であること（民法717条よりも対象が広範であること），②国賠法2条1項には民法717条1項ただし書が定める占有者の免責条項がないこと，③国賠法2条が適用される場合には，同3条1項により，公の営造物の設置・管理者のみならず，費用負担者も賠償責任を負うこと，が挙げられる。

　国賠法2条が定める責任の成立にあって要となるのは，公の営造物の設置・管理に「瑕疵」があったかどうか，という点である。この点，本判決は，公の営造物の設置管理について瑕疵がある状態とは，「営造物が通常有すべき安全性を欠いていること」（営造物が安全性を客観的に欠いている状態にあること）であると判断し，判例上はこ

---

*2｜国賠法2条1項

「道路，河川その他の公の営造物の設置又は管理に瑕疵があったために他人に損害を生じたときは，国又は公共団体は，これを賠償する責に任ずる。」

*3｜公の営造物とは

国賠法2条1項の「公の営造物」とは，国または公共団体により直接公の目的に用いられている有体物のことをいうと解されている。国賠法2条1項の「公の営造物」には，民法717条にいう「土地の工作物」にとどまらず，けん銃やパトカーといった動産も含むとされる上，河川のような，「土地の工作物」に含まれるとはいえない自然公物も含まれる。

の立場が定着することになった。

　さらに，本判決は，国賠法2条の責任は，過失の存在を前提としない無過失責任であること，本件事故を予防するにあたっての予算上の制約は直ちには免責抗弁とはならないこと等について判示し，結果として，行政側が免責されるためのハードルを高く設定し，事故被害者に対して厚い保護を提供することになった。

　もっとも，本判決も，無過失責任を肯定している一方で，被害が生じればどのような場合にも責任が生じるとしているわけではないと解される。下線(e)は，不可抗力により発生した事故や，回避可能性のなかった事案については，国ないし地方公共団体の免責の余地が残されているように読めるのである。

Ⅱ．道路管理の瑕疵をめぐる判例の動向

　実際，その後の最高裁判例では，営造物の設置管理の瑕疵について，本判決の示した定式「営造物が通常有すべき安全性を欠いていること」との考えを採用した上で，当該営造物の使用に関連して事故が発生し，被害が生じた場合において，当該営造物の設置または管理に瑕疵があったとみられるかどうかは，その事故当時における「当該営造物の構造，用法，場所的環境及び利用状況等諸般の事情を総合考慮して具体的個別的に判断すべき」との判断枠組みが示されている（最判昭和53・7・4民集32巻5号809頁〔道路防護柵幼児転落事件〕）。ここでは，営造物の設置管理の瑕疵の判断にあたり，問題となった公物が置かれていた客観的状況に加え，行政側の主観的事情のほか，事故が発生した当時のさまざまな状況が総合的に考慮されることが示されている。

　国賠法2条の責任が問題となった事例のうち，人工公物の代表例である道路における事故が問題となったものについては，ほか判で挙げた事例も参照されたい。

🔍 ほかの判例も読んでみよう

◎**最判昭和50年7月25日民集29巻6号1136頁**
（**故障車長時間放置事件**，百選Ⅱ-231）

　和歌山県内の国道上に事故で故障したトラックが87時間にわたり放置されていたところ，走行してきた原動機付自転車が当該故障トラックに激突し，運転していた青年が死亡した。そこで，その青年の両親が，故障車の持ち主や国道を管理する和歌山県などに対して損害賠償を請求した。判決は，故障車の放置が道路の安全性を著しく欠く状態であるとした上で，安全性の保持のための措置を全く講じていなかったことが瑕疵にあたるとして，県の損害賠償責任を認めた。

　この判決については，道路が客観的には安全性を欠くことがあっても，安全策を講じる余裕がない場合には，道路の管理の瑕疵がないとする立場が示されたものとする指摘がある（塩野宏・行政法Ⅱ〔第6版〕359頁。なお，最判昭和50・6・26民集29巻6号851頁は，夜間，直前に先行車が道路上の赤色灯標柱等を倒したため自動車事故が発生した事案において，道路管理者が時間的に遅滞なく原状に復し，道路を安全良好な状態に保つことは不可能であったとして，道路管理の瑕疵を否定している）。

---

*4｜**道路防護柵幼児転落事件**

6歳の児童が自宅前の道路で遊んでいたところ，道路の防護柵を越えて，道路の反対側約4メートル下にある高校の校庭に転落して傷害を負った事案。道路管理者である神戸市の国賠法2条の責任の成否が問題となったが，最高裁は，本文で示した判断枠組みを示した上で，道路利用者の異常な行動（通常予測することのできない行動）が事故の原因となったとして，神戸市の責任を否定した。

*5｜**人工公物と自然公物**

国賠法2条が適用される「公物」には，道路など人工的に設置された公共施設のほか，河川や海岸といった自然公物も含まれると解されている。自然公物をめぐる議論については，〔判例46〕を参照。

46 国家賠償法2条②——河川

大東水害訴訟

最高裁昭和59年1月26日判決（民集38巻2号53頁）　　▶百選Ⅱ-232

事案をみてみよう

本件は、大阪府大東市（Y₃）において発生した水害について国家賠償法（「国賠法」）2条に基づく責任が成立するか否かが争われた事案である。

昭和47年7月に大阪府（Y₂）で起きた豪雨は、総雨量が約300mmに達し、東部大阪地域を中心に各所で甚大な被害を発生させた（いわゆる大東水害）。特に、寝屋川流域では大規模な浸水被害が発生した。

そうした中、この豪雨により床上浸水等の被害を受けた大東市の住民Xらが、浸水原因は一級河川谷田川（寝屋川水系）および3本の水路からの溢水によるものであり、改修工事や浚渫を怠るなど当該河川および水路の管理面で重大な瑕疵があったとして、Y₁、Y₂およびY₃に対して国賠法2条に基づく損害賠償を求めた。

第一審（大阪地判昭和51・2・19判時805号18頁）および原審（大阪高判昭和52・12・20判時876号16頁）ともに、Y₁、Y₂およびY₃の管理責任を認める判断を下したため、Y₁らが上告。

✓ 読み解きポイント

- 自然公物である河川と、人工公物である道路の場合とでは、国賠法2条との関係で管理の瑕疵が認められる要件に違いはあるだろうか。
- 河川について国賠法2条との関係で管理の瑕疵が認められるのはどのような場合だろうか。
- 改修計画に基づいて改修中だった河川において生じた水害と、改修がすでに終了していた河川において生じた水害では、国賠法2条の責任が肯定される要件は異なるだろうか。

判決文を読んでみよう

「河川は、本来自然発生的な公共用物であつて、管理者による公用開始のための特別の行為を要することなく自然の状態において公共の用に供される物であるから、通常は当初から人工的に安全性を備えた物として設置され管理者の公用開始行為によつて公共の用に供される道路その他の営造物とは性質を異にし、もともと洪水等の自然的原因による災害をもたらす危険性を内包しているものである。したがつて、……河川の通常備えるべき安全性の確保は、管理開始後において、……治水事業を行うこと

登場人物

Xら：大阪府大東市住民。昭和47年7月に発生した豪雨により、床上浸水等の被害を受ける。
Y₁：国。一級河川谷田川の管理者。
Y₂：大阪府。谷田川の河川管理費用負担者。
Y₃：大東市。谷田川の水路の管理者。

*1｜大阪府大東市
中世までは湿地帯で、多数の池等が存在していたが、その後、干拓事業等により埋立てが行われた。

*2｜自然公物
国賠法2条が適用される「公物」には、道路など人工的に設置された公共施設（人工公物）のほか、河川や海岸といった自然公物も含まれる。この点は、国賠法2条1項の文言（「道路、河川その他の公の営造物の設置又は管理に瑕疵があつたために他人に損害を生じたときは、国又は公共団体は、これを賠償する責に任ずる」〔傍点筆者〕）をみても明白である。

によつて達成されていくことが当初から予定されているものということができるのである。この治水事業は，もとより一朝一夕にして成るものではなく，しかも……莫大な費用を必要とするものであるから，結局，原則として，議会が……決定する予算のもとで，各河川につき……諸事情を総合勘案し，それぞれの河川についての改修等の必要性・緊急性を比較しつつ，その程度の高いものから逐次これを実施していくほかはない。また，その実施にあたつては，……技術的な制約もあり，更に，……社会的制約を伴うことも看過することはできない。しかも，河川の管理においては，道路の管理における危険な区間の一時閉鎖等のような簡易，臨機的な危険回避の手段を採ることもできないのである。(a)河川の管理には，以上のような諸制約が内在するため，すべての河川について通常予測し，かつ，回避しうるあらゆる水害を未然に防止するに足りる治水施設を完備するには，相応の期間を必要とし，未改修河川又は改修の不十分な河川の安全性としては，右諸制約のもとで一般に施行されてきた治水事業による河川の改修，整備の過程に対応するいわば過渡的な安全性をもつて足りるものとせざるをえないのであつて，当初から通常予測される災害に対応する安全性を備えたものとして設置され公用開始される道路その他の営造物の管理の場合とは，その管理の瑕疵の有無についての判断の基準もおのずから異なつたものとならざるをえないのである。この意味で，道路の管理者において災害等の防止施設の設置のための予算措置に困却するからといつてそのことにより直ちに道路の管理の瑕疵によつて生じた損害の賠償責任を免れうるものと解すべきでないとする当裁判所の判例……も，河川管理の瑕疵については当然には妥当しない」。

上記の「(b)諸制約によつていまだ通常予測される災害に対応する安全性を備えるに至つていない現段階においては，当該河川の管理についての瑕疵の有無は，過去に発生した水害の規模，発生の頻度，発生原因，被害の性質，降雨状況，流域の地形その他の自然的条件，土地の利用状況その他の社会的条件，改修を要する緊急性の有無及びその程度等諸般の事情を総合的に考慮し，前記諸制約のもとでの同種・同規模の河川の管理の一般水準及び社会通念に照らして是認しうる安全性を備えていると認められるかどうかを基準として判断すべきであると解するのが相当である。そして，(c)既に改修計画が定められ，これに基づいて現に改修中である河川については，右計画が全体として右の見地からみて格別不合理なものと認められないときは，その後の事情の変動により当該河川の未改修部分につき水害発生の危険性が特に顕著となり，当初の計画の時期を繰り上げ，又は工事の順序を変更するなどして早期の改修工事を施行しなければならないと認めるべき特段の事由が生じない限り，右部分につき改修がいまだ行われていないとの一事をもつて河川管理に瑕疵があるとすることはできない」。

> **⬇ この判決が示したこと ⬇**
>
> ① 未改修河川または改修の不十分な河川の安全性は，当初から通常予測される災害に対応する安全性を備えたものとして設置され公用開始される道路その他の営造物とは異なり，「過渡的な安全性」で足りる（下線(a)）。

② 河川管理の瑕疵は，河川の管理の特質に由来する諸制約のもとで，同種・同規模の河川の管理の一般水準および社会通念に照らして是認しうる安全性を備えていると認められるかどうかを基準として判断すべきである（下線(b)）。
③ 改修中の河川については，特段の事由が生じない限り，改修がいまだ行われていないとの一事をもって河川管理に瑕疵があるとすることはできない（下線(c)）。

解説

Ⅰ．自然公物である河川において生じた水害被害と国賠法2条

わが国においては，国賠法2条1項に定める公の営造物の設置管理の瑕疵という要件の解釈について，高知落石事件最高裁判決（［判例 **45**］）をはじめ，人工公物である道路の安全性欠如に係る事案を中心に判例が蓄積されてきた。そこにおいては，営造物の設置管理の瑕疵がある場合とは，営造物が通常有すべき安全性を欠いていることであるとの考えのもと，当該営造物の使用に関連して事故が発生し，被害が生じた場合において，当該営造物の設置または管理に瑕疵があったとみられるかどうかは，その事故当時における当該営造物の構造，用法，場所的環境，利用状況等諸般の事情を総合考慮して具体的個別的に判断すべきであるとされてきた（［判例 **45**］〔解説〕参照）。

そうした中，わが国においてももともとは一種の天災と考えられていた水害による被害について，昭和40年代以降，国家賠償を求める訴訟がみられるようになった。そして，下級審判例は，自然公物である河川についても道路に関する判断基準を当てはめ，結果，原告側の請求を認容する判断が相次ぐことになっていた。

本判決は，上記〔この判決が示したこと〕の箇所でも示したとおり，道路とは異なる河川の管理の特殊性を前面に打ち出し（下線(a)），水害事例に固有の瑕疵判断として厳しい基準を示すことになった（下線(b)）。本判決が下されたことにより，水害訴訟の流れは一変した（本判決後に，水害訴訟で国賠法2条の責任が否定された事例として，たとえば，最判昭和60・3・28民集39巻2号333頁〔加治川水害訴訟最高裁判決〕）。

Ⅱ．改修中の河川と改修済み河川の違い

大東水害は，改修計画に基づいて改修工事中の状況にあった谷田川で生じた水害であるため，本判決の射程については，改修が終わり堤防が完成している河川において生じた水害に関わる事案には及ばないのではないかという議論があった。

この点，多摩川水害訴訟（最判平成2・12・13民集44巻9号1186頁，百選Ⅱ-233）では，工事実施基本計画に準拠した改修完了河川において計画高水流量規模の洪水で破堤が生じたことが問題となり，最高裁は，本判決の立場を踏襲しつつも，改修済み河川に係る瑕疵判断の基準を示すことになった（改修済み河川に求められる安全性とは，工事実施基本計画に定める規模の洪水における流水の通常の作用から予測される災害の発生を防止するに足りる安全性であるとした上で，河道内の許可工作物が一因となって生じた水害に関し，予測可能性・回避可能性を基に，瑕疵の有無の判断をすべきとした）。

*3 | 計画高水流量
基本高水流量からダムや調節池などの洪水調節の量を差し引いた流量のことで，この水位が堤防や護岸などの設計の基本となる。

*4 | 河道内の許可工作物
多摩川水害においては，河川中に設置されていた許可工作物たる「取水堰」およびその「取付部護岸」の欠陥が直接の原因であったが，多摩川を管理していた国（多摩川水害訴訟の被告）は，当該許可工作物の管理者ではなかったという事情が存在していた。

47 国家賠償法2条③
——その他　茂木町立中川中学校テニス審判台事故事件

最高裁平成5年3月30日判例（民集47巻4号3226頁）　▶百選Ⅱ-235

登場人物

X：息子であるAらとともに中川中学校の校庭にでかけ、テニスをしていたが、目を離したすきにAがテニスの審判台の下敷きになり、死亡したため、Yに対して損害賠償請求訴訟を提起した。

A：Xの5歳10か月になる息子。Xらとともに中川中学校の校庭にでかけ、誤ってテニスの審判台の下敷きになり死亡した。

Y：茂木町。栃木県にある町。町立中学校として中川中学校を設置していた。レース場を併設するモビリティテーマパーク「モビリティリゾートもてぎ」(旧ツインリンクもてぎ)があることで有名。アメリカ合衆国インディアナ州スピードウェイタウンは姉妹都市。

中川中学校：茂木町が設置していた町立中学校。校庭には、門などは設けられておらず、また、以前小学校が併設されていたことから、遊動円木等の遊具が設置されており、近所の子供や家族連れの遊び場として事実上開放されていた。なお、現在は閉校している。

🔍 事案をみてみよう

本判決は、公の営造物が異常な方法で使用された場合における設置管理の瑕疵について判断したものである。

Xは、息子であるAらとともに、Y（茂木町）の設置する中川中学校に行き、校庭内のテニスコートでテニスをしていた。Aは、Xが目を離したすきに、設置されていたテニスの審判台にのぼった上で、その座席部分の背当てを構成している左右の鉄パイプを両手で握って審判台の後部から降りようとしたため、審判台が後ろに倒れ、Aはその下敷きになり、後頭部を強く打って死亡した。そこで、Xは、Yに対して国家賠償法2条に基づく損害賠償請求訴訟を提起した。

✓ 読み解きポイント

公の営造物が、本来の用法にあたらない異常な方法で使用された場合、国家賠償法2条1項にいう営造物の設置管理の瑕疵は認められるか。

📖 判決文を読んでみよう

「国家賠償法2条1項にいう『公の営造物の設置又は管理に瑕疵』があるとは、公の営造物が通常有すべき安全性を欠いていることをいい、右の安全性を欠くか否かの判断は、当該営造物の構造、本来の用法、場所的環境及び利用状況等諸般の事情を総合考慮して具体的、個別的に判断すべきである〔最判昭和45・8・20民集24巻9号1268頁［判例**45**］、百選Ⅱ-230、最判昭和53・7・4民集32巻5号809頁参照〕。

本件において、その設置又は管理に瑕疵があったと主張されている当該営造物とは、具体的には、Y町立の中川中学校の校庭に設置されたテニスの審判台であるが、一般に、テニスの審判台は、審判者がコート面より高い位置から競技を見守るための設備であり、座席への昇り降りには、そのために設けられた階段によるべきことはいうまでもなく、(a)審判台の通常有すべき安全性の有無は、この本来の用法に従った使用を前提とした上で、何らかの危険発生の可能性があるか否かによって決せられるべきものといわなければならない。

本件審判台が本来の用法に従ってこれを使用する限り転倒の危険を有する構造のものでなかったことは、原審の適法に確定するところであ」る。

「本件事故の発生した中川中学校の校庭が幼児を含む一般市民に事実上開放されて

いたことは，前述のとおりであるが，このように，(b)公立学校の校庭が開放されて一般の利用に供されている場合，幼児を含む一般市民の校庭内における安全につき，校庭内の設備等の設置管理者に全面的に責任があるとするのは当を得ないことであり，幼児がいかなる行動に出ても不測の結果が生じないようにせよというのは，設置管理者に不能を強いるものといわなければならず，これを余りに強調するとすれば，かえって校庭は一般市民に対して全く閉ざされ，都会地においては幼児は危険な路上で遊ぶことを余儀なくされる結果ともなろう。

(c)公の営造物の設置管理者は，本件の例についていえば，審判台が本来の用法に従って安全であるべきことについて責任を負うのは当然として，その責任は原則としてこれをもって限度とすべく，本来の用法に従えば安全である営造物について，これを設置管理者の通常予測し得ない異常な方法で使用しないという注意義務は，利用者である一般市民の側が負うのが当然であり，幼児について，異常な行動に出ることがないようにさせる注意義務は，もとより，第一次的にその保護者にあるといわなければならない。」

> ⇩ **この判決が示したこと** ⇩
>
> 公の営造物の通常有すべき安全性は，本来の用法に従った使用を前提とした上で，何らかの危険発生の可能性があるか否かによって決せられるべきであり（下線(a)），通常予測し得ない異常な方法で使用しないという注意義務は利用者が負うべきである（下線(c)）。

☝ 解説

Ⅰ．公の営造物の設置管理の瑕疵の判断基準

国家賠償法2条1項は，公の営造物の設置管理に瑕疵があった場合に，国または公共団体が賠償責任を負うとしている。どういった場合に設置管理の瑕疵が認められるかという点について，最高裁は，「営造物の設置または管理の瑕疵とは，営造物が通常有すべき安全性を欠いていることをい」うとし（最判昭和45・8・20民集24巻9号1268頁，高知落石事件［判例**45**］，百選Ⅱ-230），「造物の設置又は管理に瑕疵があつたとみられるかどうかは，当該営造物の構造，用法，場所的環境及び利用状況等諸般の事情を総合考慮して具体的個別的に判断すべき」であるとしていた（最判昭和53・7・4民集32巻5号809頁）。本判決もこれを引用してこの基準に従うことを示している。

Ⅱ．異常な用法で用いられた場合の判断

ところで，営造物について，本来想定されている使い方をしていれば安全なものでも，異常な使い方がされれば危険な場合もある。本件は，まさにそのようなケースで，問題のテニスの審判台は，階段を使って正しく昇り降りし，テニスの審判をする限りでは安全なものであったが，Aはそれを階段を使わず後部から降りるという異常な用法で用いていた。本件では，このような場合に，通常有すべき安全性を欠き，営造物

---

*1 | 国家賠償法2条1項の「公の営造物」

国家賠償法2条1項にいう「公の営造物」とは，国または公共団体により直接公の目的に用いられている有体物のことをいうと解されており，例示されている道路のような不動産だけでなく，本件で問題となったテニスの審判台のような動産も含むもの解されている。

*2 | 昭和53年最判

子供が道路の端に設置されていた防護柵（ガードレール）に腰をかけて遊んでいたところ，誤って約4メートル下の高校の校庭に転落し，重傷を負った事案で最高裁は次のように判示して，設置管理の瑕疵を否定した。
「本件防護柵は，……通行時における転落防止の目的からみればその安全性に欠けるところがないものというべく，上告人の転落事故は，同人が当時危険性の判断能力に乏しい6歳の幼児であったとしても，本件道路及び防護柵の設置管理者である被上告人において通常予測することのできない行動に起因するものであつたということができる。したがつて，右営造物につき本来それが具有すべき安全性に欠けるところがあつたとはいえず，上告人のしたような通常の用法に即しない行動の結果生じた事故につき，被上告人はその設置管理者としての責任を負うべき理由はない」［判例**45**］*4も参照のこと。

の設置管理に瑕疵があったといえるかが問題となったのである。

先ほどの昭和53年最判では，用法や場所的環境，利用状況等を考慮要素として挙げている。これは，設置管理の瑕疵を考えるには，営造物の使い方や置かれた場所，利用されている状況などを考慮せよということを意味している。すなわち設置管理者に対してあらゆる状況に対応できるような設置管理を求めるとするならば，それは現実には不可能であることから，営造物の利用に起因する危険に対する責任をすべて設置管理者に負わせることに等しくなる。適正な設置管理がなされていることを前提に，営造物の利用に起因する危険に対する責任は利用者の側もある程度負担するべきであろう。ここで，多様な状況に対して，どの程度の設置管理がなされていれば，設置管理者が賠償責任を免れることになるのか（利用者の側からいえば，利用者がどの範囲で危険に対して自ら責任を負うのか）という，危険の分配（守備範囲の線引き）が問題となる。

この問題に対して，本判決は，設置管理により確保される通常有すべき安全性とは，本来の用法に従った使用を前提とした上で，何らかの危険発生の可能性があるか否かによって決せられるべきであるとし（下線(a)），本来の用法に従えば安全である場合において，通常予測し得ない異常な方法による使用で損害が発生した場合には，注意すべきは利用者であり（下線(c)），設置管理者は責任を負わないとした。なお，この判断基準によれば，本来の方法ではない使用方法が常態化しており，予測可能な方法といえるような場合には，設置管理者は責任を負うことになると考えられる。

以上のように最高裁は，設置管理についての責任の範囲を本来の用法による使用に原則として限定しているのであるが，その理由として，あらゆる状況に対応することは設置管理者に不能を強いることになることに加えて，このような場合に責任を認めると，校庭の事実上の開放がなされなくなるなど，社会的に負の影響があることについて言及している点も注目される（下線(b)）。

🔍 ほかの判例も読んでみよう

営造物の設置管理の瑕疵をめぐる他の問題の1つに営造物の安全性を高める新たな設備を導入していなかったため事故が起こった場合に，設置管理の瑕疵が認められるかという問題がある。最高裁は，視力障害者の男性が，新たな設備であった点字ブロックを導入していなかった駅のホームから転落し，重傷を負った事案でこの問題について判断を示している。

◎最判昭和61年3月25日民集40巻2号472頁（百選Ⅱ-234）

「点字ブロック等のように，新たに開発された視力障害者用の安全設備を駅のホームに設置しなかったことをもつて当該駅のホームが通常有すべき安全性を欠くか否かを判断するに当たつては，その安全設備が，視力障害者の事故防止に有効なものとして，その素材，形状及び敷設方法等において相当程度標準化されて全国的ないし当該地域における道路及び駅のホーム等に普及しているかどうか，当該駅のホームにおける構造又は視力障害者の利用度との関係から予測される視力障害者の事故の発生の危険性の程度，右事故を未然に防止するため右安全設備を設置する必要性の程度及び右安全設備の設置の困難性の有無等の諸般の事情を総合考慮することを要する」。

＊3｜設置管理の瑕疵をめぐる他の問題

公の営造物は，利用者ではない第三者に損害を与える場合がある。たとえば，空港や道路は，利用者に対しては損害を与えない安全なものであっても，それらが出す騒音は周辺住民等に損害を与えることがある。こうした問題を「供用関連瑕疵」あるいは「機能的瑕疵」の問題という。大阪空港訴訟（最大判昭和56・12・16民集35巻10号1369頁［判例25］，百選Ⅱ-236）では，営造物の安全性の欠如には，「営造物が供用目的に沿つて利用されることとの関連において危害を生ぜしめる危険性がある場合をも含み，また，その危害は，営造物の利用者に対してのみならず，利用者以外の第三者に対するそれをも含むものと解すべきである」と判示し，供用関連瑕疵による設置管理責任を認めた。

48 国家賠償法3条 ── 県費負担教員体罰事件

最高裁平成21年10月23日判決（民集63巻8号1849頁） ▶百選Ⅱ-238

事案をみてみよう

本件は，いわゆる県費負担教職員である市立中学校教諭が起こした体罰事件に対する国家賠償費用を，国家賠償法（「国賠法」）3条2項に基づいて県と市との間でどのように負担すべきかが争われた事案である。

福島県郡山市が設置する公立中学校の生徒が，同中学校教諭の体罰によって受けた損害につき，国賠法1条1項，3条1項に基づき福島県と郡山市に対して賠償を請求する別件訴訟を提起したところ，第一審は請求を一部認容した。被害生徒はこの判決を不服として控訴したが，その後，郡山市との間では損害賠償請求権を放棄する旨の訴訟上の和解を成立させ，福島県との間では控訴を取り下げたため，第一審判決が確定した。これを受けて第一審判決が示した賠償金を全額支払った福島県が，郡山市に対して，国賠法3条2項に基づき，郡山市は内部関係における損害を賠償する責任ある者に該当するとして求償したのが本件である。

第一審（福島地判平成19・10・16判時1995号109頁）は，福島県と郡山市の内部負担割合を1対2としたが，原審（仙台高判平成20・3・19判タ1283号110頁）は，賠償額の全額を郡山市に請求できるとした。そこで，郡山市が上告受理申立てを行った。

✓ 読み解きポイント

国賠法3条2項にいう「内部関係でその損害を賠償する責任ある者」に該当するのは，どのような者だろうか。

判決文を読んでみよう

「国又は公共団体がその事務を行うについて国家賠償法に基づき損害を賠償する責めに任ずる場合における損害を賠償するための費用も国又は公共団体の事務を行うために要する経費に含まれるというべきであるから，上記経費の負担について定める法令は，上記費用の負担についても定めていると解される。(a)同法3条2項に基づく求償についても，上記経費の負担について定める法令の規定に従うべきであり，法令上，上記損害を賠償するための費用をその事務を行うための経費として負担すべきものとされている者が，同項にいう内部関係でその損害を賠償する責任ある者に当たると解するのが相当である。」

学校教育法・地方財政法の各規定によれば，「市町村が設置する中学校の経費につ

登場人物

福島県：同県郡山市の市立中学校教諭による生徒への体罰事件につき，国賠法3条1項の費用負担者として損害賠償金を生徒に支払った上で，国賠法3条2項に基づく求償権の行使として，生徒に支払った賠償金全額を郡山市に対して請求。福島県は，市町村立中学校の教職員の給与等を支払っているほか，教員の任命権も有している。

郡山市：福島県中部に所在する市。同市が設置し，監督権を有している市立中学校において体罰事件が発生した。

---

*1 | **県費負担教職員**

市町村立学校の教職員で，その給与等について都道府県が負担する者のこと。市町村立中学校の教職員の給与等については，市町村立学校職員給与負担法1条において都道府県が負担するものと定められている。なお*2も参照。

いては，原則として，当該市町村がこれを負担すべきものとされている。他方，市町村立学校職員給与負担法1条は，市町村立の中学校の教諭その他同条所定の職員の給料その他の給与……は，都道府県の負担とする旨を規定するが，同法は，これ以外の費用の負担については定めるところがない。そして，市町村が設置する中学校の教諭がその職務を行うについて故意又は過失によって違法に生徒に与えた損害を賠償するための費用は，地方財政法9条ただし書所定の経費には該当せず，他に，学校教育法5条にいう法令の特別の定めはない。そうすると，上記損害を賠償するための費用については，法令上，当該中学校を設置する市町村がその全額を負担すべきものとされているのであって，当該市町村が国家賠償法3条2項にいう内部関係でその損害を賠償する責任ある者として，上記損害を賠償した者からの求償に応ずべき義務を負うこととなる」。

*2 | 公立中学校における費用負担関係

学校教育法・地方財政法によると，市町村が設置する中学校の経費については，原則として，当該市町村がこれを負担すべきものとされている。一方，市町村立学校職員給与負担法1条は，市町村立の中学校の教諭その他同条所定の職員の給料その他の給与は，都道府県の負担とする旨定めている。

*3 | 国賠法3条1項

「前2条〔注：国賠法1条および2条〕の規定によつて国又は公共団体が損害を賠償する責に任ずる場合において，公務員の選任若しくは監督又は公の営造物の設置若しくは管理に当る者と公務員の俸給，給与その他の費用又は公の営造物の設置若しくは管理の費用を負担する者とが異なるときは，費用を負担する者もまた，その損害を賠償する責に任ずる。」

*4 | 国賠法3条2項

「前項〔注：国賠法3条1項〕の場合において，損害を賠償した者は，内部関係でその損害を賠償する責任ある者に対して求償権を有する。」

*5 | 国賠法3条1項の目的

国賠法3条1項は，公務員につき監督権限を有する者や，施設の設置・管理について権限を有している者とともに，公務員の人件費や設置・管理の費用を負担している者に対しても損害賠償請求をすることが可能であることを明示しており，これにより，国家賠償請求を提起しようとする原告の被告選択の負担軽減を図っている。

> ↓ この判決が示したこと ↓
>
> 国賠法3条2項にいう「内部関係でその損害を賠償する責任ある者」とは，法令上「損害を賠償するための費用をその事務を行うための経費として負担すべきものとされている者」である（下線(a)）。

 解説

I．国賠法3条の意義と同条2項の定める「内部の求償関係」

国賠法3条1項は，事業の主体と費用の負担者が異なる場合等について，被害者救済の観点から賠償責任主体の範囲を拡大し，同条2項は，1項により賠償金を支払った者は，内部関係でその損害を賠償する責任ある者に対して求償権を有するとする。もっとも，国賠法3条2項は，誰が内部関係において最終的に賠償責任を負うかという点について明文で規定していないため，内部関係における最終的な賠償責任者のあり方については，損害賠償の費用負担割合が法定されている一部の場合を除き，解釈に委ねられてきた。

この点に関し，学説においては，管理責任の主体が最終の負担者であるとする管理者説，損害発生の寄与度に応じて負担者を定めるべきであるとする寄与度説，当該事務の費用を負担する者が損害賠償についても最終の責任者であるとする費用負担者説が対立してきた。従来，このような行政内部における求償問題については，双方当事者の話し合いで解決することが通例であったため，具体的な裁判事例も蓄積されてこなかった。本判決は，こうした中における初の最高裁の判断である。

II．本判決の判断枠組み

本判決は，損害賠償費用は国または公共団体の事務を行うために要する経費に含まれるという理解のもと，国賠法3条2項にいう内部的に賠償費用を最終的に負担する者とは，法令上，賠償費用をその事務を行うための経費として負担すべきとされている者をいうと判断した。この判示により，最高裁は，賠償費用を経費として負担す

べき者が国賠法3条2項との関係で最終的な賠償責任者となり，人件費のみの負担者は賠償責任者に該当しないとする考えを示すこととなった。すなわち，本件についていえば，県費負担教職員による体罰行為については，当該教職員の人件費のみを負担している都道府県は，国賠法3条2項にいう最終的な賠償責任者ではないということになる。

　最高裁の提示する，経費負担に関する法令上の定めを基に賠償責任者を形式的に確定する判断枠組みは，判断基準としては明快である。一方，本判決に対しては，賠償責任者を判断するにあたっては，損害発生に対する寄与度や賠償負担の公平性等を考慮して事案ごとに個別に判断していくべきとする指摘もある。

🔍 ほかの判例も読んでみよう

◎最判昭和50年11月28日民集29巻10号1754頁（自然公園内遊歩道事故事件，百選Ⅱ-237）

　国賠法3条1項に関し，同法にいう「費用負担者」の意義が争われた事例がある。

　県が設置・運営している自然公園内の遊歩道で起きた事故に対する国家賠償請求訴訟において，国賠法3条1項にいう費用負担の概念に，法令上，負担義務が定められている国庫負担金が含まれることに争いがないが，負担金のみならず，国が政策的な見地から予算上の措置により支出する補助金等も含まれるのかが問題となった。本事案において最高裁は，遊歩道等の整備について国の補助金が支出されていることに着目し，法令上の負担義務のない者であっても，一定の要件を満たす者（本件の場合は国）は国賠法3条1項の「費用負担者」に該当すると判断した。

◎最判昭和53年7月17日民集32巻5号1000頁（失火責任法事件，百選Ⅱ-239）

　国賠法は民法の特別法であるため，時効（民法724条）など，国賠法に定めのない事項については，民法の規定が適用される。本事案において最高裁は，失火責任法のような民法附属法規も国賠法4条にいう「民法の規定」に含まれるとし，消防署職員による残火の不始末につき，失火責任法（失火者の賠償責任要件を重過失に限定）を適用した。もっとも，学説では，一般市民による失火を念頭に置く失火責任法を，消防の専門家である消防職員にも一律適用すべきでないとするなど，批判的な見解がみられる。

*6｜国賠法4条
「前3条の規定によるの外，民法の規定による。」

49 損失補償

奈良県ため池条例事件

最高裁昭和38年6月26日大法廷判決（刑集17巻5号521頁） ▶百選Ⅱ-246

登場人物

奈良県：ため池の破損・決壊により生命・財産に多大の損傷が及ぶ災害が発生していたため、昭和29年に本件条例を制定した。

Yら：奈良県在住の農家で、本件条例制定前の父祖の代から、本件ため池の堤とうを竹・果樹その他農作物の栽培に使用していた。

*1｜ため池の堤とう

奈良県においては、古来より、「ため池」（農業用水を確保するために水を貯え取水ができるよう、人工的に造成された池）が数多く存在してきた。その数は、奈良県ホームページによると、大和平野のみで5000個余という。ため池は、雨水等を貯え、下流の水田等に放出する施設であるため、ため池の底面は水田の表面よりも高い位置にあるのが一般的である。そのため、ため池の堤とう（池の水が溢れないように土を高く築いたもの。いわゆる土手）が、そこに生育する植物の毛根等の腐食により弱体化し、漏水が生じた場合には、ため池の決壊等により、周辺に住む市民の生命や財産に多大の損傷が生じる災害が発生するおそれがあった。

🔍 事案をみてみよう

本件は、ため池の堤とう*1の破損・決壊を防ぐという災害防止の目的で制定された、「奈良県ため池の保全に関する条例」（「本件条例」）に基づいて財産権の制約を受けた者に対して憲法29条3項に基づく損失補償は必要であるか否かが争われた事案である（本件では、刑事訴訟において、奈良県在住の農家であるYらが本件条例違反により有罪か否かが争われ、その中で、損失補償の要否も争われた）。本件においては、条例による財産権の制限の是非も論点とされたが、ここでは、損失補償の要否に関わる論点のみを扱うこととする。

奈良県は、ため池の破損・決壊による災害発生を防止するため、昭和29年に本件条例を制定し、ため池の堤とうにおける農作物の耕作等を禁止するに至った。Yらは、本件条例が制定される前の父祖の代から、本件ため池の堤とうにおいて竹や果樹等の農作物の耕作を行っていた（本件ため池は、Yらを含む近隣農家の総有とされていた）が、本件ため池が本件条例の適用対象となり、その堤とうにおける耕作は禁止されることになったことを知った後も、耕作を継続した。そのため、Yらは、本件条例に違反しているとして、罰則規定により、起訴された。第一審はYらを有罪としたが、原審は無罪と判断したため、検察官が上告した。

✓ 読み解きポイント

災害防止の目的で制定された本件条例に基づいて財産権の制約を受けた者に対して、憲法29条3項に基づく損失補償は必要だろうか。

📖 判決文を読んでみよう

「本条例は、災害を防止し公共の福祉を保持するためのものであり、その4条2号は、ため池の堤とうを使用する財産上の権利の行使を著しく制限するものではあるが、結局それは、災害を防止し公共の福祉を保持する上に社会生活上已むを得ないものであり、そのような制約は、ため池の堤とうを使用し得る財産権を有する者が当然受忍しなければならない責務というべきものであつて、憲法29条3項の損失補償はこれを必要としない」。

↓ この判決が示したこと ↓

財産権の制約が災害防止という消極目的・警察目的（〔解説〕IIを参照）によるものであれば、損失補償は不要である。

解説

I．損失補償の理念[*2]

憲法29条3項は、「私有財産は、正当な補償の下に、これを公共のために用ひることができる」と規定しており、財産権が公の目的をもって収用ないし制限された場合には、正当な補償が必要であることを明らかにし、損失補償に関し憲法上の保障を与えている。

もっとも、公共の目的による行政の活動によって生ずるすべての不利益が補償の対象となるものではなく、憲法29条3項が「私有財産」と明示するように、損失補償は、「財産権」が公共の目的による行政活動に伴い収用その他の制限を受けたときに、憲法上の保障の対象になると解されている。また、財産権が収用されたときはともかく、財産権に制限が加えられたからといって、すべての場合が補償の対象となるわけではなく、社会の公平負担・平等原則の見地から特に必要とされる場合（「特別の犠牲」が生じた場合）において私人に生じた不利益に対して補償が必要になるとされている。

II．損失補償の要否

損失補償が特別の犠牲に対する公平の観点からの救済であるとすれば、財産権の侵害に対する補償の要否は、ある私人の被った不利益が公平の観点に照らして特別の犠牲とみることができるか否かによって定まることになる。

損失補償の要否の判断にあたっては、規制目的の相違が重要な意味を有する。すなわち、財産権に対する規制は、大まかにいって、社会公共の秩序を維持し、国民の安全を守り、危険を防止する目的（消極目的・警察目的）で行われる消極規制と、公共の福祉の増進という目的（積極目的）で行われる積極規制とに分けることができるが、学説では、一般的に、消極規制について補償は不要であり、積極規制について補償が必要となると考えられているのである。

この点、本件最高裁判決は、ため池の堤とうにおける耕作を禁止するという、財産権の行使を制約する条例の規制は、「災害を防止し公共の福祉を保持する上に社会生活上已むを得ないものであり、そのような制約は、ため池の堤とうを使用し得る財産権を有する者が当然受忍しなければならない責務」であると判断し、<u>消極目的・警察目的で制定された本件条例による財産権の制限は、憲法29条3項による補償の対象にはならない</u>と判断した。

なお、危険物に対する法的規制（消極規制）に関わる著名事案としては、ガソリン貯蔵タンク移設事件の最高裁判決もある。[*3]

[*2] 損失補償と国家賠償の違い

損失補償は、適法な公権力の行使により生じた損失を補償するための仕組みであるのに対し、国家賠償は、行政が違法な活動をした場合に生じた損害を賠償するための仕組みである点で、両者は異なっている。

[*3] ガソリン貯蔵タンク移設事件（最判昭和58・2・18民集37巻1号59頁、百選II-242）

消防法10条・12条等（当時）によると、地下貯蔵タンクは、危険物であるため、地下道等から10メートル以内に設置することができないこととされていた（離隔距離）。石油会社が、国道の交差点に面したガソリンスタンドの地下に、許可を得て適法にガソリンタンクを設置していたが、その後、国が当該交差点に地下道を設置したため、離隔距離に反する状態になった。そこで、石油会社が、ガソリンタンクを移設した上で、移設費用の補償を、みぞかき補償につき定める道路法70条1項に基づいて請求したのが本件である。最高裁は、道路法70条1項による補償が認められるのは、道路工事によって土地の形状が変わったことを直接の原因として損失が生じた場合に限られ、警察規制に基づく損失がたまたま現実化した場合は含まれない、と判断した。本件においては、あくまで道路法70条1項に基づく補償の是非が問われていたわけであるが、最高裁判決は、「警察規制に基づく損失」としているので、憲法上の補償も不要としたものと解されている。

50 国家補償の谷間

小樽予防接種禍事件

最高裁平成3年4月19日判決（民集45巻4号367頁） ▶百選Ⅱ-211

登場人物

X：生後6か月のときに小樽保健所で種痘の予防接種を受けた。接種9日後に脊髄炎を発症し、両下肢麻痺、知覚発達障害の重い障害を負った。
Xの両親：Xとともに提訴。
国および小樽市：被告。第一審時点では北海道も含まれていた。

*1 │ 種痘

天然痘の予防接種のことである。種痘は天然痘の撲滅に貢献したが、種痘後に脳炎を起こす事例が頻発し、「種痘後脳炎」と呼ばれるようになった。本件も種痘後脳炎に関わる事例である。

*2 │ 禁忌者

諸事情により、当該予防接種を打ってはいけない者のこと。

*3 │ 悪魔のくじ

予防接種事故は、被害発生の医学的メカニズムが十分解明されておらず、接種担当者がいかに注意義務を尽くしても、確率的にごく一部に被害が発生することが認識されている。このように、予防接種による副作用は、どんなに注意しても一定数は必ず生じてしまうものであることから、「悪魔のくじ」といわれている。

📖 事案をみてみよう

本件は、予防接種によって重い後遺障害を負ったXとその両親が、Yらに対して損害賠償等を求めた事案である。

昭和43年に小樽保健所で種痘を受けたXは、接種9日後に脊髄炎を発症し、重い後遺障害を負った。XおよびXの両親は、Xが接種の数日前に咽頭炎のため発熱していたことから、接種当日も禁忌者に該当していたにもかかわらず、接種担当医の予診不足のためにこの点が看過されて接種が実施されたなどと主張して、国家賠償法1条1項に基づいて損害賠償を請求する訴訟を提起した。Xらは、原審において、予備的請求として、憲法に規定する財産権に対する正当補償条項または個人の尊厳、生存権に関する規定を根拠とする損失補償請求を新たに主張していた。

✓ 読み解きポイント

いわゆる「悪魔のくじ」によって発生した予防接種被害に対しては、どのような救済が可能であろうか。

📖 判決文を読んでみよう

「予防接種によって重篤な後遺障害が発生する原因としては、被接種者が禁忌者に該当していたこと又は被接種者が後遺障害を発生しやすい個人的素因を有していたことが考えられるところ、禁忌者として掲げられた事由は一般通常人がなり得る病的状態、比較的多く見られる疾患又はアレルギー体質等であり、ある個人が禁忌者に該当する可能性は右の個人的素因を有する可能性よりもはるかに大きいものというべきであるから、予防接種によって右後遺障害が発生した場合には、当該被接種者が禁忌者に該当していたことによって右後遺障害が発生した高度の蓋然性があると考えられる。したがって、(a)予防接種によって右後遺障害が発生した場合には、禁忌者を識別するために必要とされる予診が尽くされたが禁忌者に該当すると認められる事由を発見することができなかったこと、被接種者が右個人的素因を有していたこと等の特段の事情が認められない限り、被接種者は禁忌者に該当していたと推定するのが相当である。」

> ↓ **この判決が示したこと** ↓
>
> 予防接種禍訴訟において重篤な後遺障害が発生した場合には，特段の事情が認められない限り，当該被接種者は禁忌者に該当していたと推定すべきである（下線(a)）（接種者である医師に高度の注意義務を課すことにより，国家賠償を通じた救済を可能とした）。

解説

I. 国家補償の谷間の問題

公務員の行為が違法であるが無過失である場合において生じた損害や，営造物の設置・管理に瑕疵がない中で生じた損害というように，国家賠償法を通じた救済は困難である事例が存在する。一方で，これらの損害について，損失補償の適用が難しいケースも多い（損失補償の適用が難しい理由については，II参照）。このように，国家賠償と損失補償のいずれでも救済が難しい事案は「国家補償の谷間」と呼ばれており，法律の解釈や立法を通じた救済のあり方が問題とされてきた。

II. 予防接種禍に対する救済のあり方

予防接種による被害は「悪魔のくじ」によって生じるものであるとされ，公務員（接種担当医）の過失を認定することが難しいため，過失責任主義をとる国家賠償制度の対象とすることは容易ではない。一方，問題となっているのは「生命・身体に係る被害」であり，財産権に係る被害ではないため，「財産権の補償」を旨とする憲法29条3項がストレートに適用できる事案でもない。そのため，予防接種による被害の事例は，国家補償の谷間に属する典型的事例であるとされてきた。

予防接種による被害者に対する司法的救済を認めるための法的構成としては，従来，損害賠償説，損失補償説，結果責任説，公法上の危険責任説等が唱えられてきたところであるが，本判決は，不法行為による過失責任の枠組みの中で，禁忌者該当の推定を打ち出すことによって国家賠償責任を広く認める方向性を示すことになった。

🔍 ほかの判例も読んでみよう

予防接種禍訴訟において，損失補償説に基づいて「国家補償の谷間」を埋めようとした例としては，東京地判昭和59・5・18判時1118号28頁を挙げることができる。

「憲法13条後段，25条1項の規定の趣旨に照らせば，財産上特別の犠牲が課せられた場合と生命，身体に対し特別の犠牲が課せられた場合とで，後者の方を不利に扱うことが許されるとする合理的理由は全くない。

従って，生命，身体に対して特別の犠牲が課せられた場合においても，……，直接憲法29条3項に基づき，被告国に対し正当な補償を請求することができる」。

もっとも，この東京地判昭和59・5・18の控訴審である東京高判平成4・12・18判時1445号3頁は，国家賠償構成を採用し，最高裁も同様の立場を採用した。

---

*4 | 損失補償の財産権の侵害への限定

損失補償を「生命・身体に係る被害」にまで認めると，公共の目的のために「生命の収用」を認めるのかという批判が生じることになる。

*5 | 禁忌者該当の推定とは

本事案で最高裁は，予防接種により重篤な後遺障害が発生する原因としては，①被接種者が禁忌者に該当していたか，②被接種者が障害を発生しやすい個人的な素因を有していたことが考えられるが，①の可能性は②の可能性よりはるかに大きく，特段の事情が認められない限り，①に該当していたと推定するのが相当であるとした上で，予防接種担当医に対し，禁忌者識別の高度の注意義務を課した。

*6 | 憲法に基づく直接請求の是非

東京地裁昭和59年判決における判示の前提には，個別法に損失補償を認める規定がない場合でも，直接憲法29条3項に基づき補償の請求をすることができる，とする考え方がある。
従前は，①補償を定めない法律は違憲無効であるとする違憲無効説と，②直接憲法29条3項に基づいて補償を請求することができるとする請求権発生説の対立があった。最高裁は，名取川砂利採取事件（最大判昭和43・11・27刑集22巻12号1402頁，百選II-247事件）において，刑事訴訟における傍論ではあるものの，憲法29条3項を根拠に補償請求する余地を認めている。現在の判例・通説は，請求権発生説であるといえる。

判例索引

大審院・最高裁判所

判例		頁
大判大正5・6・1民録22輯1088頁		147
最大判昭和28・2・18民集7巻2号157頁		8
最判昭和30・4・19民集9巻5号534頁		139
最判昭和30・9・30民集9巻10号1498頁	［判例04・ほか判］	13
最判昭和31・4・24民集10巻4号417頁（富山税務署長土地公売処分事件）	［判例02］	6
最判昭和33・3・28民集12巻4号624頁	［判例16・ほか判］	55
最判昭和34・8・18民集13巻10号1286頁		108
最判昭和35・3・18民集14巻4号483頁（食肉無許可販売事件）	［判例04］	12
最判昭和35・3・31民集14巻4号663頁	［判例02・ほか判］	8
最判昭和36・4・21民集15巻4号850頁		21
最判昭和37・1・19民集16巻1号57頁		108
最大判昭和38・6・26刑集17巻5号521頁（奈良県ため池条例事件）	［判例49］	158
最判昭和39・1・23民集18巻1号37頁	［判例04・ほか判］	13
最判昭和39・10・29民集18巻8号1809頁		20,89
最大判昭和40・4・28民集19巻3号721頁		115
最大判昭和41・2・23民集20巻2号271頁	［判例28・ほか判］	94
最大判昭和41・2・23民集20巻2号320頁	［判例22・ほか判］	72
最判昭和42・4・7民集21巻3号572頁		44
最判昭和43・11・7民集22巻12号2421頁		35
最大判昭和43・11・27刑集22巻12号1402頁		161
最判昭和43・12・24民集22巻13号3147頁（墓埋法通達事件）	［判例16］	53
最判昭和43・12・24民集22巻13号3254頁	［判例32・ほか判］	109
最判昭和44・2・6民集23巻2号195頁		139
最大判昭和45・7・15民集24巻7号771頁		89
最判昭和45・8・20民集24巻9号1268頁（高知落石事件）	［判例45］	146,152,153
最大判昭和46・1・20民集25巻1号1頁		51
最判昭和46・10・28民集25巻7号1037頁（個人タクシー事件）	［判例23］	73
最判昭和48・4・26民集27巻3号629頁（譲渡所得誤認課税事件）	［判例09］	26
最決昭和48・7・10刑集27巻7号1205頁（荒川民商事件）	［判例20］	65
最判昭和49・2・5民集28巻1号1頁	［判例11・ほか判］	36
最判昭和49・7・19民集28巻5号897頁		7,120
最判昭和50・2・25民集29巻2号143頁（自衛隊八戸駐屯地事件）	［判例03］	7,9
最判昭和50・5・29民集29巻5号662頁	［判例23・ほか判］	75
最判昭和50・6・26民集29巻6号851頁		148
最判昭和50・7・25民集29巻6号1136頁	［判例45・ほか判］	148
最判昭和50・11・28民集29巻10号1754頁	［判例48・ほか判］	157
最判昭和52・3・15民集31巻2号234頁		72
最判昭和52・12・20民集31巻7号1101頁	［判例12・ほか判］	40
最判昭和53・3・14民集32巻2号211頁	［判例30・ほか判］	100,101

判例	掲載頁
最判昭和53・5・26民集32巻3号689頁（余目町トルコハワイ事件）　［判例06］	17
最判昭和53・6・16刑集32巻4号605頁	18,22
最判昭和53・7・4民集32巻5号809頁	148,152,153
最判昭和53・7・17民集32巻5号1000頁　［判例48・ほか判］	157
最判昭和53・9・19判時911号99頁	120
最大判昭和53・10・4民集32巻7号1223頁（マクリーン事件）　［判例12］	37
最判昭和55・1・25集民129号121頁	114
最決昭和55・9・22刑集34巻5号272頁　［判例01・ほか判］	5
最判昭和55・11・25民集34巻6号781頁　［判例34・ほか判］	112,115
最判昭和56・1・27民集35巻1号35頁　［判例05・ほか判］	16
最判昭和56・4・7民集35巻3号443頁	70, 72
最判昭和56・7・14民集35巻5号901頁　［判例36・ほか判］	121
最大判昭和56・12・16民集35巻10号1369頁（大阪空港訴訟）　［判例25］	82,154
最判昭和57・3・12民集36巻3号329頁	141
最判昭和57・4・8民集36巻4号594頁	112
最判昭和57・4・22民集36巻4号705頁　［判例28・ほか判］	94
最判昭和57・4・23民集36巻4号727頁	64
最判昭和57・9・9民集36巻9号1679頁	100,112
最判昭和58・2・18民集37巻1号59頁	159
最判昭和58・4・5集民138号493頁	114
最判昭和59・1・26民集38巻2号53頁（大東水害訴訟）　［判例46］	149
最判昭和59・4・10民集38巻6号557頁	11
最判昭和59・10・26民集38巻10号1169頁（仙台市台原建築確認取消訴訟）［判例33］	110
最判昭和59・12・4集民143号263頁	108
最大判昭和59・12・12民集38巻12号1308頁　［判例27・ほか判］	90
最判昭和59・12・13民集38巻12号1411頁	7
最判昭和60・1・22民集39巻1号1頁	78
最判昭和60・3・28民集39巻2号333頁	151
最判昭和60・7・16民集39巻5号989頁（品川区マンション事件）　［判例19］	62
最判昭和60・11・21民集39巻7号1512頁	142
最判昭和61・3・25民集40巻2号472頁　［判例47・ほか判］	154
最判昭和62・2・6判時1232号100頁（横浜市立中山中学校プール事故事件）　［判例42］	138
最判昭和62・4・17民集41巻3号286頁　［判例37・ほか判］	124
最判昭和62・4・21民集41巻3号309頁（米子鉄道郵便局事件）　［判例26］	85
最判昭和62・10・30判時1262号91頁（八幡税務署青色申告事件）　［判例05］	14
最判昭和63・6・17判時1289号39頁	35
最判平成元・2・17民集43巻2号56頁（新潟空港訴訟）　［判例30・ほか判］［判例35］	100,101,116
最判平成元・11・24民集43巻10号1169頁（宅建業法事件）　［判例44］	143
最判平成2・12・13民集44巻9号1186頁	151
最判平成3・3・8民集45巻3号164頁（浦安ヨット事件）　［判例01］	2
最判平成3・4・19民集45巻4号367頁（小樽予防接種禍事件）　［判例50］	160

判例	掲載頁
最判平成3・7・9民集45巻6号1049頁	51
最判平成4・1・24民集46巻1号54頁　［判例33・ほか判］	112
最大判平成4・7・1民集46巻5号437頁	74
最判平成4・9・22民集46巻6号571頁（もんじゅ訴訟①）　［判例30］	98
最判平成4・9・22民集46巻6号1090頁（もんじゅ訴訟②）　［判例37］	122
最判平成4・10・29民集46巻7号1174頁（伊方原発訴訟）　［判例13］	41
最判平成5・2・18民集47巻2号574頁　［判例19・ほか判］	64
最判平成5・2・25民集47巻2号643頁　［判例25・ほか判］	84
最判平成5・3・11民集47巻4号2863頁（奈良税務署長事件）　［判例43］	140
最判平成5・3・30民集47巻4号3226頁（茂木町立中川中学校テニス審判台事故事件）　［判例47］	152
最判平成5・9・10民集47巻7号4955頁	112
最判平成7・6・23民集49巻6号1600頁	145
最判平成8・3・8民集50巻3号469頁　［判例13・ほか判］	47
最判平成10・7・16判時1652号52頁　［判例13・ほか判］	44
最判平成11・11・19民集53巻8号1862頁（逗子市池子弾薬庫跡地情報公開請求事件）　［判例36］	119
最判平成11・11・25判時1698号66頁	58, 104
最判平成14・1・31民集56巻1号246頁	51
最判平成14・4・25判例地方自治229号52頁	97
最判平成14・7・9民集56巻6号1134頁（宝塚市パチンコ店規制条例事件）　［判例22］	70
最決平成15・12・25民集57巻11号2562頁	51
最判平成16・1・15判時1849号30頁　［判例17・ほか判］	58
最判平成16・4・27民集58巻4号1032頁　［判例44・ほか判］	145
最判平成16・7・13判時1874号58頁　［判例09・ほか判］	28
最判平成16・10・15民集58巻7号1820頁	145
最判平成17・7・15民集59巻6号1661頁（病院開設中止勧告事件）　［判例27］	88
最大判平成17・9・14民集59巻7号2087頁（在外国民選挙権訴訟）　［判例41］	135, 142
最判平成17・11・21民集59巻9号2611頁　［判例03・ほか判］	11
最大判平成17・12・7民集59巻10号2645頁（小田急訴訟〔大法廷判決〕）　［判例31］	48, 102
最判平成18・1・13民集60巻1号1頁	51
最判平成18・2・7民集60巻2号401頁（呉市公立学校施設使用不許可事件）　［判例14］	45
最判平成18・7・14民集60巻6号2369頁　［判例29・ほか判］	97
最判平成18・9・4判時1948号26頁（林試の森事件）　［判例17］	56
最判平成18・10・26判時1953号122頁　［判例18・ほか判］	61
最判平成18・11・2民集60巻9号3249頁　［判例14・ほか判］	48
最判平成19・2・6民集61巻1号122頁	16
最判平成19・10・19判時1993号3頁	108
最決平成19・12・18判時1994号21頁（弁護士懲戒処分執行停止事件）　［判例40］	132
最大判平成20・9・10民集62巻8号2029頁（浜松市土地区画整理事業事件）　［判例28］	91

最判平成21・2・27民集63巻2号299頁		115
最判平成21・7・10判時2058号53頁（福間町公害防止協定事件）	［判例 **18**］	59
最判平成21・10・23民集63巻8号1849頁（県費負担教諭体罰事件）	［判例 **48**］	155
最判平成21・10・25民集63巻8号1711頁	［判例 **31**・ほか判］	104
最大判平成21・11・18民集63巻9号2033頁		51
最判平成21・11・26民集63巻9号2124頁（横浜市保育所廃止条例事件）	［判例 **29**］	95
最判平成21・12・17民集63巻10号2631頁（新宿たぬきの森事件）	［判例 **08**］	23
最判平成22・6・3民集64巻4号1010頁（冷凍倉庫事件）	［判例 **07**］	19
最判平成23・6・7民集65巻4号2081頁（札幌一級建築士免許取消事件）	［判例 **24**］	76
最判平成24・1・16判時2147号127頁		40
最判平成24・2・9民集66巻2号183頁（教職員国旗国歌訴訟）	［判例 **39**］	128
最決平成24・7・31判例集未登載		127
最判平成25・1・11民集67巻1号1頁（ケンコーコム・ウェルネット事件）	［判例 **15**］	49
最判平成25・3・26裁判所時報1576号8頁		145
最判平成25・4・16民集67巻4号1115頁		39
最判平成25・10・25判時2208号3頁	［判例 **41**・ほか判］	137
最判平成26・1・28民集68巻1号49頁（小浜市一般廃棄物処理業既存業者事件）	［判例 **32**］	106
最判平成26・10・9民集68巻8号799頁		145
最判平成26・10・23判時2245号10頁		22
最判平成27・3・3民集69巻2号143頁（風営法処分基準事件）	［判例 **34**］	113
最決平成27・4・21判例集未登載		100
最判平成27・12・14民集69巻8号2404頁		112
最大判平成27・12・16民集69巻8号2427頁		142
最判平成28・4・21民集70巻4号1029頁		11
最判平成28・12・8民集70巻8号1833頁		84,131
最判平成28・12・20民集70巻9号2281頁	［判例 **11**・ほか判］	35,36
最判平成30・11・6判時2413＝2414号22頁		40
最判令和元・7・22民集73巻3号245頁		131,137
最判令和2・6・30民集74巻4号800頁	［判例 **15**・ほか判］	51
最判令和2・7・6判時2472号3頁		40
最大判令和2・11・25民集74巻8号2229頁		72
最判令和3・3・2民集75巻3号317頁（エコシティ宇都宮事件）	［判例 **10**］	29
最判令和3・6・4民集75巻7号2963頁（被災者生活再建支援金事件）	［判例 **11**］	33
最判令和3・7・6民集75巻7号3422頁		47
最大判令和4・5・25民集76巻4号711頁		137,142
最判令和5・5・9民集77巻4号859頁	［判例 **31**・ほか判］	105

高等裁判所

名古屋高金沢支判昭和28・12・25行集4巻12号3127頁	6

判例	頁
名古屋高判昭和32・6・28民集14巻4号708頁	8
大阪高決昭和40・10・5行集16巻10号1756頁（茨木市庁舎行政代執行事件） ［判例21］	68
東京高判昭和48・7・13判時710号23頁	46
仙台高判昭和49・7・8判時756号62頁	18
大阪高判昭和52・12・20判時876号16頁	149
福岡高判昭和63・5・31税務訴訟資料164号927頁	16
東京高判平成4・12・18判時1445号3頁	161
東京高判平成13・7・4訟月49巻3号911頁	118
東京高判平成15・5・21高民集56巻2号4頁 ［判例01・ほか判］	5
福岡高判平成19・3・22判例地方自治304号35頁	59,61
仙台高判平成20・3・19判タ1283号110頁	155
高松高判平成20・5・29判時2014号71頁	61
福岡高判平成23・2・7判時2122号45頁（飯塚市産廃処分場訴訟） ［判例38］	125
高松高判平成24・2・23判例地方自治379号55頁	137
東京高判平成24・4・26判タ1381号105頁	51
東京高判平成26・2・19訟月60巻6号1367頁	100
札幌高判平成26・2・20民集69巻2号176頁	113

地方裁判所

判例	頁
富山地判昭和28・5・30民集14巻4号680頁	7
東京地判昭和46・11・8行裁22巻11＝12号1785頁	55
大阪地判昭和51・2・19判時805号18頁	149
東京地判昭和59・5・18判時1118号28頁	161
横浜地判平成11・4・28判タ1027号123頁	118
東京地判平成14・8・27判時1835号52頁	57
福岡地飯塚支決平成16・9・30判例集未登載	125
東京地決平成18・1・25判時1931号10頁	127
さいたま地判平成18・4・26判例地方自治303号46頁	127
東京地判平成18・10・25判時1956号62頁	127
福島地判平成19・10・16判時1995号109頁	155
広島地決平成20・2・29判時2045号98頁 ［判例40・ほか判］	134
東京地判平成20・5・29判時2015号24頁	118
広島地判平成21・10・1判時2060号3頁	100,134
東京地判平成22・3・30判時2096号9頁	51
東京地判平成22・4・9判時2076号19頁	127
東京地判平成25・3・26判時2209号79頁	100
札幌地判平成25・8・23民集69巻2号160頁	113

\ START UP /

行政法判例 50！
第 2 版

2017年11月20日　初版第1刷発行
2024年11月30日　第2版第1刷発行

著者　　大橋真由美
　　　　北島周作
　　　　野口貴公美
発行者　江草貞治
発行所　株式会社有斐閣
　　　　郵便番号　101-0051
　　　　東京都千代田区神田神保町2-17
　　　　https://www.yuhikaku.co.jp/
デザイン　堀 由佳里
印刷・製本　大日本法令印刷株式会社

©2024, Mayumi Ohashi,
Shusaku Kitajima, Kikumi Noguchi.
Printed in Japan

落丁・乱丁本はお取替えいたします。
ISBN 978-4-641-22864-1

JCOPY　本書の無断複写（コピー）は、著作権法上での例外を除き、禁じられています。複写される場合は、そのつど事前に（一社）出版者著作権管理機構（電話03-5244-5088, FAX03-5244-5089, e-mail: info@jcopy.or.jp）の許諾を得てください。

本書のコピー，スキャン，デジタル化等の無断複製は著作権法上での例外を除き禁じられています。本書を代行業者等の第三者に依頼してスキャンやデジタル化することは，たとえ個人や家庭内での利用でも著作権法違反です。